아산재단 연구총서 第195집

외국의 역모기지 사례

-미국, 일본, 프랑스, 캐나다, 영국-

유선종

집문당

머리말

우리나라는 빠른 속도로 인구고령화가 진행되고 있다. 이러한 급속한 고령화현상은 국가적, 사회적 측면에서도 저축률 하락 및 투자 감소로 이어져 전반적인 성장둔화가 예상되고 있다. 또한 출산율 감소와 함께 생산가능인구의 고령자부양에 대한 부담 증가로 인해 부담의 적정성·형평성 등 세대간 갈등이 심화될 전망이며, 부양해야 할 고령인구는 빠르게 증가하여 사회적인 비용은 더욱 늘어날 전망이다.

고령인구의 급속한 증가와 더불어 노후경제생활에 대한 관심이 고조되고 있다. 고령세대의 생활에서 필요한 것은 소비생활에 필요한 현금, 즉 생활수단이다. 수입을 보완하는 사회보장제도도 이것에 포함될 것이다. 다른 하나는 주택, 생활환경, 도시 등 이른바 생활공간자본으로 이것은 생활기반이라고 할 수 있다. 이는 고령자들에게 없어서는 안 될 중요한 것으로, 역모기지는 이 두 가지 요소인 생활수단으로써의 현금과 생활기반으로써의 주거라는 점을 모두 충족시킨다고 볼 수 있다.

이처럼 불안정한 고령세대의 노후경제생활을 보장하는 방안 중에서 역모기지제도(Reverse Mortgage)라는 새로운 대안이 있다. 이는 주택구입시에 해당주택을 담보로 주택구입자금을 장기간 대출받고 이 대출원리금을 매월 분할하여 상환하는 모기지제도와 대비되는 제도로, 소유하고 있는 주택이나 택지를 담보로 하여 연금과 같은 형태로 노후생활자금을 지급하고 이들의 사망 후 또는 이주 후에 담보로 제공된 부동산을 처분하여 상환하는 주택담보연금제도이다. 다시 말해 고령자가 소유하고 있는 주택을 담보로 하여 생존기간 동안 연금과 같은 형태로 매월 일정금액을 노후생활자금으로 지급하는 것이다. 주택이라는 자산의 유동화를 통하여 일정 수준의 생활과 안정된 주거환경이 구현될 수 있으며 고령자가 사망한 뒤에는 해당주택을 처분하여 일시불로 상환하는 시스템으로 주택의 소유권이 보장되는 동시에 현금을 유동화시키는 고령자주택정책의 하나이다.

고령자 입장에서는 현금유동성의 부족으로 주택을 처분하여 유동성을 확보해야 하는 상황에서 자기가 살고 있는 주택을 활용하여 스스로의 능력에 의해 고령기의 생활자금을 조달할 수 있게 된다. 또한 주택의 계속거주가 보장된다는 점에서 노후의 주거에 대한 불안감을 해소할 수 있는 효과를 얻을 수 있다.

이러한 역모기지가 광범위하게 활용된다면 국가적인 측면으로는 개인의 자산을 통해 고령계층의 복지를 확대한다는 점에서 국가의 복지예산 절감효과를 얻을 수 있다. 또한 절감된 예산은 사회적으로 생산적인 부문에 투자할 여력으로 활용될 수 있다. 사회적인 측면에서는 상대적으로 적은 규모의 복지예산으로 고령층의 복지문제를 해결할 수 있어 저비용·고효율의 예산운용이 가능할 뿐 아니라, 재산상속으로 인한 부의 세습을 어느 정도 차단할 수 있어 분배의 형평성을 꾀할 수 있게 된다. 개인적인 측면에서는 자식이나 주위의 도움 없이 고령자 스스로 경제적인 문제점을 해결할 수 있는 대안이 될 수 있다. 평생 동안 모은 재산의 대부분을 차지하는 주택을 담보로 스스로의 노후를 준비하는 역모기지는 고령세대의 노후생활을 준비하는 자조노력의 일환이 될 수 있다. 그러나 불행히도 우리나라는 아직 진정한 의미에서 역모기지가 도입되어 있지 않은 상황에서 역모기지의 일부 측면만 부각되거나 사실과 달리 일반에 소개되어 상품에 대한 오해가 광범위하게 유포되어 있는 것이 현실이다.

그러므로 본서에서는 이러한 역모기지가 활발하게 시행되고 있는 외국 선행사례와 현황을 고찰하였다. 우리나라보다 앞서 고령사회에 진입한 외국의 사례 중에서 미국・일본・프랑스・캐나다・영국의 현황과 내용에 관해 고찰하고 현재 시행되고 있는 우리나라의 민간역모기지와 비교・분석하였다.

우리나라 역모기지의 성공적인 활용을 위한 민간부분과 공공부분의 적절한 역할분담체계를 구축하고, 외국의 사례연구를 통하여 이 제도의 리스크와 그에 관한 대응방안을 제시하고 정책적인 시사점을 도출하여 활용방안을 모색하였다.

이 책이 나오기까지 많은 분들의 도움이 있었기에 이 자리를 빌려 감사의 말씀을 드리고자 한다. 유학하는 동안 학자로서의 올바른 방향성을 가르쳐 주신 小嶋勝衛(고지마카쓰에: 日本大學不動産學科 지도교수) 선생님께 깊이 감사드린다. 이 책은 아산사회복지재단의 2004년도 연구비 지원으로 채택되어 저술되었으며 원고작성과정에 많은 도움을 준 목원대학교 겸임교수 김진 박사, 경기대학교 박사과정 구본영 원생, 건국대학교 부동산학과 장희정・지종양 원생에게 감사드린다. 그리고 편집 및 출판과 관련된 모든 작업을 맡아 애써준 집문당출판사 편집부의 모든 분들께도 감사드린다.

2005년 여름
화양동 연구실에서
저자 유선종

차 례

제 1 부 고령화와 역모기지

제 1 장 역모기지의 배경과 필요성

제 2 장 고령화와 역모기지의 역할

제 2 부 외국의 역모기지 현황

제 3 장 외국의 역모기지 현황과 시사점

제 4 장 외국의 역모기지와 정책적 시사점

제 3 부 우리나라의 역모기지와 향후의 방향

제 5 장 우리나라 역모기지의 활용방안

표 차례

제 1 부

고령화와 역모기지

제 1 장

역모기지의 배경과 필요성

1. 역모기지의 배경
2. 본서의 구성

제 1 장 역모기지의 배경과 필요성

1. 역모기지의 배경

1) 역모기지의 배경

우리나라는 빠른 속도로 인구고령화가 진행되고 있다. 이러한 급속한 고령화현상으로 국가적, 사회적 측면에서도 저축률 하락 및 투자 감소로 인하여 전반적인 성장둔화가 예상되고 있다. 또한 출산력 감소와 함께 경제활동인구의 고령자부양에 대한 부담 증가로 인해 부담의 적정성, 형평성 등 세대간 갈등이 심화될 전망이며, 부양해야 할 고령인구는 빠르게 증가하여 사회적인 비용은 더욱 늘어날 전망이다.

2004년 7월 1일 현재 우리나라 총인구는 4,819만 9천 명으로 사상 처음으로 4,800만 명을 돌파했다. 여자 100명당 남자수를 나타내는 성비는 101.3명으로 여자 100명당 남자가 1.3명 더 많다. 1970년 1.99%였던 전년대비 인구증가율은 2004년 들어 0.57%로 4분의 1 수준으로 낮아졌고 출산율 둔화 등으로 앞으로도 더욱 낮아질 것으로 예상된다.[1] 이에 반하여 고령사회로의 진입속도를 다른 선진국과 비교해 볼 때 우리나라는 현저히 빠른 속도로 진입한 것

1) 통계청과 각급 통계작성기관 자료를 바탕으로 작성되어 발표된 '2004 한국의 사회지표'에는 한국인들의 삶을 엿볼 수 있는 8개 부문 350개 지표가 망라돼 있다. 2005. 1. 3.

을 알 수 있다.

고령인구의 비율이 1970년에는 전체 인구의 3.3%였으나 1980년 3.9%, 1990년 5.0%, 2000년도에 65세 이상 고령자[2)]인구는 3,372만 명으로 전체인구의 7.3%에 달함으로써 이미 고령화사회[3)]로 진입이 된 상태이다. 2019년에는 고령인구비중이 14.4%로 늘어 고령사회에 진입할 것으로 전망됐다. 또 2026년에는 65세 고령인구비중이 20%를 넘어서 인구 5명당 1명이 65세 이상 노인인 초고령사회에 도달할 것으로 추계됐다.

평균수명은 1971년 남자 59세, 여자 66.1세였던 것이 30여 년 만에 남자 73.4세, 여자 80.4세로 각각 14.4년, 14.3년 더 오래 사는 것으로 조사됐다. 또한 2000년에는 도시지역의 고령인구가 5.5%인 데 비하여 읍·면부지역은 14.7%로 이미 고령사회에 진입하였다(<표 1-1> 참조).

<표 1-1> 고령인구비율의 변화추이(1970-2000) (단위: 만 명, %)

구 분	1970	1980	1990	2000
전체인구	31,435	37,407	43,390	45,985
고령자인구	1,039	1,446	2,161	3,372
65세 이상/전체인구	3.3	3.9	5.0	7.3

자료: 김두섭·박상대·은기수 편, 한국의 인구, 통계청, 2002.

2) 고령자 범위는 다음과 같다. 고령자 또는 노인의 범위는 보통 60세 이상 또는 65세 이상 인구를 지칭하고 있으나 달리 분류하는 경우도 있다.
-고령자고용촉진법상 고령자 및 준고령자의 정의는 고령자는 55세 이상인 자, 준고령자는 50세 이상 55세 미만인 자
-국민연금법상의 노령연금급여대상자로서 고령자는 60세부터로 규정한다.
-노인복지법이나 국민기초생활보장법상에서 규정하고 있는 고령자는 65세 이상인 자. 본고에서는 65세 이상인 자를 고령자로 분류한다.

3) UN에 의하면 고령화사회(aging society)는 65세 이상 비율이 전체인구의 7%를 상회, 고령사회(aged society)는 65세 이상 비율이 전체인구의 14%를 상회하는 것을 말한다. 초고령사회(super aged society)는 전체인구 중에서 65세 이상 비율이 20% 이상인 경우를 말한다.

이처럼 고령인구의 급속한 증가와 더불어 노후경제생활에 대한 관심이 고조되고 있다. 최근 사회적인 문제로 부각되고 있는 국민연금의 존폐 논란도 국민연금 납부자의 감소에 비해 국민연금의 수급자는 늘어나는 것에서 시작되었다. 즉, 국민연금제도는 인구고령화로 인한 납부자의 감소로 보험료는 인상되는 반면, 연금액의 단계적 축소와 연금지급 개시연령의 연장이 예상되어 국민연금에 대한 불안감이 고조되고 있다. 또한 전통적인 퇴직금제도는 잦은 이직과 조기퇴직, 퇴직금중간정산제 도입 등으로 노후소득보장제도로서의 기능을 상실해 가고 있다. 연금을 납부해야 하는 경제활동인구(14세 이상-64세 이하)보다 부양해야 할 인구가 많아지게 되면서, 국가적으로나 사회적으로 심각한 상황에 부딪치게 된다.

최근 통계청의 '가구소비실태조사'에 의하면, 우리나라의 고령자 중 65세 이상의 고령층 대부분이 국민연금의 혜택을 받지 못하고 있으며, 경로연금을 받는다 해도 월정액이 너무 적기 때문에 충분한 생활을 유지하기가 힘들다.[4)]

이처럼 불안정한 고령세대의 노후경제생활을 보장하는 방안 중에서 새로운 대안으로 역모기지(Reverse Mortgage System)가 있다. 대부분의 주택대출이 주택을 구입하기 위해 이용하는 모기지[5)]인 것에 비해 역모기지는 말 그대로 역주택대출이라고 할 수 있다. 주택구입시에 해당주택을 담보로 주택구입자금을 장기간 대출받고 이 대출원리금을 매월 분할하여 상환하는 모기지제도와 대비되는 제도가 바로 역모기지이다.

---

4) 우리나라의 고령자복지정책을 살펴보면, 고령자의 생활안정기반을 조성하기 위한 경로연금제도를 도입하여 65-79세 생활보호대상 고령자에게 월 4만 원, 80세 이상은 월 5만 원씩을 지급하고 있으며, 일반저소득 고령자에게는 월 2만 원씩을 지급하고 있다.

5) 모기지는 영어로 Forward mortgage라고 하며, 역모기지는 Reverse mortgage라고 한다. 본고에서는 약칭하여 모기지와 역모기지로 사용한다.

역모기지란 고령자가 소유하고 있는 주택이나 택지를 담보로 하여 연금과 같은 형태로 노후생활자금을 지급하고, 이들의 사망 후 또는 이주 후에 담보로 제공된 부동산을 처분하여 상환하는 주택담보연금제도[6]인 것이다. 이 제도는 일반적인 저당권과는 차별화된 개념으로 부동산의 소유와 이용의 개념을 동시에 충족하는 방안으로서 고령자 자신들이 살고 있는 주택에 거주하면서, 그 주택을 담보로 활용해서 필요소득을 충당하는 방안이기도 하다.[7]

구체적으로는 고령자가 소유하고 있는 주택을 담보로 하여 생존기간 동안 연금과 같은 형태로 매월 일정금액을 생활비로 충당하는 노후생활자금을 지불하는 주택담보연금제도이기도 하다. 또한, 주택이라는 자산의 유동화를 통하여 일정 수준의 생활과 안정된 주거환경이 구현될 수 있으며, 고령자가 사망한 뒤에는 해당주택을 처분하여 일시불로 상환하는 시스템으로 주택의 소유권이 보장되는 동시에 현금을 유동화시키는 고령자주택정책의 하나이다. 이것은 부동산의 가치와 가격의 측면에서 양자를 모두 포함한 제도라고 할 수 있다. 부동산 가격의 본질은 부동산 소유 등을 통해 얻을 수 있는 이익을 고려하여 기꺼이 지불하고자 하는 화폐액이라고 정의한다면 이 역모기지는 부동산의 가치를 소유자가 종신까지 유지하면서 가격으로 환산시키는 제도라고 할 수 있다.

2) 역모기지의 필요성

고령세대의 생활에서 필요한 것은 소비를 위한 현금 즉, 생활수단이다. 수입을 보완하는 사회보장제도도 이것에 포함될 것이다. 다른 하나는 주택, 생활환경, 도시 등 이른바 생활공간자본으로 이

6) 김 진, 「역모기지의 활용방안에 대한 연구」, 한국주거환경학회, 2004, p. 27.
7) 유선종, "고령사회대비 역모기지 서둘러야", 한국경제신문, 2004. 5. 22.

것은 생활기반이라고 할 수 있다.[8] 이는 고령자들에게 없어서는 안 될 중요한 것으로서 역모기지가 바로 이 두 가지 요소인 생활수단으로써의 현금과 생활기반으로써의 주거라는 점을 다 충족한다고 볼 수 있다.

고령자 입장에서는 현금유동성의 부족으로 주택을 처분하여 유동성을 확보해야 하는 상황에서 자기가 살고 있는 주택을 활용하여 스스로의 능력에 의해 고령기의 생활자금을 조달할 수 있게 된다. 또한 주택에서의 거주가 계속 보장[9]된다는 점에서 주거가 불안정한 가운데 살아야 하는 입장에서 해방되어 노후의 주거에 대한 불안감을 해소할 수 있는 효과를 얻을 수 있다.

이러한 역모기지가 광범위하게 활용된다면 국가적인 측면으로는 개인의 자산을 통해 고령계층의 복지를 확대한다는 점에서 국가의 복지예산 절감효과를 얻을 수 있다. 또한 절감된 예산은 사회적으로 생산적인 부문에 투자할 여력으로 활용될 수 있다. 사회적인 측면에서도 상대적으로 적은 규모의 복지 예산으로 고령층의 복지문제를 해결할 수 있어 저비용·고효율의 예산운용이 가능할 뿐 아니라 재산상속으로 인한 부의 세습을 어느 정도 차단할 수 있어 분배의 형평성을 꾀할 수도 있게 된다. 개인적인 측면에서는 자식이나 주위의 도움 없이 고령자 스스로 경제적인 문제점을 해결할 수 있는 대안이 될 수 있다. 평생 동안 모은 재산의 대부분을 차지하는 주택을 담보로 스스로의 노후를 준비하는 역모기지는 고령세대의 노후생활을 준비하는 자조노력의 일환이 될 수 있다. 그러나 불행히도 우리나라는 아직 진정한 의미에서 역모기지가 도입되어 있지

---

8) 하야가와 가즈오, 문영기, 『주택과 인권』, 범론사, 1995, p. 22.

9) 일본종합연구소에 의하면 고령자가 주거를 변경하는 경우에는 고령자 치매에 걸릴 확률이 5배나 높아진다고 하여 고령자가 익숙한 환경에서 계속 거주하는 것에 대한 중요성을 알 수 있다.

않은 상황에서, 역모기지의 일부 측면만 부각되거나 사실과 달리 일반에 소개되어 상품에 대한 오해가 광범위하게 유포되어 있는 것이 현실이다.

역모기지는 저소득층의 고령자들을 위한 소득보장체계 또는 전체 고령자층의 소득확보문제를 전적으로 해결할 수 있는 제도적 장치가 아니라, 주택을 보유한 일부 고령계층이 보유주택의 유동화를 통하여 추가적인 현금흐름을 확보함으로써 상당한 정도의 소득보조효과를 기대할 수 있는 제도이다. 그러나 제도의 구조상 파생될 수밖에 없는 각종 위험요인들로 인하여 시장실패의 위험이 상존하고, 그 결과 시장에 의하여 원활한 공급이 이루어지지 않을 가능성이 매우 높다.[10]

그러므로 본고에서는 이러한 역모기지가 활발하게 시행되고 있는 외국 선행사례와 현황을 고찰하였다. 우리나라보다 앞서 고령사회에 진입한 외국의 사례 중에서 미국·일본·영국·캐나다·프랑스의 현황과 내용에 관해 고찰하고, 현재 시행되고 있는 우리나라의 민간역모기지와 비교·분석하여 정책적 시사점을 모색하였다. 또한 우리나라 역모기지의 성공적인 활용을 위한 민간부분과 공공부분의 적절한 역할분담체계 구축을 위하여 외국의 역모기지를 비교하여 이 제도가 가지고 있는 리스크와 그에 관한 대응방안을 제시하고 정책적인 시사점을 도출하였다.

---

10) "인구구조 고령화의 경제·사회적 파급효과와 대응과제", 국토연구원, 2004. 11. 19.

2. 본서의 구성

우리나라의 역모기지는 아직 시행초기이며, 이와 관련된 여러 가지 문제점들을 파악하여 제시하고자 문헌조사와 web-site, 미국과 일본의 전문서적 등 외국의 연구보고서를 참고로 하여 미국, 일본, 프랑스, 캐나다, 영국의 순서로 각 국가의 현황 등을 고찰하였다.

제1부에서는 고령화와 역모기지에 대한 이론적 배경을 기술하였으며, 역모기지의 수요변화요인을 거시적 측면과 미시적 측면에서 고찰하였다. 또한 공적연금제도의 한계와 역모기지의 보완적 역할에 대하여 고찰하였다.

제2부에서는 외국의 역모기지에 대한 현황으로 제3장 제1절에서는 미국 역모기지에 관하여 고찰하였다. 시대적 분류로 구분(도입기-발전기-성숙기)하고, 형태적 분류로는 공적역모기지, 무보험부역모기지, 보험부역모기지, 공적보험부역모기지로 구분하였다. 제공주체별 분류는 HUD에서 시행하고 있는 HECM과 Home Keeper라는 공적플랜의 이용현황과 리스크헷지수법, 민간플랜으로는 가장 대표적인 Providential사 및 Transamerica Home First사, Financial Freedom의 상품을 통해 민간플랜의 특징, 시장동향과 각 상품의 장단점을 고찰했다. 제2절에서는 일본의 역모기지로서 직접대출방식(무사시노방식)과 간접대출방식(세타가야방식)에 관하여 이용현황과 개요에 관해 고찰하였고 민간금융기관으로 신탁은행에서 실시하고 있는 대출방식에 대하여 고찰하였다. 또한, 2003년부터 정부의 공적 개입으로 시행되고 있는 장기생활지원자금대출제도에 대하여 고찰하였다. 제3절에서는 프랑스의 비아제(Viager)에 대해 고찰하고, 이 제도의 특성인 사행성과 법적 한계를 고찰하였다. 그리고 비아제와 역모기지를 비교 분석하여 시사점을 도출하였다. 제4절에서는 영국의 역모기지로서 매각방식형태인 홈인컴플랜(Home

Income Plan)과 홈리버션(Home Reversion)제도를 고찰하였다. 제5절에서는 캐나다에서 시행하고 있는 캐나다연금플랜(CHIP: Canadian Home Income Plan)에 대하여 고찰하였다. 제4장에서는 제3장에서 고찰한 외국의 시행사례에 대한 비교를 통하여 리스크헷지에 대한 대응방안을 모색하였고, 역모기지의 활용에 따른 파급효과와 역모기지의 활용방안을 모색하였다.

제3부에서는 우리나라의 역모기지와 향후의 활용방향에 대하여 고찰하였다. 제5장에서는 제1절에서 우리나라의 역모기지의 현황과 도입실태와 민간금융기관에서 시행하고 있는 신한(조흥)은행, 농협, 흥국생명의 역모기지의 특징에 관해 조사하였다. 외국의 제도와 우리나라 제도와의 비교를 통하여 그에 따른 결과를 토대로 시사점을 도출하였다. 제2절에서는 역모기지의 활용을 위한 전제요건에 대하여 사안별로 검토하였고 정책적 시사점을 도출하였다. 제6장은 맺는말로서 역모기지의 유효활용과 보다 광범위한 보급을 위하여 공적보험부 역모기지의 도입 및 새로운 유형의 역모기지로 대안을 제시하고 그에 따른 정책적인 시사점을 제시한다.

제 2 장

고령화와 역모기지의 역할

제 2 장 고령화와 역모기지의 역할

1. 역모기지의 수요변화요인

고령자가 사회 전체에서 차지하는 비중이 상대적으로 높아가는 고령화사회는 단순히 고령자의 수가 많아진다는 의미보다는 고령인구의 비중이 증가하면서 사회·경제적인 부문에 많은 변화를 요구하게 된다.

본고에서는 우리나라의 고령자 필요소득을 창출할 수 있는 역모기지의 수요변화요인으로서 통계청의 자료를 토대로 거시적 측면과 미시적 측면으로 나누어서 고찰한다. 먼저 거시적 측면으로는 인구고령화 추이와 고령화사회의 진입요인으로서 평균수명의 신장과 출산율 저하, 새로운 세대구성의 변화로 인하여 부양의식이 약화되었다. 또한 역모기지의 이용방안인 고령자의 자가보유율도 함께 고찰하였다. 미시적 측면에서는 고령자의 소득과 소비에 따르는 경제적 문제점을 소득분위별로 살펴보고, 그에 따르는 생활비 마련방법과 생계수단, 노후준비방법을 고찰하였다.

1) 거시적 측면

(1) 인구고령화의 추이

본서에서는 제3장에서 외국의 역모기지에 관하여 미국, 일본, 프랑스, 영국, 캐나다의 인구고령화 추이를 각 국가별로 고찰하였다. 일본, 프랑스 등 다른 선진국의 경우를 살펴보면 보통 고령화사회에서 고령사회로 가는 데 약 24년 정도, 고령사회에서 초고령사회로는 30년 이상이 소요되었다. 구체적으로는 미국의 경우를 보면 1940년대에 이미 고령화사회로 접어들었고 2014년에 고령인구가 14%로 고령사회, 2030년 20%로 초고령사회로 진입할 예정이다. 일본의 경우 1970년대 7%로 접어들어 약 20년 이후인 1994년에 14%, 그 후 2006년경에 20%가 될 전망이다. 캐나다의 경우는 1945년에 이미 고령화사회에 진입하고, 2010년에 14%, 2024년경에 초고령사회로 진입할 예정이다. 영국의 경우는 1929년으로 가장 먼저 고령화사회로 진입하였다. 1976년에 14%, 2020년에 20%로 초고령사회로 진입예정이다. 프랑스의 경우는 1864년에 고령화사회, 1990년 14%에서 약 40년 후인 2030년경에 23.8%가 될 것으로 보인다.

〈표 2-1〉 인구고령화속도 국제비교 (단위: 년, %)

고령인구 비율 / 국가	도달연도			증가 소요연수		2002년 65세 이상 인구구성비(%)
	7%	14%	20%	7→14%	14→20%	
프랑스	1864	1979	2019	115	40	16.3
미국	1942	2014	2030	72	16	12.3
캐나다	1945	2010	2024	65	14	12.7
영국	1929	1976	2020	47	44	15.9
일본	1970	1994	2006	24	12	18.4
한국	2000	2018	2026	18	8	7.9

자료: UN, The Sex and Age Distribution of World Population, 각 연도.
일본 국립사회보장・인구문제연구소, 인구통계자료집, 2003.
OECD, OECD Health Data, 2004.
통계청, 2005 한국의 사회지표; 장래인구추계.

이에 비해 우리나라의 경우 전체인구 중에서 65세 이상 인구 비중이 2000년에 이미 7%로 고령화사회에 진입하였고, 2005년 9.2%로 2003년 8.3%에 비하여 0.9% 증가하였다. 그 후 18년 만인 2018년에 14% 이상인 고령사회에 도달할 것으로 예측된다. 또한 이에 더하여 고령사회에서 불과 8년 후인 2026년에는 전체인구의 20%가 65세 이상 인구로 초고령사회로 진입할 것으로 전망되고 있다. 이와 같이 가장 늦게 고령화사회에 진입한 우리나라는 가장 빠른 속도로 진행되고 있다.

또한 고령화의 속도는 도시지역에 비하여 농촌지역(읍·면부지역)이 훨씬 빠르게 진행되고 있다. 농촌지역의 경우 65세 이상 인구비율이 빠르게 증가하여 1990년에 9.0%로 이미 고령화사회에 진입하였고, 2000년에는 14.7%로 고령사회에 진입하였다. 이는 농촌지역의 청년인구가 도시로 이동하면서 생기는 현상으로 고령화가 급진전된 것으로 보인다. 특히 경남 의령군, 남해군 등 30개 시·군·구는 이미 65세 이상 인구비율이 20%를 초과하여 초고령사회에 진입하였다. 이렇게 고령화의 속도 측면에서 보면 OECD 국가 중 가장 빠른 속도로 고령화가 진행되고 있으며 이는 향후 도래할 고령사회에 대한 대비가 시급히 수행되어야 할 것이다.

(2) 평균수명의 증가와 저출산

우리나라가 빠른 속도로 고령사회에 진입하는 원인은 크게 의료기술 발달 등에 힘입은 평균수명의 연장과 더불어 합계출산율의 저하를 들 수 있다. 합계출산율[1]의 지속적인 저하는 복합적인 요인에 의한 결과로 볼 수 있다. 이러한 고령화 추세는 출산율 감소와 평균

---

1) 합계출산율(Total Fertility Rate, TFR): 가임여성 한 명이 평생 동안 낳을 평균자녀수를 말한다.

수명의 증가에 따른 고령화지표의 변화추이로 설명할 수 있다.

앞서 살펴본 바와 같이 전반적인 고령인구의 증가와 함께 인구통계학적 변화가 함께 발생하고 있는 점이 우리나라 고령인구의 세대구성 변화에 주요한 요인으로 예상된다. 전통적으로 고령자에 대한 가족부양의식이 강한 사회풍토가 인구구조변화 및 의식변화와 맞물려 고령인구가 가족에 의존해 노후생활을 안정적으로 유지하는 것을 점차 어렵게 하고 있다. 우선 인구통계학적 변화에서 살펴보면 출산율의 저하에 따라 고령자부양비율이 증가할 것으로 예측된다.

통계청의 '2003년 인구동태' 자료를 분석한 결과, 우리나라 전국 234개 시·군·구 가운데 1년 동안 태어난 신생아보다 사망자가 더 많았던 지역이 무려 전체의 81곳(35%)이나 되는 것으로 조사되었다. 우리나라 전체인구는 2023년부터는 감소할 것으로 전망되고 있지만, 군 지역 대부분은 이미 인구감소가 진행되고 있다.[2)]

<표 2-2>에서 보는 바와 같이 1980년 2.8명이던 출산율이 2000년 1.5명으로 급감하고 평균수명이 증가하면서 고령인구의 구성비율이 증가함을 알 수 있다.

<표 2-2> 인구통계학적 변화[3)]

구 분(년)	1980	1990	2000	2018	2026
합계출산율(명)	2.8	1.6	1.5	1.4	1.4
평균수명(남성)	62.3	67.7	72.1	77.5	78.0
평균수명(여성)	70.5	75.9	79.5	84.1	84.5

자료: 통계청, 2005 한국의 사회지표; 장래인구추계.

2) 조선일보, 2004. 10.
3) 정경희, "가족변화에 따른 고령자부양실태와 정책적 함의", 『보건복지포럼』 6월호(통권 제68호), 한국보건사회연구원, 2002.

한편, 출산율 감소와 더불어 수명연장의 지속적인 증가추세 또한 고령화를 부추기는 변수로 작용하고 있는데 이를 연도별로 살펴보면 2000년 남성의 평균수명은 72.1세, 여성은 79.5세이다. 2018년에 남성이 77.5세이며 여성이 84.1세이며, 2026년에 남성이 78.0세 여성이 84.5세로 예측하고 있다. 이는 1980년과 비교하여 보면 무려 10% 이상 차이를 보이고 있다. 이는 보건의료 수준의 향상, 국민들의 영양상태 양호 및 건강에 대한 관심의 증가 등에 기인하는 것으로, 특히 40대 이상 사망률의 감소를 반영한 것이다. 2001년 현재 평균수명은 남성이 72.8세, 여성이 80.0세이며, 여성이 남성보다 7.2년 더 오래 사는 것으로 나타나고 있다.

여기에서는 OECD 국가 중 미국, 일본, 프랑스, 영국, 캐나다의 평균수명에 관한 국제비교를 <표 2-3>으로 정리하였다. 고령화 추이와 평균수명을 비교해 보면 고령화의 속도와 상관없이 평균수명은 거의 비슷한 것으로 나타났다. 미국의 경우는 2000년에 남성은 74.1세, 여성은 79.5세이며, 일본의 경우는 2002년에 남성이 78.3세, 여성이 85.2세이다. 영국과 캐나다의 남성은 각각 75.7세, 80.4세이며 여성이 80.4세, 여성이 82.0세이다. 1854년 고령화사회에 진입한 프랑스의 평균수명은 2001년 남성은 75.5세이며, 여성이 83.0세인 반면에 우리나라는 2000년에 고령화사회에 진입하여 2001년 남성은 72.8세, 여성이 80.0세로 거의 차이가 없는 것으로 나타났다. 이렇게 우리나라는 다른 나라와 비교해 고령화에 진입한 속도는 가장 느리면서 고령화의 속도는 매우 빨리 진행되어 평균수명은 다른 나라와 거의 비슷한 연령대를 보이고 있다.

<표 2-3> 평균수명의 국제비교 (단위: 년, 세)

국 가	연 도	남 자	여 자	차이(남-여)
한 국	2001	72.8	80.0	7.2
미 국	2000	74.1	79.5	5.4
일 본	2002	78.3	85.2	6.9
영 국	2001	75.7	80.4	4.7
캐나다	2000	76.7	82.0	5.3
프랑스	2001	75.5	83.0	7.5

자료: 일본, 2002년 간이생명표(http://www.mhlw.go.jp)
OECD, OECD Health Data, 2003(http://www.oecd.org)

통계청의 자료에 의하면 2003년 생산가능인구[4] 8.6명당 고령자 1명 부양, 2010년에는 6.7명당 고령자 1명, 2020년 4.7명당 고령자 1명을 부양해야 한다는 예측이다. 고령자부양비율은 2003년 11.6%이나 평균수명 증가로 인하여 2020년 21.3%, 2030년 35.7%로 높아질 전망이다. 2003년 고령화지수는 40.8%이며 2020년에는 109.0%로 크게 높아질 전망이다.

<표 2-4> 고령자부양비율[5] 및 고령화지수[6] (단위: 년, %)

연 도	1970	1980	1990	2003	2010	2020
고령자부양비율	5.7	6.1	7.4	11.6	14.8	21.3
고령화지수	7.2	11.2	20.0	40.8	62.0	109.0
생산가능인구 (고령자1인당)	17.7	16.3	13.3	8.6	6.7	4.7

자료: 통계청, 장래인구추계, 2001.

4) 고령자 1인당 생산가능인구=(15-64세 인구÷65세 이상 인구)
5) 고령자부양비율 = (65세 이상 인구÷15-64세 인구) × 100
6) 고령화지수 = (65세 이상 인구÷1-14세 인구) × 100

이렇게 출산율의 저하, 평균수명의 증가에 따라 고령자인구에 대한 부양 비중은 증가하고 있다. 고령화사회의 가속화는 고령층에 대한 노후소득보장체계의 구축 필요성 또한 높아지게 된다. 이에 따라 고령자부양비율도 급격하게 증가할 것으로 예측된다. 현재 65세 이상 고령자층의 경우에는 4명 이상의 자녀를 두고 있지만, 30-40대의 경우에는 2명 내외의 자녀를 두고 있어 출산력의 저하가 고령인구 비중의 증대라는 인구구성의 변화를 가져옴을 알 수 있다. 이는 현 고령세대들의 경우에는 부양을 기대할 수 있는 자녀가 충분하지만 미래의 고령세대들은 자녀수가 매우 적어 자녀에 의한 부양을 기대하는 것이 어려울 것임을 암시한다.

우리나라 취업자 중에서 청년층(15-29세)이 차지하는 비중은 점점 줄고 고령층의 비중은 급격히 늘고 있어 노동력 고령화로 인한 성장잠재력 저하가 우려되고 있다. 청년층 취업자수는 1999년 469만 명에서 지난 8월 448만 명으로 5년 사이에 21만 명이나 감소한 반면, 60세 이상 취업자는 1999년 186만 명에서 231만 명으로 45만 명이나 증가한 것으로 나타났다.[7] 이에 따라 전체 취업자 중에서 생산가능인구는 상대적으로 축소되고, 고령자를 위한 복지지출은 확대되는 상황에서 공적연금의 부담증가에 따른 재정수지악화 등은 사회경제적인 문제를 초래할 수 있으므로 공적연금체계의 조정과 더불어 다양한 노후소득보장체계 구축 노력이 필요할 것으로 예상된다.

(3) 고령자의 주거현황

우리나라 고령자의 주거현황에서 자녀와의 동거 여부에 관련된

---

7) 통계청, "8월 고용동향", 2004.

자료를 조사해 보면, 3세대 동거가구가 78.2%에서 2000년에 30.8%로 낮아진 반면에 고령자만으로 구성된 고령자단독가구의 비율이 1975년 7.0%에서 2000년 44.9%로 급증했음을 알 수 있다.[8] 한국보건사회연구원의 자료에 의하면, 2020년이 되면 고령자 부부만 사는 가구가 18.9%, 1인가구가 21.5%로 전체가구의 40.4%를 차지하게 된다. 고령자부부가구는 2003년 말 13.2%에서 2010년에는 15.4%로 증가하고, 1인가구는 18.4%로 증가할 것으로 추계되었다.[9]

이는 급속하게 변화되는 사회 속에서 단독가구의 증가와 더불어 고령세대를 부양하는 추세가 변화되고, 다른 한편으로는 고령자의 평균수명이 늘어나면서 단독가구의 형태로 진전되고 있다는 것을 의미한다. 고령가구의 급속한 증가는 고령인구의 증가를 상회한다. 이렇게 고령자만 거주하는 비율이 증가한 것은 미혼자녀와 동거하던 가구가 자녀를 출가시킨 후 고령자 1인이 살게 되었으며 산업화 및 도시화에 따른 핵가족화와 더불어 여성의 취업 및 사회참여로 인해 고령자부양기능이 크게 감소되었기 때문일 것으로 파악된다.

고령가구의 자가보유율[10]은 76.3%로 일반가구의 자가보유율 54.4%에 비해서 높고, 고령자부부가구는 85.4%에 비해 고령자단독가구의 자가보유율은 66.7%로 낮게 나타났다. 그러나 이렇게 고령자가 주택을 소유하고 있다고 해서 경제적으로 자립되어 있는 것은 아니다. 주택이 자산으로서 역할을 제대로 하는지에 대해서는 의문의 여지가 있다(House rich, Cash poor).[11] 고령자부양에서도 경제적

---

8) 한국노인문제연구소와 통계청의 자료를 통해 인구주택총조사를 비교하였다.

9) 한국보건사회연구원, "고령화사회의 사회경제적 문제와 정책 대응방안", 2004.

10) 박신영, "한국의 고령화 시대 노인을 위한 주거정책", 동아세아주거학회, 『安居樂業』 제1집, 2004, pp. 4-5.

11) 집은 소유하고 있지만 현금이 없어서 생활이 어려운 경우로 미국에서 역모기지를 상징하는 표현으로 사용되는 용어이다.

부양의 상당부분을 자녀로부터 도움을 받고 있는 고령인구가 많기 때문에 주택소유만으로 고령자가구의 경제적 여유를 단언하기에는 무리가 있는 것으로 보인다.

고령가구의 77.3%가 단독주택에 거주하는 것으로 나타나는데, 일반가구의 단독주택거주율은 50.0%에 비하면 매우 높은 것을 알

<표 2-5> 고령가구의 소유형태 (단위: %)

구 분	고령자단독가구	고령자부부가구	고령가구
자기집	66.7	85.4	76.3
전세(월세미포함)	13.6	8.0	10.7
보증부월세	7.1	2.9	4.9
보증금무월세	3.3	0.7	2.0
사글세	2.6	0.6	1.6
무 상	6.7	2.4	4.5
합 계	100.0	100.0	100.0

자료: 통계청, 2000인구주택총조사 2% 표본 원자료.

<표 2-6> 고령가구의 거주주택 유형 (단위: %)

구 분	고령자단독가구	고령자부부가구	고령가구
단독주택	80.2	74.6	77.3
아파트	13.2	17.2	15.3
연립주택	2.5	3.5	3.0
다세대주택	1.0	1.4	1.2
영업용건물 내	2.4	3.0	2.7
오피스텔	0.0	0.0	0.0
숙박업소	0.0	0.0	0.0
기숙사 등	0.1	0.0	0.0
기 타	0.6	0.3	0.5
합 계	100.0	100.0	100.0

자료: 통계청, 2000인구주택총조사 2% 표본 원자료.

수 있다. 고령자부부가구의 거주주택 유형은 74.6%가 단독주택, 아파트가 17.2%이다. 고령자단독가구는 80.2%가 단독주택이며, 아파트는 13.2%이다. 이는 고령자의 거주지가 도시보다는 농촌에 거주하는 비율이 높은 경우로 해석된다.

또한 통계청의 2002년 사회통계조사보고서에 따르면 60세 이상 인구의 장래 살고 싶은 곳은 자기집이 77.2%이며, 자녀집은 18.2%, 양로원이나 요양원은 4.2%로 나타났다.

이처럼 고령자의 자택거주의 선호는 아주 높은 것으로 역모기지의 최대 장점인 자신의 주택에서 계속거주가 이루어진다는 점으로 미루어 보아 우리나라에서 역모기지의 활용은 기대가 크다고 할 수 있다.

(4) 부양의식의 변화

인구통계학적 변화와 더불어 이러한 사회·경제적인 변화 이외에 자녀들의 고령자부양에 대한 의식의 변화와 고령자들의 노후인식 변화는 향후 고령자들의 노후생활이 과거의 가족부양과는 확연한 차이가 있을 것으로 예측된다.[12)]

고령자들의 노후인식 및 자녀들의 부모부양에 대한 태도에 관한 조사결과를 연령별로 비교하여 보면 고령자들의 독립성 추구가 강화되고 노부모부양 의지가 약화될 것임이 예견된다. 1998년도에 한국보건사회연구원이 실시한 1998년도 전국 고령자생활실태 및 복지욕구조사에 의하면, 65세 이상의 경우는 32.3%가 동거부양을, 20.2%는 자녀로부터 부양을 기대하고 있지만 별거하기를 원하고 있으며, 자녀로부터의 부양을 기대하지 않는 고령자는 43.2%인 것

12) 한국보건사회연구원에서 조사한 결과를 바탕으로 고령자 인식으로서 자녀들의 고령자부양에 관한 의식변화를 살펴본다.

<표 2-7> 연령별 선호하는 부양방법 (단위: 세, %)

구 분	동거부양	별거부양	독립생활	생각해 본 적 없음	계
25-34세	5.7	5.5	83.1	5.7	100.0
35-44세	9.5	5.8	78.6	6.1	100.0
45-54세	16.6	9.1	68.8	5.5	100.0
55-64세	29.4	13.5	52.8	4.4	100.0
65세 이상	32.3	20.2	43.2	4.4	100.0

자료: 한국보건사회연구원, 1998년도 전국 고령자생활실태 및 복지욕구조사.

으로 나타난다. 반면, 25-34세 연령군의 경우는 절대 다수인 83.1%가 자녀로부터의 부양을 전혀 기대하지 않고 있다. 즉, 현 고령자세대의 절반 정도가 이미 자녀세대로부터의 부양을 기대하고 있지 않으며, 이러한 경향은 연령이 낮을수록 높아진다.[13](<표 2-7> 참조)

이와 더불어 경제적 부양에 관해서는 현 고령세대의 약 26.2%가 가족이나 자녀에게 부양을 기대하고 있지만, 20 · 30 · 40대는 자녀로부터 경제적 부양을 거의 기대하지 않는 것으로 나타났다.

그러나 고령자에 대한 경제적인 부양의 제공은 상당히 높은 수준으로 이루어지고 있다. 65세 이상 고령자의 54.8%가 생활비를 타인(가족 · 자녀 26.2%+국가지원 28.6%)으로부터 도움을 받고 있으며, 경제적 부양제공자의 대부분이 자녀들이다. 이는 공적소득보장제도가 미흡하다고 하는 구조적 요인을 감안하면 불가피한 상황이라고 할 수 있다.

경제적 부양의 필요성이라는 측면에서 볼 때 현세대 고령자들은 경제적 부양의 필요성은 높지만 점차로 저하될 것으로 예견된다. 경제적 부양에서 현세대 고령자들은 공적소득보장제도가 정립되지 않은 시기에 청 · 장년시기를 보냈고, 경제적 자원을 자녀를 위해

13) 정경희, 전게논문, 2002, p. 3.

<표 2-8> 경제적 부양에 대한 의식 (단위: %)

구 분	스스로	가족 · 자녀	국가지원	기 타	모르겠다	계
25-34세	71.4	1.7	25.7	0.0	1.2	100.0
35-44세	69.9	1.7	26.6	0.1	1.7	100.0
45-54세	68.9	6.3	21.9	0.0	2.9	100.0
55-64세	58.2	16.8	22.2	0.0	2.8	100.0
65세 이상	42.5	26.2	28.6	0.0	2.7	100.0

자료: 한국보건사회연구원, 1998년도 전국 고령자생활실태 및 복지욕구조사.

모두 소진한 세대이기 때문에 자신의 노후를 위한 경제적 준비가 안 된 세대인 반면, 미래의 고령자세대는 공적소득보장체계의 정립에 따라서 경제적 자립도가 높아질 것으로 기대되기 때문이다. 통계청의 1998년도 사회통계조사에 의하면 현 고령자세대의 경우 대부분이 노후준비가 전혀 없는 상태로 22.6%만이 노후준비를 하고 있는 반면, 미래의 고령자가 될 45-64세 연령군은 40% 정도가 노후준비를 하고 있는 것으로 나타나고 있다.

위의 <표 2-8>에서 보면, 20 · 30 · 40대는 경제적 부양에 있어 스스로 준비하는 비율이 크게 증가하는 반면에, 국가 지원비율은 변함이 없는 것으로 나타났다. 앞으로 고령자의 경제적 부양은 기존 자산인 주택을 유동화시켜 노후생활을 안정적으로 도모할 수 있는 방안이 필요할 것으로 보인다.

2) 미시적 측면

(1) 고령자의 소득원 유형[14]

고령자의 경제적 측면으로서 소득과 소비에 따른 필요소득을 살펴보기 위하여 고령자 소득실태와 소득원 분석자료를 통계청이

14) 김진, 전게논문, 2004, pp. 28-31.

2000년 실시한 가구소비실태조사[15])를 활용하였다. 고령자의 실제 소득수준과 소득원 유형[16])에 따른 차이를 분석하였다.

고령자의 연령계층별 소득원 구성을 살펴보면 연령이 높아짐에 따라 소득수준이 감소하고 있음을 볼 수 있다. 연령계층에 따른 소득변화를 소득원 유형별로 구분해서 분석하면 아래의 <표 2-9>와 같다. 근로소득은 60-64세에 59.2%, 80세 이상의 경우, 6.2%에 불과한 수준으로 초기 고령세대일수록 그 비중이 높고 나이가 들수록 급격히 떨어지고 있다.

반면, 사적 이전소득은 연령의 증가와 함께 그 비중이 증가하는 양상을 보이고 있다. 60-64세 19.0%에 불과하지만, 80세 이상의 경우 77.8%로 소득이 차지하는 비중이 크게 증가하고 있다. 이는 연령층이 높아질수록 근로소득은 감소하고 사적 이전소득이 증가하

<표 2-9> 60세 이상의 소득수준과 소득원 유형 (단위: %)

구 분	근로소득	자산소득	사적 이전소득	공적 이전소득
전 체	38.6	10.7	40.4	10.3
60-64세	59.2	11.6	19.2	10.1
65-69세	43.0	11.5	34.6	10.9
70-79세	20.6	10.0	58.9	10.5
80세 이상	6.2	7.4	77.8	10.1

자료: 통계청, 2002년 사회통계조사보고서.

---

15) 가구소비실태조사의 조사주기는 5년으로 총 조사가구는 경제활동인구조사 표본조사가구 내에서 소득, 지출 및 자산보유실태파악이 가능한 약 2,700가구이다. 이러한 자료에서 분석된 고령자의 소득실태와 소득원 구성에서 어떠한 성격(공적 혹은 사적 이전소득)의 소득으로 생활하고 있는지에 대한 정확한 실태파악을 통하여 고령자소득에서의 보장체계를 구축하기 위한 방안이다.

16) 고령자의 소득원 유형은 근로(work)를 통한 근로소득, 시장(market)에 의한 자산소득, 가족(familly)을 통한 사적 이전소득과 국가(state)를 통한 공적 이전소득으로 분류할 수 있다. 이러한 소득원 유형의 구성내용을 보면 근로소득은 임금소득, 사업소득, 부업소득이며 자산소득은 부동산임대소득, 금융이자소득, 저축, 개인연금, 퇴직금 등이며, 사적 이전소득은 자녀, 친척 등 비공식 지지망으로부터의 이전소득이다. 공적 이전소득은 공적연금, 경로연금, 생활보호수당 등이다.

는 것을 나타낸다. 연령이 높아질수록 일자리를 구하기가 쉽지 않기 때문으로 추측되며 이로 인해 근로소득은 갈수록 감소한다.

또한 자산소득은 60-64세 연령계층에서 비중이 가장 높은 것으로 나타났다가 연령의 증가와 함께 감소하는 것으로 나타나고 있다. 이는 퇴직 직후에는 퇴직금 및 저축액 등으로 가장 높은 자산소득을 보유하고 있다가 고령기에 이르러서 생활비로 소비하게 되면서 자산소득이 소진되어 가는 과정으로 보여진다. 공적 이전소득 역시 60-64세 연령계층을 정점으로 꾸준히 증가를 보이고 있는데, 이는 현재 70세 이상의 고령세대의 경우 국민연금의 적용에서 제외된 계층이기 때문으로 보인다.

<표 2-9>에서 알 수 있듯이 실질적으로 65세 이상이 되면 현격하게 사적 이전소득이 증가하는 것으로 나타난다. 만약, 자녀나 친척의 지원으로 발생하는 사적 이전소득이 감소하거나 없어진다면 사실상 우리나라 고령자의 필요소득(생계비)은 커다란 문제점에 봉착하게 될 것이다.

(2) 고령자의 소득수준

2000년 통계청의 가구소비실태조사에 따르면 도시근로자의 연평균 소득수준(2인 이상 가구기준)은 연간 3,036만 원인 데 반하여 60- 64세는 2,525만 원, 65세 이상 1,754만 원으로 조사되었다. 물론 이러한 수치는 모든 소득원별 유형이 합해진 경상소득과 비경상소득이 더해진 결과이다. 이는 연령계층이 더 높아질수록 소득수준은 급격히 감소하는 것을 보여주고 있다(<표 2-10> 참조).

<표 2-10>을 참고하면 고령가구의 소득수준은 전체가구의 평균보다는 낮고, 특히 고령자단독가구 및 고령자부부가구의 경우 도시최저생계비 미달가구 비중이 각각 56.3% 및 35.2%로 매우 높아 고

<표 2-10> 고령가구의 소득수준 (단위: %)

월소득	고령가구		전체가구	
	단독가구	부부가구	1인가구	2인가구
50만 원 이하	78.7	31.1	37.1	11.0
50-100만 원 이하	16.9	34.7	31.5	25.7
100-200만 원 이하	3.8	25.4	24.1	37.3
200만 원 이상	0.6	8.8	7.3	26.0
합 계	100.0	100.0	100.0	100.0
도시가구 월 최저생계비 이하	56.3	35.2	23.2	14.0

자료: 박신영 · 최은희, 실버노인복지주택공급제도 개선방안 연구, 대한주택공사, 2003. 12.

령자들의 경제력이 상대적으로 미약함을 알 수 있다.

고령가구의 소득수준을 보면, 월 소득 50만 원 이하가 78.7%이며 50-100만 원 이하가 16.9%이다. 고령자부부가구는 31.1%가 50만 원 이하이며 50-100만 원 이하가 34.7%에 해당한다. 이는 전체가구 중에서 단독가구 37.1%가 50만 원 이하로 상당히 큰 폭으로 차이가 있음을 알 수 있다.

결국 65세 이상 고령자단독가구는 100만 원 이하 95.6%이며, 이러한 금액은 연평균 소득수준인 연간 1,754만 원에 비하여 턱없이 부족한 수치이다. 이는 대다수의 고령자들이 연평균 소득수준에 미달됨을 알 수 있다. 이러한 고령가구의 저소득 수준을 미래의 고령인구의 증가와 맞물려 고령세대의 경제적 필요성을 가속화시킬 것이다. 따라서 앞서 살펴본 것처럼 집은 소유하고 있으면서 경제적 어려움을 가지고 있는 고령자들의 문제점을 해결할 수 있는 방안으로 역모기지를 활성화해야 하며 이러한 측면에서 우리나라의 연령계층별 연간소득 및 주택소유가구 비율을 고찰한다. 연령계층별 소득분포와 자가거주율로 간접측정한 연령계층별 자산분포를 비교해보면 65세 이상 고령자의 경우 소득은 급격히 감소하는 데 반하여 자산보유는 젊은층보다 높은 것으로 나타난다.

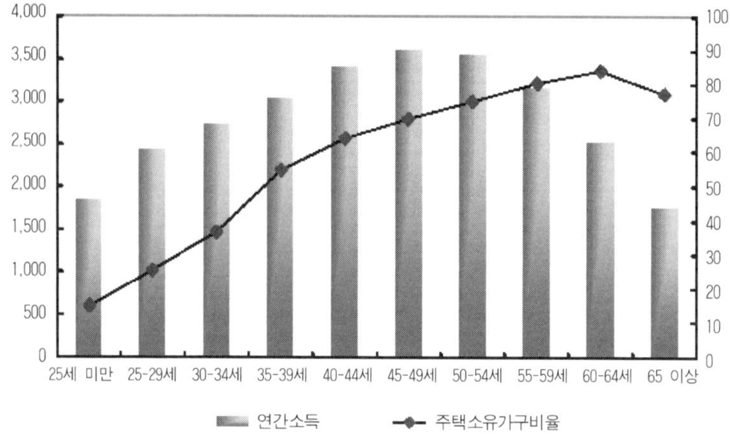

<그림 2-1> 연령계층별 연간소득 및 주택소유가구비율

<그림 2-1>에서 볼 수 있는 것처럼 소득수준은 연령이 많아짐에 따라 점차 증가하여 45-49세에서 최고 수준에 이른 후 60세 이후 급감하는 데 반하여 자가거주율은 연령이 높아짐에 따라 점차 증가하다가 60-64세에서 최고수준을 나타내고 그 이후 저감하였다.

이는 곧 65세 이상 고령세대가 주택소유가구비율이 80% 정도이지만 이에 반해 소득수준은 40% 정도로서 극심한 차이가 나며 이것이 바로 앞서 설명한 집은 소유하고 있지만 현금이 부족해서 생활에 어려움을 겪는 House rich, Cash poor의 원형이라고 할 수 있다.

(3) 고령자의 생계수단

고령자의 생활비조달 근거를 생계수단별로 구분해 보면 전체적으로 본인이나 배우자가 부담하는 경우가 32.5%이고, 일부 또는 전부를 지원받아 생활하는 경우는 67.4%로 나타났다. 연령대별로 보면 65-69세 연령층은 본인이나 배우자 부담이 47.7%, 일부 지원받아 생활하는 경우가 35% 정도이다. 70대 이상 연령층은 일부 지원받아 생활하는 수치가 높게 나타났으며, 80세 이상의 경우는 본인 또는 배우자 부담이나 일부 지원・전부 지원받아 생활하는 경우가 90% 정도로 아주 높은 수치로 나타남을 알 수 있다(<그림 2-2> 참조).

<그림 2-2>를 보면 65세 이상 전체의 연령층에서 일부 지원받거나 전부 지원받아 생활하는 비중이 높게 나타난 것을 볼 수 있다. 이렇게 본인이나 배우자의 실질 소득이 아닌 주위의 도움이 상당히 높다는 것은 우리나라가 전통적인 유교문화권에서 오랜 기간 동안 가족부양이라는 특수성으로 인하여 가족의존형으로 된 것이 하나의 원인으로 볼 수 있다. 따라서 고령자가 자신의 생계비를 마련할 수 있는 기회가 부족했고, 또 다른 측면에서 보면 이제까지 사회적으로 고령자들이 일할 수 있는 기반 조성이 되어 있지 않았다는 것으로도 해석된다.

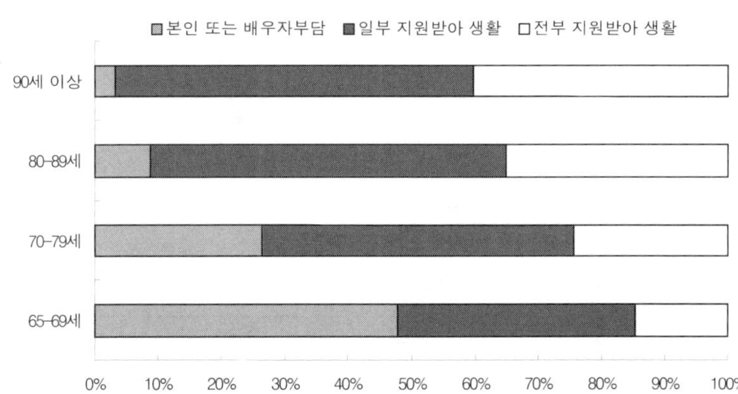

자료: 통계청, 인구주택총조사보고서, 2000. (단위: 세, %)

<그림 2-2> 65세 이상 고령자의 생계수단

(4) 고령자의 소비실태

고령세대의 소비지출은 60-64세와 65세 이상의 고령자를 대상으로 2인 이상 가구로서 2000년도 도시근로자 평균소비지출과 비용과의 비교를 통해 추론하였다. 평균총소비지출의 경우, 전체세대의 평균이 연간 1,920만 원에 비해 65세 이상은 1,287만 원으로 다소 감소되었다. 이에 반해 연간소득은 1,754만 원과 비교한 소비지출과의 차이는 약간의 차이가 있다.

통계청의 자료에 따른 65세 이상의 연평균소득이 1,754만 원, 이를 월평균으로 환산하면 약 150만 원 정도로 추정된다. 하지만 앞서 살펴본 고령가구의 소득수준을 보면 95.6%가 100만 원 이하의 소득으로 나타났다. 이는 도시에 거주하는 65세 이상의 연평균소득 산출과 도시와 농촌의 고령자를 포함하여 월소득을 합산한 수치의 결과로 추정된다.

<표 2-11> 소비실태의 구성 (단위: 천 원)

구 분	평 균	60-64세	65세 이상
총 계	2,353.1	2,011.6	1,517.7
소비지출	1,920.7	1,638.9	1,287.1
식료품	483.9	439.9	363.3
주거광열비	195.3	188.3	174.0
가구집기가사용품비	98.9	78.5	62.0
피복신발비	108.6	93.1	69.6
보건의료비	85.6	102.2	124.0
교육비	245.5	69.5	52.9
교양오락비	97.0	71.7	52.1
교통 · 통신비	329.2	269.0	166.7
기타소비지출	276.7	326.7	222.6
비소비지출	432.5	372.7	230.6

자료: 통계청, 2000년 가구소비실태조사보고서.

<표 2-11>에서 볼 수 있듯이 고령세대의 소비지출이 유일하게 전 항목에서 감소하는 데 반하여, 보건의료비만 높게 나오는 것을 알 수 있다. 이는 연령층이 높아질수록 건강상태의 이유로 의료기관을 찾는 횟수가 많아진 것에서 비롯된다. 식료품이나 피복신발비, 교양오락비 등은 소비지출이 다소 감소세를 보이며 주거광열비는 거의 차이가 없는 것으로 보인다. 특히 교통·통신비는 절반 정도로 줄어들어 고령자일수록 이동하는 양이 감소하며, 이에 따른 통신비도 감소한 것으로 나타났다.

이러한 소득과 소비를 비교한 결과, 고령자의 경우 소득이 연간 1,000만 원이 넘어야 생활이 가능하다. 그러므로 고령세대의 경제력을 약화시키고 있는, 주택은 소유하고 있으면서 생활비가 없는 고령세대들을 위하여 주택을 유동화시켜 생활비를 충당할 수 있는 제도인 역모기지를 활성화시켜 나가야 할 것이다.

3) 고령사회의 문제점

고령사회로 진입하면서 고령인구 비중이 높아가면서 가장 큰 사회적 변화는 노동시장의 구조변화와 이에 따른 경제성장률 둔화를 들 수 있다. 노동시장에 참여할 수 있는 계층의 비중이 상대적으로 낮아지고 취업인구 중 고령계층이 증가하면서 취업구조가 고령화된다. 취업구조의 고령화는 비용상승을 의미한다. 또한 고령인구의 증가는 저축보다는 소비지출을 증가시켜 소비확대에 따른 투자위축, 비생산적 부문에 대한 자원투입 증가로 결국 국가 전체적인 경제성장률이 저하되는 결과를 초래할 수 있다.

고령인구의 증가는 사회적 변화를 증대시키고 고령자 부양에 대한 부담을 가중시킨다. 고령인구 증가로 생산가능인구 1인당 고령자 부양 비율이 급격하게 증가하는 양상이다. 또한 고령자의 득성상 의료비용 지출이 증가하게 되고, 향후 고령자 관련 요양시설이나 각종 서비스에 대한 투자가 요구된다. 결국 이러한 부담은 개별적으로 해결될 수 없는 부분으로 국가의 부담이 필수적이다. 이에 따라 건강보험이나 공적연금체계에 위기가 예측되고 있다.

고령인구의 증가로 인해 고령자 관련 사회문제가 대두된다. 세대가 변화하면서 부모에 대한 부양의식이 점차 낮아지는 추세이고, 고령자들도 자식과 떨어져 살면서 자유롭게 살고 싶어 하는 비율이 높아지고 있다. 그러나 경제적인 뒷받침이 되지 않는 상황에서 가족과 별거하면서 육체적 질병까지 더하는 경우 심각한 고령자문제가 대두된다.

또한 핵가족화와 급격한 사회변화 등으로 인해 사회와 가정에서 느끼는 고령자들의 소외감은 더욱 커지고 있다. 향후 자식과의 동거를 거부하고 독신거주 고령자들이 모여 사는 새로운 가구형태의 단독가구 비중이 늘어나면서 고령자 소외문제는 더욱 심화될 것으로 보인다.

거시적인 측면에서 인구고령화는 경제성장, 저축, 투자, 소비, 노동시장, 연금, 세제 등에 다양한 영향을 주며 고령자의 건강과 가족구성, 주택, 이주 등에 영향을 준다. 즉, 인구의 고령화는 사회전반에 주요한 영향을 준다. 이러한 고령자의 평균수명 증가와 저출산, 세대의 변화로 인한 고령세대의 증가와 이로 인한 부양문제가 심화되고 있다.

미시적 측면에서 고령자의 소득실태를 소득수준별과 소득원 유형별로 고찰해 본 결과, 60세 이상의 고령자의 소득이 근로소득이나 공적 이전소득보다 사적 이전소득에의 의존도가 훨씬 높은 것을 알 수 있다. 또한 생계수단별 분석에서도 본인이나 배우자가 부담하는 경우보다 일부 또는 전부 지원받아 생활하는 경우가 아주 높게 나타났다. 또한 소비실태에서는 다른 항목보다도 의료비 지출이

상대적으로 크게 증가하여 고령자들의 경제적 필요소득의 규모를 예측할 수 있었다. 이러한 필요성들이 결국 역모기지제도의 필요성이기도 하다.

2. 공적연금제도의 한계와 역모기지의 역할

앞의 제1절에서 고찰하였던 것처럼 경제적 측면에서 고령자의 소득을 구분했을 때, 공적 이전소득으로 대변되는 공적연금은 고령자의 경제적 측면에서 보면 사적 이전소득에 비해 아주 미미한 수준임을 알 수 있었다. 이는 아직까지 우리나라의 공적연금의 체계가 고령자들의 노후필요소득으로서는 미진하다고 할 수 있으며 공적연금제도의 한계라고 할 수 있다.

이에 본 절에서는 우리나라의 공적연금의 주요제도인 국민연금제도, 공무원연금제도, 사학연금제도, 군인연금제도의 개요를 고찰하고 그중에서도 가장 일반적이며 최근 사회적으로 문제가 되고 있는 국민연금의 가입자 현황과 수급액의 비율에 관하여 고찰한다. 따라서 이러한 국민연금이 고령자들의 노후대책 마련이라는 취지에서 고령자의 생활비(필요소득)를 대신할 수 있는 대체방안으로서 공적연금제도의 한계와 역모기지의 역할에 관해 모색하고자 한다.

1) 공적연금제도의 종류

(1) 국민연금제도

국민연금제도는 1986년 국민연금법의 개정을 통해 1988년부터 실시되었다. 이에 따라 1988년 10인 이상 사업장 근로자를 시작으로 1995년 농어민·자영업자, 5인 미만 사업장 근로자, 1999년 도시지역에 있는 5인 미만 사업장 근로자 등 근로계층과 자영업자에게까지 그 대상을 확대하였다.

국민연금 가입대상은 1988년 10인 이상 사업장만을 대상으로 하여 그 적용대상자가 약 443만 명에 불과했지만, 이후 범위가 확대되면서 2002년 말 현재 1,650만 명 수준으로 증가하였다. 가입대상은 국내에 거주하고 있는 18세 이상 60세 미만의 국민이다.[17] 가입

<표 2-12> 국민연금제도의 급여종류별 수급요건과 급여수준

급여유형		수급요건	가입기간 및 수급연령	급여수준
노령연금	완 전	가입기간 20년 이상, 60세에 달한 때	20년 이상/ 60세 이상	기본연금액의 100%
	재직자	가입기간 10년 이상, 60세 이상 65세 미만자, 소득 있는 업무종사자	수급연령 60-64세	기본연금액의 50-90%
	감 액	가입기간 10년 이상 20년 미만 60세에 달한 때	가입기간 10-19년	기본연금액의 72.5-92.5%
	조 기	가입기간 10년 이상, 55세 이상자 소득 있는 업무 종사하지 않을 경우	수급연령 55-59세	기본연금액의 75-95%
	특 례	가입기간 5년 이상, 연령 60세 이상		
장애연금		가입중에 발생한 질병 또는 부상으로 완치 후에도 신체 또는 정신상의 장애가 남은 경우	장애등급 1-4급	1-3급: 기본연금액의 100, 80, 60% 4급: 기본연금액의 2.25배를 일시보상금으로 지급
유족연금		가입기간 1년 이상자, 10년 이상자, 노령연금 수급권자, 장애2급 이상 장애연금 수급권자 등이 사망시 그에 의해 생계를 유지하고 있었던 유족	가입기간 1년 이상	가입기간에 따라 40%(10년 미만), 50%(20년 미만), 60%(20년 이상) 지급
반환일시금		가입기간 1년 미만 가입자 또는 10년 미만 가입자였던 자의 사망	–	연금보험료에 이자를 가산하여 지급
사망일시금		가입자 또는 가입자였던 자 사망시 유족연금에서 규정한 유족에 해당된 유족이 없는 경우	–	반환일시금 상당액, 단 가입자의 표준소득월액의 4배 한도 내 지급

자료: 통계청, 2002; 2003.

---

17) 단, 지역연금에 가입하고 있거나 국민연금의 노령연금을 수급하고 있는 사람은 제외된다.

대상자는 당연가입 대상자와 임의가입 대상자로 구분할 수 있으며, 당연가입 대상자는 근로형태 및 사업장 규모를 기준으로 하는 사업장가입자와 지역가입자로 구분이 된다.

급여는 소득계층간 및 세대간 소득재분배기능을 갖도록 설계되었고 연금액의 실질가치 보장을 위해 연금액의 최초 결정시는 가입기간중의 임금인상률을 반영하고 연금을 받는 동안에는 전국 소비자물가 변동률을 고려하여 연금액의 실질가치를 유지하도록 하고 있다.

국민연금 급여종류별 수급요건과 급여수준은 아래의 <표 2-12>에서 보는 바와 같이 크게 노령연금과 기타 장애연금, 유족연금 등으로 구분할 수 있다. 근로소득 종료 후 기초생활보장 및 사회안전망으로서의 역할을 담당할 것으로 기대되는 국민연금의 가장 주된 급여 유형인 노령연금은 다시 완전노령연금, 재직자노령연금, 감액노령연금, 조기노령연금 등으로 수급요건에 따라 분류될 수 있다.

(2) 공무원연금제도

공무원연금제도는 우리나라 최초의 공적연금제도로서 1960년에 처음 도입되었다. 연금급여는 퇴직급여, 유족급여 등 5개 종류의 장기급여에서 출발하여 1962년 단기급여가 추가됨으로써 종합적인 사회보장의 면모를 갖추게 되었고 현재는 장단기급여 총 17종의 급여로 구성되고 있다.

연금급여에 소요되는 비용은 정부와 공무원이 각각 같은 비율로 부담하여 1960년 2.3%에서 1970년 5.5%, 1995년 6.5%, 2001년 8.5%로 점진적으로 인상되었다. 제도의 운영은 크게 3개 기관에서 업무분장을 통해 이루어지며 행정자치부에서는 관리운영, 공무원연금관리공단에서는 집행, 연금취급기관 등으로 나누어져 있다.

공무원연금법은 당초 국가공무원 및 지방공무원과 군인을 적용대상으로 하였으나, 1963년 군인을 적용대상에서 제외하면서 현재까지 직업공무원을 중심으로 제도를 운영해 오고 있다. 도입 초기 1960년 가입자가 23만 7천 명에 불과했지만 해마다 증가하여 1996년에는 971만 3천 명, 1997년에는 981만 7천 명까지 증가하였다. 그러나 경제위기로 공무원수가 줄어 2000년에는 909만 1천 명에 이르고 있다. 수급자 측면에서도 완만한 상승세를 나타내다가 경제위기 이후 1999년에는 12만 9천 명으로 전년도에 비해 3만 9,600 명이 증가하였다. 연금선택률도 약 50%대에 머무르다가 1999년과 2000년에는 각각 66.7%와 78.2%로 증가하여 노후생활안정을 도모하고자 하는 퇴직공무원이 많아진 것으로 보인다.

소득보장을 위한 급여에는 퇴직급여와 유족급여가 있는데, 이 급여는 제도가입자가 퇴직이나 사망으로 소득을 상실했을 경우 본인이나 유족에게 사회보장방식에 의해 지급하는 것이다. 퇴직수당은 민간의 근로기준법상 퇴직금에 해당하는 급여로 퇴직한 때에 일시불로 지급되고, 1년 이상 재직하고 퇴직 또는 사망한 경우에 재직기간에 따라 최종보수월액의 일정비율을 지급한다.

(3) 사학연금제도

사학연금제도는 사립학교 교직원의 퇴직·사망 및 직무상 질병이나 부상 등에 대하여 적절한 급여제도를 확립함으로써 교직원 및 그 유족의 생활안정과 복지향상을 목적으로 1975년 출범하였다. 비용부담 주체는 교직원, 학교기관 및 국가가 참여하고 있으며 사립학교교직원연금관리공단이 기금의 조성, 증식관리 및 제도운영을 담당하고 있다. 연금보험료의 경우 교직원 본인이 개인부담금을 월보수액의 8.5%를 납부하고, 사학법인이 법인부담금을 5.0%, 국가가 국가부담금 3.5%를 각각 부담하고 있다.

사학연금은 교직원이 가입대상이 되는데, 교원은 사립학교법 제54조 규정에 의하여 관할청에 임용보고된 자이며 사무직원은 사립학교법 제70조의 2규정에 의하여 학교기관의 정관상의 직급별 정원범위 내에서 임명된 자이다. 수급자의 경우 1985년에는 전체 연금수급자가 233명에 불과하였지만, 계속적으로 증가하여 1990년 1,345명, 1995년 3,905명, 2000년에는 1만 3,382명으로 증가하였다. 사학연금제도의 각종 급여종류와 급여수준은 공무원연금과 동일하다.

(4) 군인연금제도

군인연금제도는 1960년 공무원연금법의 일부로 운영되었으나, 정년과 직업조건 등 군인의 직무적 특성이 일반공무원과 다르기 때문에 1963년에 군인연금법을 별도로 제정하여 시행하게 되었다. 군인연금제도는 공무원연금제도와 같이 본인의 기여금과 국가부담금, 반환금, 기금 또는 다른 회계로부터의 전입금과 기타의 수입금을 세입으로 군인연금 특별회계를 설치하여 운영하고 있다. 단, 두 제도간의 차이는 1998년에 공무원의 연금에 도입된 60세 연금지급개시 연령제도가 군인의 계급별 정년이 공무원의 정년에 비해 짧기 때문에 군인에게는 적용되지 않고 있다.

가입대상은 법 제2조에 의해 장교와 하사관 등 직업군인에게 적용되며 의무병역의 군인은 제외된다. 급여는 크게 퇴직급여, 유족급여, 재해급여 및 보상금으로 구분된다. 퇴직급여는 퇴역연금 등 5개 급여가 있으며 유족급여에는 유족연금을 포함 5개의 급여가 있고, 기타 재해급여 및 보상금으로 7개 급여 등 전체적으로 급여종류는 17개로 구성되어 있다.

2) 공적연금제도의 현황

(1) 공적연금의 가입자와 수혜자 현황

① 공적연금가입자 현황

국민연금을 포함한 공무원연금, 사학연금 등 대표적인 공적연금에 가입한 가입자 현황을 살펴보면 지난 20년간 상당히 가입자가

<표 2-13> 공적연금가입자수 (단위: 천 명, %)

연 도	18세 이상 취업자(A)	공적연금가입자				비율(B/A)
		계(B)	국민연금	공무원연금	사학연금	
1981	13,612	782	–	683	99	5.7
1982	13,961	775	–	668	108	5.6
1983	14,229	780	–	670	110	5.5
1984	14,168	799	–	682	117	5.6
1985	14,667	821	–	697	124	5.6
1986	15,250	844	–	717	127	5.5
1987	16,072	870	–	738	133	5.4
1988	16,728	5,341	4,433	767	141	31.9
1989	17,428	5,481	4,521	810	150	31.4
1990	17,983	5,649	4,652	843	154	31.4
1991	18,566	5,812	4,769	885	159	31.3
1992	18,939	6,108	5,021	922	165	32.3
1993	19,181	6,271	5,160	940	171	32.7
1994	19,799	6,567	5,445	948	174	33.2
1995	20,365	8,636	7,497	958	181	42.4
1996	20,810	8,993	7,829	971	192	43.2
1997	21,165	9,021	7,836	982	203	42.6
1998	19,895	8,285	7,126	952	206	41.6
1999	20,246	17,383	16,262	914	208	85.9
2000	21,116	17,330	16,210	909	211	82.1
2001	21,542	17,407	16,278	913	216	80.8
2002	22,144	17,651	16,499	931	221	79.7

자료: 통계청.

확대되었음을 알 수 있다. 1981년에는 18세 이상 취업자 중 5.7%에 해당하는 인구만이 공적연금에 가입하고 있었으나 국민연금가입이 시작된 1988년에 그 비율이 31.9%로 급격하게 상승하였다.

그 후 국민연금 가입대상의 확대 등에 힘입어 1995년 42.4%, 1999년 85.9%까지 급격하게 상승하였고 2002년 말 현재 79.7%가

〈표 2-14〉 공적연금수혜자수 (단위: 명, %)

연도	국민연금		공무원연금		사학연금	
	수혜자	가입자대비	수혜자	가입자대비	수혜자	가입자대비
1981	-	-	2,059	0.3	-	-
1982	-	-	3,742	0.6	13	0.0
1983	-	-	5,618	0.8	60	0.1
1984	-	-	7,235	1.1	112	0.1
1985	-	-	9,078	1.3	233	0.2
1986	-	-	10,926	1.5	383	0.3
1987	-	-	14,832	2.0	533	0.4
1988	3,136	0.1	18,084	2.4	783	0.6
1989	59,438	1.3	21,204	2.6	1,069	0.7
1990	257,318	5.5	25,396	3.0	1,345	0.9
1991	383,251	8.0	29,719	3.4	1,705	1.1
1992	493,217	9.8	34,333	3.7	2,103	1.3
1993	584,206	11.3	40,849	4.4	2,674	1.6
1994	847,199	15.6	48,016	5.1	3,370	1.9
1995	878,102	11.7	56,343	5.9	3,950	2.2
1996	945,848	12.1	63,693	6.6	4,618	2.4
1997	987,888	12.6	72,889	7.4	5,457	2.7
1998	1, 268,984	17.8	89,322	9.4	6,412	3.1
1999	1, 254,621	7.7	128,940	14.1	10,550	5.1
2000	933,720	5.8	150,463	16.6	13,382	6.3
2001	955,803	5.9	160,721	17.6	14,639	6.8
2002	1, 059,365	6.4	169,915	18.3	16,059	7.3

자료: 통계청.

공적연금에 가입되어 있는 것으로 나타났다. 18세 이상 취업자의 수가 꾸준히 증가하고 있었고 공무원연금이나 사학연금에 가입자의 증가가 미미한 데 반해 공적연금 가입자 비율이 급격히 상승한 것은 특정 직업에 종사하는 자에게만 가입기회가 부여되는 공무원연금이나 사학연금 대신 전 국민을 대상으로 하는 국민연금제도의 확충이 기여한 바가 크기 때문이다.

② 공적연금수혜자의 현황

공적연금의 가입자 비중의 증가에 국민연금이 기여한 바가 큰 데 반해 공적연금수혜자는 상대적으로 공무원연금이나 사학연금에 가입한 경우에 더 높은 비중을 보이고 있다. 아래의 표에서 보는 바와 같이 국민연금수혜자는 타 연금에 비해 월등히 높지만 전체 가입자 대비한 수혜자 비율은 2002년 말 현재 가입자 대비 6.4%에 불과하여 공무원연금의 18.3%, 사학연금의 7.3%에 비해 낮게 나타나고 있다.

(2) 국민연금의 가입자와 수혜자 현황

공적연금제도의 수혜계층 현황은 우리나라 공적연금제도의 가장 대표격이라 할 수 있는 국민연금제도의 수혜대상 계층을 중심으로 살펴본다. 이는 다른 공적연금제도에 비해 제도의 시행은 늦었지만 가입대상자 범위가 가장 넓고 일반 근로자 및 자영업자까지 대상에 포함하고 있기 때문에 가장 일반적이고 보편적이기 때문이다. 한정된 직업을 대상으로 하는 공적연금이 아니라 모든 고령자를 포함하는 공적연금으로서 향후 이러한 국민연금을 통해 고령자의 노후보장을 어느 정도 할 수 있을 것인지 수혜계층의 현황을 고찰한다.

① 국민연금가입자 현황

국민연금가입자 현황을 살펴보면, 1998년 443만 명 수준이던 가입자가 사업장가입자 외에 지역가입자가 포함되면서 증가하기 시작하여 1999년에는 초기의 4배에 가까운 1,626만 명 수준으로 증가하였고, 2004년 5월 1,716만 명에 이르는 가입자를 나타내고 있다. 초기에는 사업장 가입자수가 차지하는 비중이 월등히 높았으나 지역가입자의 포함으로 2004년 현재 지역가입자가 전체 가입자의 57.5%로 과반수를 넘었고 사업장 가입자수가 715만여 명으로 41.7%를 차지하고 있다.

성별, 가입종별 국민연금가입자수를 살펴보면 전체 가입자의 65.4%가 남성으로 여성의 가입비율이 월등히 낮게 나타남을 알 수 있다. 이는 경제활동에 참여하는 인구 중 남성이 차지하는 비율이 높기 때문인 것으로 보인다. 가입자 중에서 남성이 차지하는 비중은 전체의 1억 7,160만 명에서 1억 1,226만 명으로 65.4%, 여성이 차지하는 비중은 5,934만 명으로 34.6%를 차지하고 있다.

<표 2-15> 국민연금가입자수

(단위: 명)

연 도	총가입자	사업장가입자		지역가입자			임의 가입자	임의계속 가입자
		사업장	가입자	계	도시	농어촌		
1988	4,432,695	58,583	4,431,039	-	-	-	1370	286
1992	5,021,159	120,374	4,977,441	-	-	-	32,238	11,480
1995	7,496,623	152,463	5,541,966	1,890,187	-	1,890,187	48,710	15,760
1999	16,261,889	184,106	5,238,149	10,822,302	8,739,152	2,083,150	32,868	168,570
2000	16,209,581	211,983	5,676,138	10,419,173	8,381,451	2,037,722	34,148	80,122
2001	16,277,826	250,729	5,951,918	10,180,111	8,132,036	2,048,075	29,982	115,815
2002	16,498,932	287,092	6,288,014	10,004,789	7,997,593	2,007,196	26,899	179,230
2003	17,181,778	423,032	6,958,794	9,964,234	7,902,223	2,062,011	23,983	234,767
2004.5	17,160,955	446,323	7,154,864	9,862,000	7,821,662	2,040,338	23,894	120,197

자료: 국민연금관리공단, 2004.

<표 2-16> 성별과 가입종별 국민연금가입자수 (단위: 명, %)

구 분	계		사업장가입자	지역가입자	임의가입자	임의계속 가입자
성 별	인 원	비 율				
계	17,160,955	100.0	7,154,864	9,862,000	23,894	120,197
남 성	11,226,540	65.4	4,835,985	6,322,261	5,160	63,134
여 성	5,934,415	34.6	2,318,879	3,539,739	18,734	57,063

자료: 국민연금관리공단, 2004.

<표 2-17> 연령대별 국민연금가입자수 (단위: 명, %)

연령대	인 원	비 율
계	17,160,955	100.0
30세미만	3,632,522	21.2
30-39세	5,478,121	31.9
40-49세	4,980,981	29.0
50-59세	2,926,213	17.1
60세 이상	143,118	0.8

자료: 국민연금관리공단, 2004.

한편, 연령대별 국민연금가입자수를 살펴보면, 30-39세의 가입자가 전체에서 차지하는 비중이 547만 명으로 31.9%로 가장 높게 나타나고 있고, 이어 40-49세가 498만 명으로 29.0%로 30대와 40대의 가입자가 전체 가입자의 60% 이상을 점유하고 있는 것으로 나타났다. 30세 미만에서는 학생 및 청년실업자 증가로 363만 명으로 21.2%, 50대 이상에서는 조기퇴직 등으로 306만 명으로 17.8%로 국민연금가입자수 비중이 상대적으로 낮은 것으로 보인다.

② 국민연금수혜자 현황

국민연금급여는 연금 또는 일시금으로 지급되는데, 연금의 종류는 노령연금, 장애연금, 유족연금이 있고, 일시금에는 반환일시금, 장애일시금, 사망일시금 등으로 구분이 된다. 노령연금은 연령 및 가입기간 등 수급조건에 따라 완전노령연금, 감액노령연금, 재직자노령연금, 조기노령연금, 특례노령연금으로 세분된다.

노령연금을 수급하기 위한 기본연령은 현재 60세(조기노령연금은 55세) 이상으로 되어 있으나, 인구의 고령화 추세에 따라 2013년부터 2033년까지 매 5년마다 1세씩 증가하여 65세(조기노령연금은 60세)까지 연장되도록 설계되었다.

기본적으로 노령연금을 수급할 수 있는 최소의 가입기간은 10년이나, 제도시행 초기에 연금을 수급할 수 없는 고령층을 위하여 가입기간이 5년 이상이고 연령이 1988년 1월 1일 및 1995년 7월 1일 기준 45세 이상 60세 미만인 자와 1999년 4월 1일 기준 50세 이상 60세 미만인 자들을 대상으로 특례노령연금을 한시적으로 시행하고 있다. 따라서 2002년까지는 노령연금 중 특례노령연금과 조기노령연금 수급자만 발생하였으나 2003년부터는 감액노령연금 및 재직자노령연금 수급자가 새로이 발생하고 있다.

1988년 이후 국민연금급여지급 현황을 살펴보면 반환일시금이 전체 급여의 대부분을 차지하고 있음을 알 수 있으며, 1993년부터는 특례노령연금이 지급되기 시작하여 수급자수가 지속적으로 증가하다가 2000년도에는 1995년도에 확대적용된 농어촌지역가입자 및 특례적용지역가입자의 영향으로 크게 증가한 것으로 나타났다. 또한 1999년부터는 조기노령연금이 지급되기 시작하면서부터 노령연금수급자수가 크게 증가하였으며, 유족연금과 장애연금도 1999년 도시지역가입자의 영향으로 크게 증가한 것으로 나타났다. 그러나 급여의 주종을 이루었던 반환일시금은 자격상실 후 1년 경과로 인한 지급이 1998년 말 법률개정으로 2000년부터 제한적으로 폐지됨에 따라 매년 그 수가 크게 감소하여 2002년에는 약 13만 여 건에 불과한 것으로 나타났다. 이와 같이 2002년 말 기준 연금 총 수급자수는 약 91만 7천 명, 일시금은 13만 4천 명이 수급하고 있으며, 급여지출은 연금으로 약 1조 6천5백억 원, 일시금으로 약 2천6백억 원, 총 1조 9천억 원을 지급한 것으로 나타났다.

③ 급여종별 연금지급 현황

급여종별 국민연금급여지급 현황을 살펴보면, 2003년 말 현재 수급 건수는 총 884만여 건에 18조 3,185억 원이 지급된 것으로 나타났다. 연금과 일시금 중에서는 일시금으로 지급된 건수와 금액이

<표 2-18> 급여종별 국민연금지급 현황 (단위: 건, 백만 원)

급여종별			1989.12	1993.12	1999.12	2001.12	2002.12	2003.12
계		수급자	62,475	1,745,829	7,293,551	8,283,012	8,578,848	8,848,623
		금 액	6,335	709,190	10,898,597	14,074,889	15,990,144	18,318,593
연금	소계	수급자	1,798	35,620	292,976	795,528	955,667	1,108,415
		금 액	772	60,070	1,326,036	3,551,696	5,204,225	7,222,136
	특례	수급자	-	10,971	152,484	565,896	681,850	759,247
		금 액	-	6,447	665,784	2,074,031	3,185,838	4,514,788
	감액	수급자	-	-	-	-	-	25,884
		금 액	-	-	-	-	-	34,303
	조기	수급자	-	-	26,142	47,924	57,031	67,219
		금 액	-	-	45,059	261,810	404,733	574,819
	장애	수급자	42	4,012	19,741	32,666	39,667	48,439
		금 액	19	9,787	147,336	301,017	404,866	536,787
	유족	수급자	1,756	20,637	94,609	149,042	177,119	207,626
		금 액	753	43,836	467,857	914,838	1,208,788	1,561,439
일시금	소계	수급자	60,677	1,710,209	7,000,575	7,487,484	7,623,181	7,740,208
		금 액	5,563	649,120	9,572,561	10,523,193	10,785,919	11,096,457
	장애	수급자	27	4,238	13,511	18,150	20,344	23,197
		금 액	35	7,463	42,163	76,248	92,667	114,645
	반환	수급자	60,650	1,705,971	6,977,747	7,452,416	7,581,655	7,690,395
		금 액	5,528	641,657	9,517,358	10,423,223	10,661,908	10,940,140
	사망	수급자	-	-	9,317	16,918	21,182	26,616
		금 액	-	-	13,040	23,722	31,344	41,672

자료: 국민연금관리공단(1988. 1. 1-2003. 12 누계기준).

더 높게 나타나고 있어 일시금 지급액이 11조 964억 원으로 60.6%를 차지하고 있으며 연금지급액은 39.4%를 점유하고 있다. 일시금 중에서는 반환일시금이 대부분을 차지하고 있으며 연금 중에서는 특례연금이 가장 큰 비중을 차지하고 있고 이어서 유족연금이 뒤를 잇고 있는 것으로 나타났다.

연도별로는 1989년 60억 원의 연금지급이 시작된 이래 1993년 말 7,092억 원으로 118배 가까이 증가된 것으로 나타났고, 그 후 지속적 상승으로 1999년 10조 8,985억 원, 2003년까지 18조 3,185억 원의 연금이 지급된 것으로 드러났다. 이는 다시 상세히 계산하면 2003년 1건당 20만 원 정도의 수급률을 나타내고 있다. 이로써 공적연금으로 고령자의 필요소득을 얻을 수 있다는 것은 한계가 있다는 것을 알 수 있다.

3) 공적연금과 역모기지의 역할

(1) 공적연금을 통한 소득보장의 한계

퇴직 이후 노령소득보장을 받을 수 있는 방법은 공공에 의해 가입이 강제되었던 공적연금에 의한 방법과 개인적인 준비를 통한 사적연금에 의해 가능할 것이다. 이때 공적 소득보장제도로는 국민연금과 같은 공적연금제도가 가장 대표적이고 이외에 경로연금제도, 국민기초생활보장제도 등을 들 수 있다.

<표 2-19>에서 보는 바와 같이 2003년 현재 국민연금제도의 미성숙으로 인하여 공적 소득보장을 받는 65세 이상 고령자 인구는 전체 고령자 인구 396만 명 중 30만 명에 불과한 것으로 나타났다. 즉 비율로 계산하면 10%에도 못 미치는 비율이다. 또한 국민연금 노령연금수급이 시작되고 난 후인 2010년에 이르러도 그 비율이

<표 2-19> 노후소득보장 현황 및 전망 (단위: 천 명)

구 분	65세 이상 고령자인구 (A)	노후소득 보장비율 (B+C/A)	합계 (B+C)	공적보험			공적부조 (C)
				소계(B)	국민연금 수급자	기타연금 수급자	
2003년	3,969	30.7%	1,217	567	302	247	650
2010년	5,302	44.3%	2,349	1,714	1,413	301	635

자료: 왕진호, 국민기초생활보장제도의 현황과 과제, 2004 (공적부조는 기초생활수급자와 경로연금수급자의 합계).

26.7% 밖에 안 되는 것으로 추정되고 있다.[18] 이는 결국 국민연금이나 기타연금으로도 고령자의 필요소득을 대신할 수 없다는 것으로 풀이된다.

현재 고령자인구 중에서 공공에 의한 노후소득의 일부를 지원받는 계층의 과반수 이상이 공적부조에 의한 것인데, 이 중 거의 절반에 가까운 30만여 명이 1933년 7월 1일 이전에 출생한 저소득고령자에 해당하여 2만 6천 원-3만 5천 원의 경로연금만을 수급하는 것으로 나타났다. 이렇게 노후소득보장제도로서의 공적연금제도의 미성숙으로 본격적인 연금수급이 이루어지지 않고 있고, 가족부양의식도 약화되어 사적 이전소득도 미미한 실정이다. 점차 늘어나는 고령인구에 대한 소득보장문제는 앞으로 심각한 사회문제로 대두될 우려가 있다. 따라서 고령자들의 노후소득보장의 절반 이상을 담당하는 경로연금제도는 금액으로도 노후소득보장을 충족시킬 수 없는 한계를 나타내고 있다.

18) 한국보건사회연구원이 2000년도(1996년 통계청의 가구소비실태조사 원자료)에 공공부조수급자 선정 소득기준을 빈곤선으로 하여 고령계층의 빈곤율을 추정한 결과에 의하면, 전체가구(고령자가구 포함)의 빈곤율은 9.3%이지만, 순수고령자가구의 빈곤율은 31%에 달하는 것으로 나타나고 있다.

(2) 경로연금을 통한 노후소득보장의 한계

경로연금제도는 전 국민연금제도 시행을 앞두고 연령상의 이유로 전 국민연금이 시행되어도 연금에 가입할 수 없었던 저소득 고령자의 소득보장을 위하여 1998년 7월 1일자로 고령자복지법을 개정 시행함으로써 도입되었다. 이 제도는 고령자에 대한 배려로 1991년부터 70세 이상 생활보호대상 고령자에게 지급하던 노령수당을 65세 이상으로 확대 발전시킨 것으로 공적연금의 보완이라는 성격을 갖고 출발하였다.

경로연금은 공적연금을 보완하는 역할을 하고 있었기 때문에 전 국민연금 실시 시점에서 제도권 밖에 있던 일정연령 이상 고령자의 생계보장을 그 목적으로 하고 있고, 국민연금가입이 배제된 65세 이상 고령자들을 대상으로 함에 따라 점차 소멸되도록 설계되었다.

경로연금의 급여수준은 기존 국민연금 노령수당 급여수준과 연계하여 특례노령연금 최저급여수준보다 낮은 범위에서 최하 1만 5천 원에서 5만 원까지 지급하던 것을 점차 상향조정하여 2004년 현재 3만 5천 원에서 5만 원까지 지급하고 있다. 65-79세 생활보호대상 고령자에게 월 4만 원, 80세 이상은 월 5만 원씩을 지급하고 있으며, 일반 저소득 고령자에게는 월 2만 원을 지급하고 있다. 따라서 이와 같은 수준의 급여를 지원하는 경로연금이 노후소득보장의 주된 역할을 담당하는 것을 기대하는 것이 어려운 데 비해, 현재 공적으로 소득지원을 받는 고령층의 과반수 이상이 경로연금수급을 하고 있는 것으로 나타나는 현실적 문제가 존재한다. 따라서 이러한 공적연금으로는 65세 이상 고령자의 월평균 1백만 원이 넘는 소비지출을 감당하기에는 역부족이다.

(3) 공적연금의 한계와 역모기지의 보완적 역할

한편, 고령계층은 대표적인 공적연금제도인 국민연금의 한계에 직면하고 있다. 국민연금제도가 도입된 지 16년이 경과하였으나, 전 가입자의 50% 이상이 불과 5년 전인 1999년 4월 도시지역 확대 적용을 통하여 적용되었기 때문에 현재 고령계층 중에서 연금수급권을 확보한 계층은 극히 일부에 불과하다. 제도적으로 초기가입자를 위하여 특례노령연금을 통하여 5년만 가입하여도 연금수급권을 가질 수 있도록 배려하였으나, 연금수급권을 확보한 고령계층은 아직 미미한 수준이다.

65세 이상 고령계층 중 국민연금을 수급하고 있는 고령계층은 약 20만 명(2001년 6월 기준)으로 65세 이상 고령계층의 5.6%에 불과하다. 그 중에서 노령연금을 수급하는 경우가 18만 명으로 고령계층의 5.1%이다. 즉 65세 이상 고령자 100명 중 9명만이 노령연금을 수령하고 있고, 유족연금 수급자는 0.4%, 장애연금 수급자는 0.03%로 극히 미미하다. 65세 이상 고령계층 중에서 공무원 연금 등 다른 공적연금 수급자를 합쳐도 공적연금을 수급하고 있는 고령계층은 65세 이상 고령자의 7.7%에 불과한 실정이다. 즉, 65세 이상 고령계층의 90% 이상이 공적연금의 한계상황에 놓여 있다고

<표 2-20> 65세 이상 고령자의 공적연금수급자 현황 (단위: 명, %)

구 분	노령(퇴직, 퇴역)연금	장애(상이) 연금	유족연금	계(A)	연금수급률 (A/65세 이상 인구)
국민연금	182,290	997	14,942	198,229	5.6
공무원연금	42,996	222	3,997	47,215	1.3
사학연금	5,995	2	358	6,355	0.2
군인연금	17,617	8	4,515	22,140	0.6
계	248,898	1,229	23,812	273,939	7.7

자료: 석재은, 국민연금제도의 사각지대와 정책과제, 보건복지포럼 8월 통권 제70호, 한국보건사회연구원, 2002.

할 수 있다.

또한 국민연금수급자의 성별 분포에서도 65세 이상 고령인구 중에서 남성 고령자의 연금수급률이 8.2%인 데 비해 여성 연금수급자의 비율은 2.7%에 불과해 연령이 높을수록, 또한 여성일수록 국민연금 수급률 수준이 미미한 수준임을 알 수 있다. 이렇게 공적연금의 가입자와 수급자의 비율을 살펴본 결과, 공적연금의 보장한계가 고령자의 노후생활보장의 안전지대가 아니라는 것을 알 수 있다. 그렇다면, 국민연금의 수급률 저하로 인한 보장한계로서 공적이전소득을 대신할 수 있도록 제도 조성에 힘을 써야 하며, 그 대안제시가 바로 역모기지라고 할 수 있으며, 이 제도야말로 공적연금을 보완할 수 있는 역할을 담당할 수 있다.

3. 역모기지의 필요성

제1절에서 역모기지를 활용할 수 있는 필요성으로서 거시적 측면과 미시적 측면으로 구분하여 고찰하였다. 특히 미시적 측면에서 이러한 변화요인으로 고령자의 필요소득을 소득과 소비로 대비해서 고찰하였다.

제2절에서는 고령자의 소득을 공적 이전소득과 사적 이전소득으로 구분하여 공적 이전소득으로의 공적연금제도의 종류와 현황 그 중에서도 공적연금제도의 한계와 역모기지의 역할에 대해 고찰하였다.

제3절에서는 예비고령자와 고령세대에 대한 설문, 분석한 내용을 토대로 역모기지제도의 관심 및 이용의향에 영향을 미치는 요인들을 실증분석하여 공적역모기지제도의 도입 가능성을 모색하였다.

본 장에서는 1절과 2절, 3절에서 나타난 현황과 문제점의 대응방안으로서 제시한 역모기지에 관한 이론적 개요에 관해 고찰한다. 또한 이러한 역모기지와 모기지의 개요와 상관관계를 비교해 보고 역모기지의 효용성에 관해 고찰하였다.

1) 모기지와 역모기지의 비교

역모기지는 모기지의 반대개념으로서 주택을 담보로 하여 대출금을 계약기간 동안 매월 분할 지급받고, 대출원리금은 나중에 주택으로 대신 상환하는 제도이다. 이러한 역모기지는 House rich, Cash poor인 고령세대에게 주택을 담보로 하여 생활에 필요한 자금을 연금형식으로 지급하는 제도이다. 또한 대출금의 상환이 계약종료되었거나 사망시에 주택을 매각하여 원리금을 일괄상환하는 제도이다.

모기지의 경우에는 대출이 이루어지기 위해서는 이용자의 미래 상환능력 및 신청시점까지의 신용기록이 중요하게 고려되며 이때 주택소유권은 추가적인 담보의 역할을 하게 된다. 하지만 역모기지의 경우, 주택소유권을 기초로 대출계약이 성립되기 때문에 대출신청자의 신용상태 및 상환능력보다는 미래의 특정시점에 예상되는 주택가치에 근거하여 대출금액이 결정된다.

<표 2-21> 모기지와 역모기지의 비교

	모기지	역모기지
주이용자	20-30대의 소득자	60대 이후의 노후생활자
대출목적	주택구입	수입증가노후생활(생활비, 주택수리비 등)
대출방법	계약시에 일괄대출	계약기간 전체에 걸쳐 분할대출
상환방법	원리금 분할 상환	계약종료 후 원리금 일괄상환
계약종료시	부채 “0”	대출금 증가

자료: 村林正次・山田ちづ子, 高齢社會の常識, 日經BP社, 1997, p. 21.

부동산(Stock)을 현금(Flow)화하는 경우에 지금까지는 부동산을 매각하거나 담보로 대출을 하는 방법 밖에는 없었다. 전자의 경우는 부동산을 매각함으로 인하여 양도소득세 등을 지불해야 하며 후자의 경우는 매달 또는 일시금으로 원금과 이자를 상환해야 하는 의무가 발생한다. 하지만 이제는 부동산을 매각하지 않고 자택에 계속 거주하면서 그 주택을 담보로 일정액의 생활비를 연금식으로 지급받는 제도로서 고령세대의 필요소득을 주택이라는 고정자산을 활용하여 현금으로 유동화시킬 수 있는 새로운 대안이 바로 역모기지제도(Reverse Mortgage System)이다.

아래의 <그림 2-3>에서 역모기지의 기본적인 구조를 보면 대출을 완전히 상환한 주택에 계속 거주하면서 그 주택을 담보로 대출을 받아서 계약기간 종료시(이용자 사망시 등)에 담보로 제공된 부동산을 처분하여 대출금과 이자를 일괄상환하는 것이다. 역모기지는 계약기간 전체를 통해서 대출잔고와 지분과의 관계가 일반적인 모기지에 비하여 역으로 되어 있다. 상환에 있어서 모기지의 대출원리금은 줄고 지분이 늘어나는 주택대출인 것에 비해 역모기지는 대출원리금은 늘고 지분이 줄어드는 주택대출이다. 역모기지는 주

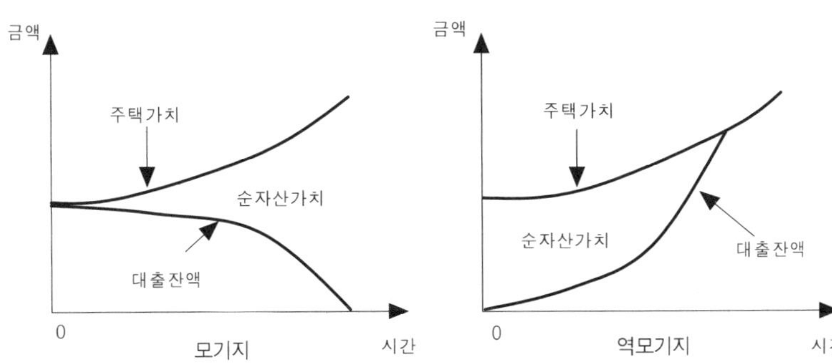

<그림 2-3> 모기지와 역모기지의 대출잔액과 지분과의 비교

택을 담보로 한 장기대출이라는 면에서 모기지의 일종이라고 할 수 있지만, 구조적인 측면에서는 반대의 개념이다.

즉, 역모기지는 청년기에 모기지를 이용하여 주택을 장만하고 이러한 대출이 종료된 시점인 고령기에 다시 그 주택을 이용하여 생활비를 마련한다. 일반적으로 역모기지는 주거용 자산을 충분히 보유하고 있다고 해도 현금수입이 적은 'House rich, Cash poor' 고령계층의 수요에 적합하다고 할 수 있다.

2) 역모기지의 효용성

전통적인 가족에 의한 생활보장기능 및 공적연금에 의한 생활보장기능이 축소될 수밖에 없는 과정에서, 고령자들이 필요로 하는 생활비를 충당한다는 점에서 역모기지의 필요성은 급부상될 것이다. 또한 고령기의 라이프플래닝(life planning) 측면에서 다채로운 생활보장과 포트폴리오의 한 부분을 형성하는 역모기지의 인지도와 기대감은 높아져 갈 것이다. 또한 최근 공적연금 중에서 국민연금의 수급률이 지속적으로 낮아지면서 급부율은 오르게 되는 사태가 표출되고 있다. 즉 국민연금의 급부율은 지속적으로 가중되면서 수급률은 저하되는 문제점으로 인하여 장래에는 적자운영이 불가피하다는 위기감이 높아져 있기 때문에 역모기지에 대한 주목이 상대적으로 급부상하게 되는 것도 생각할 수 있다. 주택이라는 자산의 유동화에 관한 방안으로서 역모기지의 효용성은 개인적 효용과 사회적 효용으로 나눌 수 있다.

(1) 개인적 효용

개인적 측면에서의 효용으로 역모기지는 자산으로서 주택을 현금화하여 효과적으로 활용하는 데 있어서 적합한 판단과 선택을 하여야 한다. 역모기지에 대한 필요성을 파악하면서, 우리나라에서 고령자의 거주에 대한 인식도에서 실질적인 통계청의 2000년 가구소비실태조사보고서에 의하면 '향후 자녀와 같이 살고 싶습니까?'라는 질문에 대해서 '같이 살고 싶다'가 합계로 53.0%이며, '같이 살고 싶지 않다'가 45.8%로 나타났다. 또한 '장래 어디서 살고 싶습니까?'라는 질문에는 '자기집'이라고 하는 사람이 77.2%이고 '자녀집'이 18.2%로 나타났다. 이러한 통계를 바탕으로 자택에 거주하고자 하는 경우의 높은 수치가 역모기지에 대한 수요로 연결될 수 있으며, 우리나라에 있어서도 역모기지가 가지고 있는 장점의 하나로서 자택에 거주하면서 스스로 노후를 책임지는 자조노력의 방책으로서 선택할 수 있는 제도가 될 수 있다.

이러한 역모기지가 활용된다면, 자기집이라는 소유의 개념을 충족하면서 다른 한편으로 생존기간 중에 유용할 수 있는 현금시스템으로 전환될 수 있을 것이다. 이는 역모기지제도의 가장 큰 장점이라고 할 수 있다. 즉 스톡(Stock)으로서의 계속 거주와 플로(Flow)로서의 현금화를 같이 누릴 수 있다. 이는 '일거양득'이 실현되는 제도이다. 역모기지에 의해 거주용 자산은 주거의 장으로서의 본래의 역할을 충분히 달성하면서 동시에 그 고정적인 자산가치를 현금으로 형태전환하는 것이 가능해지는 것이다. 개인의 궁극적인 자산활용수법이나 또는 자산소유유동화의 극대화 시스템을 구축할 수 있다.

(2) 사회적 효용

가까운 미래에 우리나라는 저출산으로 인한 인구감소나 세대감소 등으로 인하여 고령세대의 증가와 그로 인한 연금지급수준의 저하, 의료비부담의 증대라는 높은 비용을 감당해야 하는 고비용

사회가 도래할 것이다. 이러한 문제점은 앞에서 고찰한 역모기지의 필요성으로 거시적 측면에서도 볼 수 있듯이 빠르게 대두되고 있다.

사회적 측면의 효용[19]에서는 거주용 자산으로부터 끌어낸 현금을 개인이 다시 지출하는 시스템에 의해 고령자의 수요에 맞는 실버비즈니스 등의 창출과 발전에 기여하는 효과도 기대할 수 있다. 우리나라는 실제로 고령자와 관계되는 용품이나 의료기시장은 지금 형성되는 단계이다. 시장규모는 연간 1,000억 원대로 매년 10% 정도 증가하고 있는 것으로 추정되고 있다.[20] 역모기지는 성숙한 사회에 어울리는 가치재창조형의 상품이라고 말할 수 있다. 완전히 사용한 주택자산이 중고시장에서 매매되거나, 공적기관 등에 의해 재정비되면 개인의 자산가치가 사회에 순환되어 자산의 재분배로 연결되며, 사회공헌도 실현된다. 중·장기적으로 충분히 제도가 활용된다면 역모기지는 개인의 자산가치를 사회로 환원시키는 방안이 될 것이다.

19) 유선종, "역저당제도가 국민경제에 미치는 경제효과에 관한 연구", 국토계획, 대한국토도시계획학회, 2002.

20) "한경비즈니스", No. 440, 2004. 5. 10.

제 2 부

외국의 역모기지 현황

제 3 장

외국의 역모기지 현황과 시사점

1. 미국의 역모기지
2. 일본의 역모기지
3. 프랑스의 비아제
4. 캐나다의 역모기지
5. 영국의 역모기지

제 3 장 외국의 역모기지 현황과 시사점

1. 미국의 역모기지

외국 중에서는 미국이 가장 활발하게 역모기지제도를 운용하고 있다. 또한 미국의 역모기지제도는 많은 시행착오를 거치면서 다양한 프로그램으로 변화하였다. 먼저 시대적 분류로는 초기(1960년대), 발전기(1980년대), 성숙기(1990년대)의 순서로 역모기지의 변천을 개괄적으로 고찰하고 형태적 분류로는 공적역모기지인 PTD (Property Tax Deferral: 고정자산세연납제도)와 DPL(Deferred Payment Loan: 주택개량자금연납제도), 무보험부역모기지론 RAM (Reverse Annuity Mortgage), 보험부역모기지 IRMA(Individual Reverse Mortgage Account), 공적보험부역모기지(HECM과 Home Keeper)로, 제공주체별 분류로는 공적플랜으로 HECM과 Home Keeper, 민간플랜으로서는 Providential사, Transamerica Home First사, Financial Freedom에 대하여 고찰한다.

1) 시대적 분류

1929년 세계공황의 영향이 강하게 남아 있을 무렵, 영국에서 Home Equity Reversion이라 불리는 제도가 사금융으로 시작되었다. 이 제도는 자택 소유권을 양도하여 매각대금을 매월 연금으로 받는 방법이며 이용자는 명목월세(1파운드/월)를 내고 재산보험을 들며 건물의 유지관리를 조건으로 사망시까지 거주권을 확보하는 형식이었다. 이 영국의 제도는 미국에 영향을 주었는데, 미국 역모기지의 시작은 1960년대 초기에 지방자치제 등이 행하는 공적인 프로그램으로 시작되었다.

미국의 역모기지는 1960년대 공적역모기지(Public Sector Reverse Mortgage)로 시작하였고, 그 후에 순수한 민간상품으로서 무보험역모기지(Uninsured Reverse Mortgage)[1] 또는 사업자인수보험부역모기지(Lender-Insured Reverse Mortgage)[2]의 형태가 있다. 그러나 공적역모기지와 무보험역모기지는 실용성이 약하여 넓게 보급되지는 못하였고, 사업자인수보험부역모기지도 민간기업에 노하우가 충분히 축적되지 않았기 때문에 넓게 보급되지 못하였다. 이를 개선하기 위해, 1980년대 후반에는 공공플랜으로서 HUD(Department of Housing and Urban Development)의 HECM(Home Equity Conversion Mortgage)이 창설되었고 공적보험부역모기지(FHA-Insured Reverse Mortgage)의 형태로 등장했다.

따라서 이러한 미국의 역모기지는 여러 가지 상품으로 시행착오를 거치면서 리스크를 보완하는 정책을 만들어서 역모기지시장의 성숙을 이루어 냈다고 볼 수 있다. 아직 초창기의 진입단계에 있는 우리나라와는 달리 미국의 시장은 안정적으로 확대되고 있는 상태이다. 미국 역모기지의 발전 경위를 아래와 같이 초기, 발전기, 성숙기로 나누어서 고찰하고자 한다.[3]

---

1) 역모기지 이용시 대출기간을 확정기간으로 함으로써 사업자 리스크의 경감을 도모하였다. 무보험역모기지에서는 보험 시스템을 사용하지 않으며, 확정기간 종료 직후에 상환의무가 발생한다는 특징이 있다.

2) 사업자가 담보부족 리스크를 인수하고, 이에 상당하는 보험료를 이용자로부터 징수함으로써 종신대출을 가능하게 한 것이다.

3) 유선종, 『미국의 역모기지와 정책적 시사점』, 한국감정원, Vol. 157, 2004.

(1) 초기(1960년대)

미국에서 역모기지가 출현한 것은 1960년대이다. 초기 역모기지는 공적기관(주 정부와 기타 지방자치제 등)에 의해 빈궁한 고령자를 구제할 목적으로 시작되었다. 이들 중 주된 공적 프로그램으로는 PTD(Property Tax Deferral: 고정자산세연납제도)와 DPL(Deferred Payment Loan: 주택개량자금연납제도)이 있다.

PTD는 주택소유자 중에서 고령자를 대상으로 고정자산세의 연납을 허용하는 제도이며 미국 15개주에서 주 전역 또는 주 일부에서 시행되고 있다. DPL은 주택소유자 중에서 고령자를 대상으로 주택의 보수·개축만으로 자금의 용도가 한정되는 공적 대출제도로서 이용자가 계속 거주를 하는 동안은 변제가 필요없는 제도이다. 미국 전 지역에서 행해지고 있으며 시행되고 있는 주 중에서도 지역에 따라 대출요건이나 대출내용이 다르다. 이 두 제도는 초기 비용이나 보험료는 들지 않으며, 계약체결 비용은 무료이거나 상대적으로 낮은 금액이다. 금리는 고정금리이며 단리를 기본으로 징수한다.

PTD와 DPL을 중심으로 하는 공적역모기지는 금리와 대출 수수료가 상당히 낮다는 장점을 갖고 있으나 이용자격이나 대출금액 그리고 자금의 사용용도를 엄격하게 제한하고 있기 때문에 고령자의 다양한 자금용도에 충분히 대응하지 못한다는 문제점이 있다. 공적 프로그램으로 대출된 자금은 빈궁한 고령자의 구제를 목적으로 정해진 용도로 사용되어야 한다는 특색이 있다.

(2) 발전기(1980년대)

공적역모기지는 실용성, 편리성이라는 측면에서 많은 한계를 내

포하고 있었으나, 발상과 개념에 있어서는 잠재적인 가능성을 보였다. 1980년대에 들어서 공적기관은 'House rich, Cash poor'인 고령자 필요에 적합한 역모기지를 모색하게 되었고 민간과 공공에 의한 실용적 역모기지의 개발과 연구가 시작되었다.

1981년에는 NCHEC(National Center for Home Equity Conversion: 전미주택자산전환센터)가 업계의 정보교환과 소비자에 대한 정보제공을 목적으로 설립된 후, AARP(American Association of Retired Persons: 전미퇴직자협회)도 역모기지에 관한 정보센터를 창설했다. 또한 민간에 의하여 최초로 무보험이면서 확정기간대출형역모기지인 RAM(Reverse Annuity Mortgage: 역모기지대출)이 샌프란시스코 개발기금[4]에 의해 시작되었다. RAM은 대출금의 사용용도에 제한은 없으나, 대출기간이 5-15년의 확정기간으로 확정기간 종료 직후에 상환의무가 발생한다는 점에 문제가 있어 미국 전 지역에 보급되지는 못했다.

1982년에는 GSGDIA(Garn-Saint Germain Depository Institutions Act of 1982)에서 예금기관법이 제정되고 역모기지에 관한 많은 규제요건이 철거되었다.

1983년 American Homestead사는 사업자[5]이면서 동시에 보험자가 되는 형식으로 종신대출이 가능한 IRMA(Individual Reverse Mortgage Account)를 개발했다. 이것이 최초의 리스크 인수형 역모기지이다. IRMA는 융자잔액이 주택가격을 상회해도 융자가 계속되며 해당주택 소유자의 사망·이사 또는 주택매각에 이르기까지 변제의무가 발생하지 않는 등, 이용자에게 있어서 많은 이점이 있

---

4) San Francisco Development Fund: 캘리포니아주의 특별법에 의해 설립된 대출기관이며, 민간은행이 자본을 대고 있다.

5) 사업자는 실질적인 대출을 담당하는 자이거나 기관을 뜻하며, 본서에서는 편의상 사업자라는 용어로 기술하고자 한다.

었다. 그러나 IRMA에는 이용자[6]가 부담하는 실질금리가 공적역모기지와 무보험역모기지보다도 높아지는 결점이 있기 때문에 리스크에 상응하는 보험료를 징수할 수 없게 되어 1983년 이후 3,000건 이상의 대출계약을 체결했으나 1987년에 신규가입을 정지시켰다.

이 시점까지의 역모기지에는 장점과 단점이 병존하여 주택을 소유하고 있는 고령자의 폭넓은 수요를 만족시킬 수 없었다. 또한 대부분의 금융기관이나 대출기관은 역모기지의 잠재적 가능성은 인정하면서도 사업자가 부담하는 리스크가 너무나 큰 나머지 본격적인 참가를 주저하였다. 이 때문에 주로 중・소 금융이나 대출기관이 중심이 되어 제한된 지역에서 소규모 판매와 제공에 머물렀으며 고령자에게 있어서의 역모기지는 그 종류와 관계없이 이용하기 힘든 상황에 있었다.

1987년에 미국연방의회는 보편적 역모기지시장의 형성을 목적으로 주택커뮤니티개발법(Housing and Community Development Act of 1987)을 제정하여 HUD 및 그 내부부국인 FHA(Federal Housing Administration: 연방주택국)에서 정부사업으로 HECM을 실시하게 되었다. 그 실시 목적은 역모기지의 인프라를 정비하고 민간참가를 촉진시켜 역모기지를 보급시킴과 더불어 의료 및 사회보장의 재정부담을 삭감하려는 것이었다.

HECM은 HUD가 입안한 역모기지를 취급하는 민간금융이나 대출기관을 모집하여 FHA가 이러한 사업자에 대해 공적 모기지보험(FHA 모기지보험)을 제공하는 형식으로 운용되었다. 모기지보험에 대해 FHA라는 공적 기관이 보험자가 된 이유는 역모기지에 영향을 주는 시장 리스크(금리변동 리스크 또는 부동산가격변동 리스크 등)의 예측이 곤란하기 때문에 순수한 민간차원에서의 전국규모로

---

6) 이용자는 역모기지를 이용하는 고령자나 개인을 뜻하며, 본서에서는 이용자라는 용어로 한정한다.

전개하기는 어렵다고 예상했기 때문이다.

HECM에서는 FNMA(Federal National Mortgage Association: 연방저당금고)가 2차저당시장의 투자가로서 HECM의 저당채권을 매수하여 사업자가 HECM 계약을 확대하는 데 중요한 역할을 하고 있다. HECM이 시행되기 이전에는 사업자가 역모기지채권을 자기 포트폴리오 속에서 처리해야 했기 때문에 자기자금이 과도한 리스크를 당하지 않도록 대출건수를 제한해야 했었다. 궁극적으로 FNMA는 매수한 HECM을 증권화하여 일반투자가에게 판매하며, 이러한 역모기지의 보급은 2차저당시장의 활성화와 증권화 실현에 달려 있다고 말할 수 있다. 이처럼 HECM에 있어서는 FHA 모기지보험과 FNMA 2차저당시장이라는 사업자에 대한 참가촉진책이 도입되었다. 그리고 고령자 복지의 관점에서 이용자에 대해서도 각종 보호책이 포함되어 있다. HECM은 공적기관의 관여로 사업자와 이용자에 대한 리스크를 경감시킴에 따라 전국적인 규모로의 전개가 가능하게 되었다.

(3) 성숙기(1990년대)

HECM이 도입되었을 때, 민간에서는 샌프란시스코에 있는 Providential사와 Capital Holding사가 역모기지를 시작했다. Providential사의 역모기지는 민간상품으로서 가장 지명도가 높은 것 중 하나였지만, 1991년에 자금이 고갈되었다. 1992년에 6,500만 달러의 자금을 모아 순수 민간형 역모기지 취급 금융기관으로서 가장 큰 기업이 되었지만 경영자 교체를 이유로 신규가입을 중지하였다.

Capital Holding사도 1988년 이후 캘리포니아, 버지니아, 메릴랜드, 워싱턴, 플로리다주 등 5개주에서 독자적으로 역모기지 상품을 제공하여 약 2,000건의 계약을 체결하였으나, 1990년 초기의 부동산가격의 하락으로 인하여 1993년에 사업을 중지했다.

1993년 Transamerica사의 자회사인 Transamerica Home First사가 캘리포니아, 뉴저지, 뉴욕, 펜실베니아주에서 Home First Plan이라는 월차수령방식, 일시금수령방식, 대출규모방식의 역모기지를 시작했으나 1997년에 신규가입을 중지시켰다.

1994년 6월에 House Hold Senior Service사(HSS)가 House Hold Plan이라는 민간금융기관으로서 처음으로 대출방식인 역모기지를 만들었다. House Hold Plan은 플로리다, 조지아, 일리노이, 메릴랜드, 미시건, 오하이오, 버지니아의 각 주에서 제공되어 그 후 캘리포니아주에까지 퍼져 나갔다.

ULLICO(Union Lever Life Insurance Corporation)사는 노동조합 및 그 구성원 중 65세 이상을 대상으로 금융 서비스를 제공하는 20억 달러 규모의 회사이지만, 1993년 여름 새로운 회사인 FHEP (Freedom Home Equity Partners)를 설립하며 역모기지 상품인 Freedom Plan을 시작했다. 처음에는 캘리포니아주뿐이었지만 1995년 이후에 다른 주로 확대되었다. 대부분의 민간형 역모기지사업은 공적플랜 이상으로 시행착오를 반복하여 초기단계에서 성공적인 사업으로는 자리매김하지 못했다.

1996년 1월 FNMA(연방저당금고)는 소액자산 보유층을 대상으로 하는 HECM과 차별화하여 중산층의 자산보유자를 대상으로 하는 역모기지인 Home Keeper를 시작하였다. HECM이나 Home Keeper의 공적플랜도 확정된 완성품이 아니라 수정 · 개량 · 변경을 전제로 하였다.

2) 형태적 분류

은행과 대출제공기관 등이 민간기관에 의한 경우와 주나 지방자치체 등의 공적기관에 의한 경우 또한 보험이 있는 상품과 보험이 없는 상품 등의 다양한 형태를 가지고 있다. 그러나 최근에 주류가 되는 상품은 공적보험부 대출플랜이다. 형태적 분류로서 공적역모기지와 무보험부역모기지, 보험부역모기지, 공적보험부 역모기지로 구분하여 고찰한다.

① 공적역모기지

공적역모기지에는 PTD(Property Tax Deferral: 고정자산세 연납제도)와 DPL(Deferred Payment Loan: 주택개량자금 연납제도)이 있다. 이 제도는 앞의 시대적 분류(초기-1960년대)에서 서술하였다.

② 무보험부역모기지

RAM(Reverse Annuity Mortgage)은 공적역모기지와는 다르며 대출금 용도를 한정하지 않는 점이 최대 장점이다. 그러나 ① 대출기간이 5-15년의 확정기간으로 되어 있는 것 ② 확정기간 종료 직후에 상환의무가 발생하는 것(단, 확정기간 내에 해당주택 소유자가 사망, 이사 또는 매각하는 경우는 그 시점에서 상환의무가 발생됨) 등의 결점이 존재했다. 이로 인해 RAM은 현재도 일부의 주(캘리포니아 주, 뉴욕 주 등)에서 제공되고 있으나 미국 전체로 보급되지는 못하였다.

③ 보험부역모기지

IRMA(Individual Reverse Mortgage Account)는 ① 대출금 용도가 제한되지 않고, ② 대출 잔액이 주택가격을 넘어도 대출이 계속되며, 해당주택 소유자의 사망, 이사와 주택 매각까지 상환의무가 발생하지 않으며. ③ 주택소유자는 주택자산의 일정 비율을 보유한 채로 그 나머지를 담보로 제공하여 대출을 받을 수 있는 등의 많은 장점을 갖고 있다. 그러나 IRMA에는 이용자가 부담하는 실질금리가 공적역모기지와 무보험역모기지보다도 높아지는 결점이 있으며 쉐어드 어프리시에이션(Shared Appreciation)이라 불리는 모기지 보험료의 징수방식에 적지 않은 문제가 있었다. 쉐어드 어프리시에이션은 주택가격이 상승하게 된 경우에만 그 일부를 사업자가 보험료로서 징수하기 때문에 주택가격이 일제히 하락했을 경우에는 사업자가 보유하고 있는 리스크에 맞는 보험료를 징수할 수 없다는 것이 큰 단점이다.

④ 공적보험부역모기지

공적기관이 개입해서 기존제도의 단점을 보완하여 공적보험부역모기지가 탄생되었다. 공적보험부역모기지로는 HUD의 HECM과 FNMA의 Home Keeper제도가 있다. 미국의 역모기지시장은 이러한 다양한 시장의 공동생존이 성립하고 있는 것이 특징이며, HUD(주택도시건설성)의 HECM은 소액자산 보유층, FNMA(연방저당금고)의 Home Keeper는 중자산 보유층을, 민간금융기관의 상품은 고액자산 보유층을 목표로 하고 있다. 그 중에서도 HUD(주택도시건설성)의 HECM(Home Equity Conversion Mortgage)은 HUD 및 그 내부부국인 FHA(연방주택청)가 실험 사업으로서 1989년부터 실시하고 있다. FNMA(연방저당금고)의 Home Keeper는 FNMA가 HECM의 성과를 살려서 독자 개발하여 1996년에 시장진입을 한 획기적 상품이다.

미국의 역모기지상품 중에서 그 성과를 평가한다는 측면에서 주목되는 상품이 HECM이다. 그러나 HECM은 고액자산 보유층을 대상으로 한 구매층은 될 수 없었다. 이에 반해 Home Keeper제도는 고액자산 보유층이 가지고 있는 자산가치를 최대한 유동화하는 것이 가능한 상품으로 시장에 제공되었으며, 이후 역모기지를 넓게 보급시키는 기회를 만드는 것을 목표로 시작된 사업이다.

3) 상품에 관한 분류

미국 역모기지의 기본적인 상품에 관한 분류를 고찰해 보면 아래와 같이 제시할 수 있다. 대출플랜(Loan Plans)역모기지와 매각플랜(Sale Plans)역모기지로 구분하여 아래와 같이 표로 제시하고자 한다.

<표 3-1> 특정목적을 위한 대출(공적역모기지)

제도 · 상품명	개발 주체/대출 주체	보험	판매 개시연도
Deferred Payment Loan(DPL)	주 · 지방 자치체	없음	1963년
Property Tax Deferral(PTD)	주 · 지방 자치체	없음	1963년

자료: 역모기지연구회 편, 일본판 역모기지의 실제지식, 동양경제신보사, 1998.

<표 3-2> 매각플랜

제도 · 상품명	개발 주체	대출 주체	보험	판매 개시연도
Sale Leaseback(SLB)	당사자 · 변호사	투자가	없음	절세 방법으로서 1960년부터
Life Estate	주 · 지자체	비영리 단체	없음	1981년(1987년부터 신규거래 중지)

<표 3-3> 사용용도 자유의 대출(협의의 역모기지)

제도・상품명	개발 주체	대출 주체	보험	판매 개시연도
HUD-HECM	HUD(연방)	민간금융기관 (HUD 승인)	FHA보험	1989년
Lender Insured RM Lifetime RM 등 Providential(구 Capital Holding)	민간	민간금융기관	민간보험	1988년(1992년부터 Providential의 신규 대출 중지)
RSAM(IRMA) Transamerica American Homestead Freedom Home Equity	민간	민간금융기관	민간보험	1983년(1990년부터 Homestead 신규 대출 중지)
Home Keeper	FNMA (반관, 반민)	민간금융기관 (FNMA 승인)	민간보험	1996년 1월
Reverse Annuity Mortgage(RAM)	주	민간금융기관 (공공적 성격)	없음	1981년 1985년
Uninsured RM Fixed-term RM	민간	민간금융기관	없음	1980년대 중반

자료: HUD(U.S.Depararment of Housing and Urban Development, 주택도시개발성).

4) 제공주체별 분류

제공주체별 분류로 구분하자면, 공적플랜으로서 HECM과 Home Keeper, 민간플랜으로서는 Providential사와 Transamerica Home First 사, Financial Freedom의 Cash Account Plan과 Equity Guard에 관해 고찰한다. HECM에서는 이 제도의 리스크를 FHA 모기지보험으로 헷지하고 있다.

2000-2003년 기간 중에 HECM을 포함한 미국 역모기지 가입자의 연령분포는 70-79세 52%, 62-69세 25%, 80세 이상은 23%이고, 평균주택가액은 10만 달러 이하가 24%, 10만-20만 달러 46%, 20만 달러 이상 30%이며, 연평균소득은 1만 달러 이하 18%, 1만-2만 5,000 달러 58%, 2만 5,000-5만 달러 20%, 5만 달러 이상은 4%로 나타났다(<표 3-4> 참조).

<표 3-4> 미국 역모기지 가입자의 현황

연령분포	
62-69세	25%
70-79세	52%
80세 이상	23%
평균주택가격	
$100,000 미만	24%
$100,000 이상-$200,000 미만	46%
$200,000 이상	30%
연평균소득	
$10,000 이하	18%
$10,001-$25,000	58%
$25,001-$50,000	20%
$50,000 초과	4%

자료: The National Council on the Aging, 2005.

(1) 공적플랜

① HECM

가. 개요

1989년 정부기관인 연방주택국(FHA: Federal Housing Administration)이 보증하는 역모기지인 HECM은 연방의회에 의해 창설되었다. HECM은 주택자산을 유동자산으로 전환함으로써 주택소유자 중 고령자의 생활자금을 조달해 주기 위한 것과 모기지시장 참가자가 주택자산 유동화 사업에 참가하도록 촉진하는 것, 주택자산이 유동자산으로 전환함에 따른 수요의 크기를 측정함과 더불어 고령자의 필요를 만족시키기 위함을 목적으로 하고 있다.

HECM은 도입된 이후, 역모기지 시장의 약 80%를 차지하고 있다. HECM에서는 FHA의 보증을 통해 역모기지가 갖는 구조적인 리스크를 완화시키기 때문에 널리 이용되고 있다. FHA는 대출 금융기관에 대해서는 담보주택의 가격변동, 이자율변동, 이용자의 생존기간변동으로 인한 손실을 보증해 주고, 이용자에 대해서는 대출금융기관 파산 등의 경우에 대신하여 생계비를 보증 지급하는 역할을 하고 있다. 보험료는 역모기지 이용자가 부담한다. 따라서 역모기지 이용자들은 당초 계약기간 이상으로 장수하더라도 당장 주택을 매각하여 원리금을 상환할 필요가 없으며, 이후에는 이자만이 계속 누적되다가 이용자의 사망 이후에 원리금과 함께 청구된다.

나. HECM 플랜

HECM으로 제공되는 역모기지는 현재 미국에서 제공되고 있는 주택전환저당대출플랜 중 가장 광범위한 선택방안을 부여하고 있다. 즉, 이용자가 여러 대출플랜 중에서 선택하여 언제든지 그것을 변경할 수 있다. 대출플랜은 아래의 다섯 가지 종류이다.

〈표 3-5〉 HECM의 대출방식

대출방식	내 용
종신연금지급방식 (Tenure Payment)	주택에 거주하고 있는 한 사망시까지 일정금액을 매월 연금방식으로 지급
확정기간연금지급방식 (Term Payment)	약정기간 동안 매월 일정금액을 연금방식으로 지급
한도대출방식 (Line of Credit)	약정대출한도 내에서 자유롭게 인출할 수 있는 방식
혼합방식 (Modified)	한도대출방식+종신연금지급방식, 한도대출방식+확정기간연금지급방식

* 한도대출 67.7%, 종신연금 6.2%, 확정기간 6.2%, 혼합방식 19.9%.

가) 확정기간대출플랜(Term Reverse Mortgage)

확정기간(10년이 가장 일반적) 내에 규칙적으로 대출금이 지불된다. 단, 그 기간이 지나야 할 필요는 없다.

나) 종신대출플랜(Tenure Reverse Mortgage)

이용자가 해당 주택을 주거로서 점유하는 한 매월 균등지불이 된다.

다) 한도액대출플랜(Credit Line)

이용자는 필요한 시기에 언제든지 일정 계산에 의하여, 한도액 내의 금액을 인출할 수 있다.

라) 확정기간대출플랜+한도액대출플랜(가+다)

이용자는 확정기간대출과 한도액이 있는 대출을 병용할 수 있다.

마) 종신대출플랜+한도액대출플랜(나+다)

종신대출과 한도액대출과도 병용할 수 있다. 또한 모든 플랜에서도 계약체결의 최종 시점에서 이용자는 기존 저당권에 대한 상환과 HECM 대출의 필수조건이 되는 주택 수리를 위해서 건축업자가 설정하는 담보권에 대한 상환 등을 목적으로 필요로 하는 자금을 일괄하여 받을 수 있다. 또는 대출기간 중도에서의 일부 상환 및 재대출을 할 수 있다.

HECM의 실험사업은 알래스카, 노스다코타, 사우스다코타, 텍사스의 4주를 제외한 전 미국에서 추진되어 최근 급속히 계약 건수가 증가하고 있다. HECM의 다섯 가지 대출방식(종신, 종신+한도액, 확정기간, 확정기간+한도액, 한도액)을 계약건수로 보면, 대출시기와 금액을 선택할 수 있는 한도액플랜의 계약건수가 최근에 급격히 늘어 전체 계약건수 중 점유율이 60%가 넘는다.

다. HECM의 기본적 구성과 특징

가) HECM의 기본적 구성

HECM의 기본적 구성은 아래와 같다.

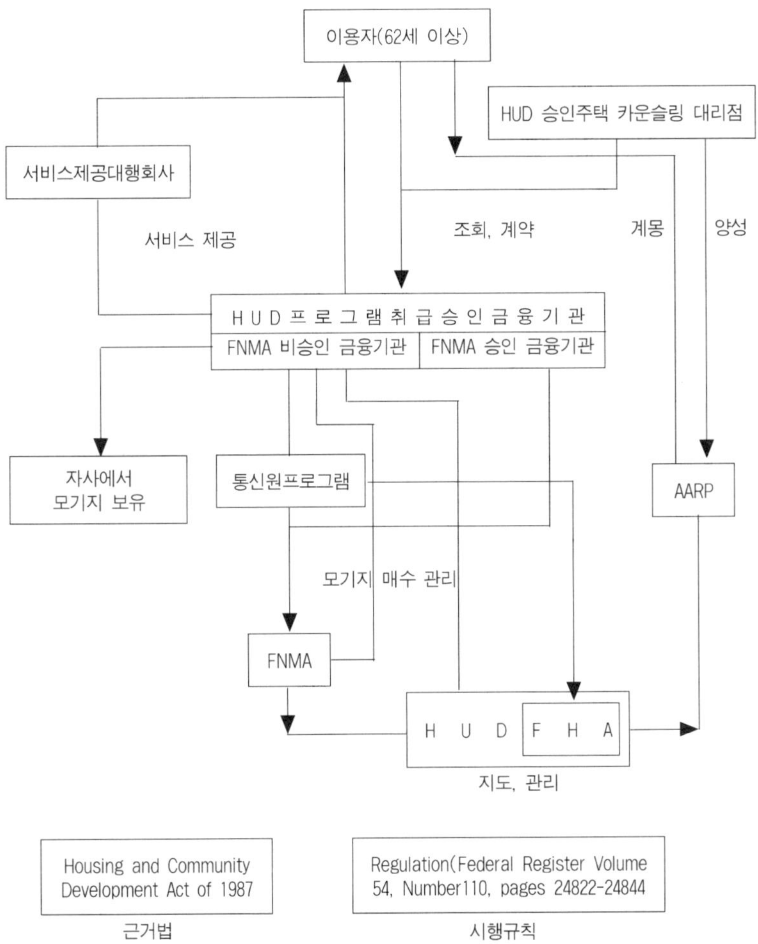

<그림 3-1> HECM의 기본 프로그램 구성

나) HECM의 특징

(가) 종합적·중립적 카운슬링 기능

HECM의 이용희망자는 계약을 체결함에 있어 HUD 승인의 카운슬링 기관에 출석해서 HECM 및 다른 대체안의 이용에 관해서 카운슬링을 받도록 의무화되어 있다. 비영리단체인 AARP(전미퇴직자협회)가 그 카운슬링 기관에 대해 정기적으로 개최하는 세미나 등에서 계몽·인재양성 활동을 하며, 이용자에 대해서는 종합적·중립적인 정보제공을 한다. 이러한 카운슬링 기능이 상품 안에 조합되어 있다.

<표 3-6> HECM의 특징

적격 요건 (대상자, 대상부동산)	· 연령은 62세 이상, 부부의 경우 함께 62세 이상일 것. · 저당권이 설정되어 있지 않은 주택을 소유하고 있을 것(혹은 계약 체결시점에서 HECM으로부터의 대출금으로, 해당 주택에 관해서 다른 모기지의 미지불 잔고와 저당권을 상환가능할 것). · 주택에 계속 거주하고 있을 것. · 주택이 HUD의 최저 부동산 기준에 맞을 것. · 단독주택 또는 HUD 인가의 콘도미니엄일 것(모빌 홈과 집합 주택은 불가).
장 점	· 대출방식의 선택의 폭이 크다(종신, 확정 기간, 한도액, 혼합). · 20달러의 수수료만으로 대출방식을 유연하게 변경하는 것이 가능하고, 장래 존재해야 할 대출방식의 변경에 관해서 유연함이 있다. · 대출이 FHA(연방주택청) 모기지보험에 의해 공적으로 보장되고 있다. · 사망, 주택 매각, 이사 이외는 상환의무가 발생하지 않는다. · 이용자가 장수하고 주택 가격의 상승이 적은 경우에는 대출 코스트는 토탈로 아주 적어진다. · 이용자를 위한 종합적인 카운슬링이 있다.
단 점	· 보험 없는 역모기지에 비교해서 대출 코스트가 높다(대출의 초기 단계에서 특히 크다). · 민간상품보다도 대출액이 작은 것도 있다. · 지역마다 설정되어 있는 FHA 리미트(현행 81,548-160,950달러)의 범위 안에서 대출을 받기 때문에 이 리미트를 넘는 주택의 소유자에게 있어서는 불리하다. · 대출계약은 모두 HUD의 심사를 받아야 하고 신청에서 계약까지 시간이 걸린다(60-90일).

자료: 역모기지연구회 편, 일본판 역모기지의 실제지식, 동양경제신보사, 1998.

(나) FNMA에 의한 2차시장의 형성

HUD 프로그램 취급을 승인한 금융기관과 FNMA와의 사이에서 적격 대출의 매각과 매수가 행해지고 있다. 이렇게 HECM의 저당 채권을 공적 색채가 강한 FNMA가 사업자로부터 매입하는 형태로, 2차시장이 형성되어 있는 점은 기존의 민간상품에는 없는 것으로 자금 조달면에서 획기적인 특징이다. 이는 사업자의 자본에 의한 리스크를 흡수하여 자금 조달의 안정화를 가져오고, 탄력적인 대출 형식에 의한 잠재 니즈(수요)의 개척과 서로 영향을 끼쳐 시장의 확대에 크게 기여하고 있다.

(다) FHA 모기지보험에 의한 리스크 헷지기능

장수리스크(Mortality Risk),[7] 부동산가격변동리스크, 금리변동리스크가 역모기지의 사업자 측이 부담해야 할 3대 리스크이다. HECM에 설치되어 있는 FHA(연방 주택청) 보험에 의한 리스크 헷지 기능은 이러한 사업자의 리스크뿐만 아니라 이용자 측의 리스크도 100% 보호하고 있다. 이것은 연방의 기한부 실험 사업이기 때문이기도 하지만 처음으로 도입된 보험 시스템이라고 말할 수 있다.

보험료는 대출계약 체결시에 지불하는 지불방식과 매월 정기적으로 지불되는 방식 두 가지가 있고, 전자는 최고 크레임 금액[8]의 2%, 후자는 대출 잔고의 0.5%로 원금 가산이 가능하다. 이렇게 보험료 등의 모든 비용까지 대출되는 구성도 특징의 하나이다. 이 보험은 계약종료 시점에서 대출 총액이 주택가격을 상회할 경우 최고 크레임 금액까지 해결하는 것이다. 실제로는 대출 총액이 주택 가

7) Mortality Risk는 장수에 의한 자산가치의 감소를 뜻하며, 보통 장수리스크라고도 한다. 또 다른 용어로는 여명리스크, 생명표리스크라고 부른다.

8) 지역마다 설정된 FHA 리미트 - 현행 8만 1,548달러-16만 950달러이든지, 주택가격의 어느 쪽인가 낮은 금액을 말한다.

격을 넘는 부분이 크레임의 금액이 된다. 또한 대출기관의 도산과 대출금 미지불 등의 리스크도 해결하고 사업자와 이용자, 즉 대출기관 측과 대출을 받는 자 쌍방에게 있어서 이익이 있는 획기적인 것이다.

아래는 이 상품의 특징을 적격요건, 장점, 단점에 관해서 고찰해 보았다.

라. HECM의 내용

가) 이용자의 요건

62세 이상의 고령자가 저당권이 설정되어 있지 않은(또는 기존 저당권을 계약체결 수속의 최종시점에서 후순위로 할 수 있다) 주택을 소유하며, 주된 주거로 점유하고 있으면 HECM을 이용할 자격이 있다. 또한 부부로 HECM을 이용하고 있는 경우에는 배우자가 일시적 혹은 평생에 걸쳐서 고령자 관련시설에 거주하고 있더라도 다른 유자격자(배우자)는 자기가 주된 집으로서 그 주택을 사용하고 있는 동안은 적격자로 계속 인정된다.

나) 강제적 카운슬링

HECM에 관한 법률에서 이용자는 사업자로부터 독립된 제3자에 의한 카운슬링을 받아야 한다고 정하고 있다. 이 카운슬링의 목적은 역모기지와 그 외의 대체수단에 관한 설명을 이용자에게 행하고 그들의 생활과 재산에 끼치는 영향을 확실히 이해시키는 것이다. 카운슬링은 HUD에 승인된 포괄적 카운슬링 기관과 지역의 고령자 복지당국의 네트워크를 통해서 제공되고 있다.

다) 대상 부동산

HECM 대상이 되는 주택은 기본적으로는 HUD 최저부동산 기준에 적합한 단독주택이어야 한다. 주택이 이 기준에 적합하기 위해 필요한 수리비에 대해서는 프로그램 규칙에 따라 계약체결 전후에 HECM에 의한 대출이 행해지기도 한다.

수리비 예산액이 수정부동산 가액의 15% 이하에 상당할 경우는 계약체결 후에 수리할 수 있으며 수리가 끝난 후에 검사를 받게 된다. 15%를 넘는 경우는 계약체결 전에 수리해야 하나, 이를 위해서 건축업자가 저당권을 설정해도 계약체결 후에 수리비를 일괄 상환할 것을 약정해 놓으면 적격 대상 부동산이 된다. 협동조합아파트(Cooperative Housing)는 현재까지는 부적격이다. 구분소유건물(Condominium)은 해당건물이 HUD로 승인된 구분소유건물 프로젝트 내에 소재하는 경우에 한해 적격 대상부동산이 될 수 있다.

HUD의 관계자에 의하면, 구분 소유건물에 대해 이렇게 제한하는 이유는 건물전체의 관리체제(관리회사에 의하는 관리)가 해당 주택자산 가치에 영향을 주기 때문이다. 그러나 북동부지방에서는 집합주택이 일반적이며, 고령자와 소외계층의 대다수가 이러한 집합주택에 살고 있어서 상기와 같은 제약은 제도의 이용을 방해하고 있다는 지적이 나오고 있다.

라) 이용자에 대한 대출액의 산출

이용자에 대한 대출액은 이용자의 연령, 모기지 금리, 수정부동산가격[9]에 기초하여 결정된다. 주택가치는 해당 주택에 대한 감정평가액과 주택법 203-(b)조에 규정된 지역별 한도액 중 적은 금액을 기준으로 평가한다. 수정부동산가격은 이 금액을 초과하는 부동산을 소유하는 HECM 이용자가 받을 수 있는 대출액을 제한하고

9) 수정부동산가격이란 해당부동산 감정액과 FHA §203 (b)프로그램으로 정해진 인수 가능한 1유닛 주택의 최대금액(아래 'FHA §203 (b) 한도액'이라 한다) 중에서 낮은 금액이다. 이 금액은 지역에 따라 다르지만 최대 15만 1,725달러이다.

있다. 대출한도액은 지역별로 차등화하고 있으며, 2005년도 현재 농촌지역 17만 2,632달러, 대도시 지역 31만 2,895달러로서 매년 주택가격 상승 등을 감안하여 조정된다.

대출액은 대출한도액(Principal Limit: PL) 계수를 이용하여 계산한다. 대출한도액 계수는 수정부동산가격의 일정비율, 즉 대출실행시 이용자가 대출을 받을 수 있는 상한액의 비율을 나타내는 것이며 FHA 모기지보험의 보험금청구에서 생기는 HUD의 예상경비 모두가 수입보험료로 충당될 수 있도록 계산한다.

마) 금리

HECM 대출금리는 고정금리와 변동금리가 모두 가능하지만 고정금리나 변동금리 중 고정금리로 제공된 HECM은 매우 적다. 그 이유는 HECM의 유일한 채권구입자인 FNMA가 변동금리부 HECM 채권만을 매입하므로 실질적으로 HECM은 변동금리 위주로 운용되고 있다. 따라서 고정금리부 HECM의 비중은 1% 정도로 미미하며, HECM 변동금리는 1년 만기 재무성증권금리에 1.6%P를 가산한 금리를 적용하고 있고, 금리조정은 매년 또는 매월 단위로 이루어진다.

변동금리 대출계약의 경우, 적용금리는 1년물 재무성 증권금리[10]에 일정한 이자를 붙여서 결정된다. 이자는 사업자와 이용자 당사자간의 계약으로 결정되지만 HECM에서는 1년물 재무성 증권 금리보다 1.6% 높은 이율로 결정되고 있다. 변동금리 모기지에서는 장래 대출한도액의 예측에 이용하는 계약 초기의 대출한도액 및 복리의 양쪽을 결정하기 위해 고정금리 대신으로 예상평균 모기지 금리를 사용한다.

10) 미국 재무성 증권의 일주일 금리 평균치를 1년 만기로 환산한 것이다.

또한 변동금리부 HECM의 금리조정으로 인한 고령자의 과도한 부담을 방지하기 위해 HECM이 도입된 이후 변동금리의 상승폭은 매년 조정의 경우 연간 2%P, 전체기간 5%P로 제한되고, 매월 조정의 경우에는 전체기간 10%P로 제한되며 월간 조정에 대한 제한은 없다.

마. 역모기지 보증

HECM 시장 활성화를 촉진하기 위한 역모기지 보증제도가 1989년에 도입되어, FHA는 HECM과 관련하여 HECM 차입자와 대출 금융기관이 부담하는 위험을 역모기지 보증에 의해 보전하고 있다. FHA는 HECM 역모기지 손실을 보전하기 위해 차입자로부터 역모기지 보증료를 수취하며 차입자가 부담하는 역모기지 보증료는 담보주택 인정평가액의 2%에 상당하는 초기(upfront) 보증료와 역모기지 대출잔액에 연 0.5%의 1/12을 곱한 월 보증료로 구성된다.

HECM 대출 금융기관이 부담하는 위험이란 "HECM 계약에 의한 대출 원리금이 담보주택 매각대금을 상회하여 손실을 입는 것"을 의미하며 다음과 같은 경우에 발생한다. HECM 차입자가 예상보다 담보주택에서 오래 거주하게 되어 HECM 지급액과 발생이자가 주택가치를 초과하는 경우, 시장금리가 상승하여 HECM 이자발생액이 예상보다 증가하여 대출원리금이 주택가치를 초과하는 경우, 주택가격 상승률이 예상보다 낮거나 주택가치가 하락하여 HECM 대출원리금이 주택가치를 초과하는 경우 등이다.

이러한 상품운용상 발생하는 리스크에 대해 HECM에서 차입자의 위험부담을 경감하기 위한 주요 조치는, ① 역모기지를 상환하기 위해 담보주택을 매각하도록 차입자를 강요할 수 없고, ② 차입자의 상환부담은 담보주택 매각대금으로 제한되며, ③ 대출 금융기관이 역모기지 계약에 의한 자금을 공급할 수 없는 경우에는 HUD

가 금융기관을 대신하여 약정된 금액을 지급하게 된다.

HECM 차입자는 이러한 보호 장치에 대한 대가로 역모기지 보증에 가입하여 역모기지 보증료를 지불하며, HECM 대출 금융기관은 HECM 대출과 관련된 손실을 역모기지 보증에 의해 보상받는 형태로 되어 있다.

바. HECM의 리스크

HECM의 보험자로서 HUD는 두 종류의 리스크에 직면한다. 정부기관인 FHA가 HECM과 관련하여 부담하는 위험은 분산 가능한 위험(diversifiable risk)과 분산 불가능한 근본적 위험(fundamental risk)으로 구분된다.

즉, 분산 가능한 위험으로는 HECM 차입자가 고령이 될 때까지 생존하는 것에 의해 받는 손해리스크인 장수리스크 또는 지역적인 경기후퇴로 인한 손해리스크로, 이러한 리스크는 HUD가 미국의 여러 지역에서 모은 다양한 종류의 역모기지를 취급함으로써(pooling) 위험분산이 가능하나, 분산 불가능한 근본적 위험(fundamental risk)으로는 금리변동이나 전국적 경기후퇴 리스크, 전국적인 주택가격 변화로 인한 위험 등이다. 이는 리스크 분산에 따라 경감할 수는 없으며, HECM은 주택가격의 단기적 하락이 발생하여도 중대한 손해를 보는 것은 없다.

HECM에서 대출 잔액은 장기간에 걸쳐서 서서히 증가하기 때문에 대출 잔액이 주택가격에서 차지하는 비율은 일반저당권과 비교할 때 낮은 상태에 있다. 따라서 HECM에서의 리스크는 장기적인 주택가격 상승률에 의해 좌우된다.

일반적으로 역모기지는 리스크를 동반하지만 HECM에서는 FHA 모기지보험으로 특정한 리스크를 경감하는 데 큰 역할을 하고 있다. HECM의 FHA 모기지보험은 이용자를 보호하는 측면이 강하며 사업자도 보호하는 양면성이 있다.

가) 이용자보호

사업자는 대출 잔액이 해당부동산 가격을 넘게 되어도 대출금액을 상환하기 위해서 주택의 매각을 강제할 수는 없다. 이용자가 이사 또는 사망하여 해당부동산이 매각된 경우, 이용자의 채무는 해당주택 가격이 한도가 된다. 또한 사업자가 계약에 근거하여 대출을 이행하지 않은 경우에는 HUD가 사업자에게 대출금 지불을 하도록 개입하여 채무불이행 상태가 된 사업자는 30일 이내로 대출을 재개하거나 또는 저당권을 HUD에게 양도해야 하며 이 두 가지 중 하나를 행해야 한다.

사업자가 대출을 재개할 경우, 사업자는 HUD가 이용자에게 행한 모든 대출에 대해 HUD에 대한 이자를 포함해 상환해야 한다. 사업자가 30일 이내로 대출을 재개하지 않고 저당권을 HUD에 양도하지 않을 경우에 보험계약은 종료된다. 이 경우에는 사업자는 미발생 이자와 더불어 이미 발생한 이자 모두를 몰수당하며 사업자는 이용자에 대해(또는 이용자를 위한)서 대출한 원금에 대해서만 계약이 만기되는 시점과 상환해야 할 상태가 된 이후에 한해 상환을 받을 수 있다.

HECM에 있어서 이용자는 주택 매각대금이 대출금액 상환액에 충분치 않을 경우의 손해를 대비하여 FHA 모기지보험료(MIP: Mortgage Insurance Premium)를 납입해야 한다. 보험료는 수정부동산 가액의 2%에 상당하며, 사전에 지불하는 보험료와 대출 잔액의 0.5%(연액)인 12분의 1에 상당하는 월 지불보험료의 두 부분으로 구성되며 양자 모두 대출대상이 될 수 있다. 이렇게 두 부분으로 나누어서 징수하는 이유는 사전 지불보험료만을 징수하는 방법에서는 액수가 많아져 조기에 사망한 경우에는 결과적으로 과대한 부담이 되기 때문이다. 이상과 같은 경우가 예상 밖으로 많으면 보험료가 Pool이 되어 전체가 과대한 흑자가 되어 버리기 때문에, 공적인 프로그램으로서의 성격에 반하는 경우가 되므로 보험료를 반환해야 하는 문제가 생긴다. 월 지불보험료에 편중되지 않도록 해야 할 필요가 있다. 이상과 같은 이유로 인해 이용자에게 가장 유리하도록 각각의 비율을 정하고 있다.

나) 사업자보험옵션

MIP(Mortgage Insurance Premium: 모기지보험료)는 FHA와 사업자 중 어느 쪽이 부담하는 손해라 할지라도 이 모두를 충당할 수 있도록 HUD가 고안한 것이다. 모기지 계약 체결시점에서 사업자는 두 가지 보험옵션 중 하나를 선택할 수 있다. 즉, 양도옵션과 보험료분배옵션[11]이다.

(가) 양도옵션

FHA는 MIP의 금액을 징수한다. 사업자는 발생 이자와 MIP를 포함한 대출 잔액이 최대 보험금액[12]의 98%로 동등하게 된 시점[13]에서 저당권을 FHA에게 양도한다. 저당권 양도에 이어 사업자는 대출 잔액에 동등한 금액의 보험금 청구를 내세워 HECM 계약에서 그 이상의 의무는 부담하지 않는다. HUD는 이용자에게 대출을 계속하여, 손해가 발생했을 경우에는 모든 책임을 떠맡아야 된다.[14]

11) FNMA가 대출금을 모두 회수할 수 있을지에 관한 불확실한 리스크, 만기 또는 상환해야 하는 상태가 될 때까지 채권을 보유해야 한다는 리스크 부담으로 인해, 양도옵션이 아니면 HECM 채권을 구입하지 않기 때문에 보험료분배옵션은 거의 이용되지 않는다.

12) FHA 모기지보험으로 인해 사업자에게 지불되는 보험금 한도액으로 수정부동산 가격과 동등하다.

13) 100% 수준으로 맞추는 것은 기술적으로 곤란하기 때문이다.

14) 단, HECM 역사가 짧기 때문에 현재까지는 대출잔액이 주택가격을 초과하여

(나) 보험료분배옵션

사업자는 FHA에게 저당권 양도를 하지 않고 월액 MIP의 일부를 보유한다. 대출이 만기나 상환해야 할 상태가 된 시점에서 FHA는 대출잔액과 매각금액과의 차액에 대해 최대보험금액을 한도로 사업자에게 지불한다. 사업자는 최대보험금액을 넘는 손해에 대해 책임을 지며 월액 MIP의 사업자 몫은 이러한 손해의 예상액과 동등하게 되도록 산출한다.

보험료분배옵션은 오늘날까지 사용된 적이 없다. 가장 큰 이유는 HECM의 저당채권을 구입하고 있는 FNMA가 보험료분배옵션의 리스크[15] 부담을 회피하여 양도옵션이 아니면 HECM 채권을 구입하지 않기 때문이다.

사. HECM 보급 확대 이유

이와 같이 미국의 역모기지에 대하여 시대적 분류, 형태적 분류, 상품에 대한 분류, 제공주체별 분류로 나누어서 고찰하였다. 여기에서 가장 활발하게 이용되고 있는 것은 공적보험부역모기지인 HECM이다. 따라서 HECM이 공공플랜의 역모기지로 널리 보급된 이유로는 아래와 같은 특징적 기능이 있었기 때문으로 생각된다. 도입 초기엔 완만한 상승세를 보이던 HECM은 2001년 이후 급격한 성장세를 보이고 있으며, 2004년에는, HECM이 미국 전체 역모기지시장의 90% 정도를 차지하고 있다.

가) 명확한 이념

정부가 저소득이나 중자산을 소유하고 있는 고령자복지정책의

HUD가 손해를 본 예는 없다.

15) 대출금을 모두 회수할 수 있을시에 관한 불확실한 리스크, 만기 또는 상환해야 하는 상태가 될 때까지 채권을 보유해야 한다는 리스크이다.

일환으로서 역모기지를 운영하는 데 공통적이고 명확한 비전과 정책을 가지고 역모기지의 기본적 범위를 책정하였다.

나) 리스크 방지 보험기구의 정비

FHA가 보증하는 보험이 포함되어 있다. 이것은 역모기지의 3대 리스크인 이용자의 장수와 부동산가격하락, 금리상승으로 인하여 담보부족이 발생했을 때에 사업자 측이 당하는 리스크를 감당해 주고 있다. 또한 담보부족으로 인한 사업자 측의 리스크만이 아니라, 대출기관의 도산과 대출금 미지불 등으로 이용자가 당할 수 있는 리스크도 포함된 보험이므로 이용자 측도 보호받을 수 있다. 리스크 회피 시스템의 구축은 자산가치를 최대한 분명히 드러나도록 하기 위해서도 필요하다. 역모기지가 기본적으로 갖고 있는 3대 리스크(장수리스크, 부동산가격변동리스크, 금리변동리스크)에 대해 작은 사업체가 단독으로 대처하는 것은 재정적으로 거의 불가능하므로 정부규모의 공적 관여가 필요하다.

다) FNMA의 채권매수

역모기지의 사업자가 갖게 되는 자금조달에 관한 리스크는 장기간 소요되는 대출로 인하여 지속적으로 자금이 지급되고 상환은 나중에 되는 시스템으로 사업자는 자금의 유동화가 큰 관건이 된다. 이러한 자금조달의 리스크를 공공의 색채가 강한 FNMA가 HECM 대출채권을 대출기관으로부터 매수하도록 되어 있다. 이 매수제도로 인하여 대출기관은 자금조달의 안정화를 도모할 수 있으며 다시 신규로 역모기지를 실행할 수 있으므로 역모기지시장의 개척과 확대에 기여하였다. 역모기지 사업화에 관한 초기단계의 사업 리스크를 경감시키기 위해서는 HECM의 경우에는 FNMA가 채권매수기구로 기능하였듯이 이에 준하는 자금조달 시스템이 필요하다.

라) 종합적 금융·생활 컨설팅 기능

역모기지에 관한 인식을 넓혀 가고 고령기의 생활보장과 여유를 확보하기 위해 역모기지 이용을 포함해서 자산운용플랜의 유효성에 대해 연금·의료·개호·취업·세제·저축·위기관리 등을 망라하는 넓은 시야에서 컨설팅 시스템이 필요하다.

HECM에는 HUD 승인의 카운슬러가 이용자에 대한 중립적·전문적인 컨설팅기능을 하여 이용자 측의 선택에 큰 도움이 된다. HECM의 이용자는 계약 전에 중립적 기관인 카운슬러로부터 카운슬링을 받는 것을 의무화하고 있다. 이 때문에 이용자는 역모기지 이외에 대체가능한 대책을 포함한 선택방안 중에서 역모기지를 선택할 수 있다.

역모기지 시행에는 민법·건축법·세법·재무관리·노후생애설계 등의 광범위한 지식과 경험이 필요하다. 따라서 이것에 대응할 수 있는 조직정비·직원교육·연수가 필요하며 기존의 행정체계만으로는 불가능하다.

마) 유연한 대출방식

HECM에서의 대출방식으로는 '종신' '종신+한도액' '확정기간' '확정기간+한도액' '한도액'의 5개의 방식이 있다. 이용자는 자신의 생활계획과 희망에 따라 어떤 방식이든지 자유롭게 선택할 수 있으며, 또한 계약 도중에 대출방식을 변경할 수도 있다. HECM의 5개 대출방식에 있어서는 전체 계약 중 60%가 '한도액 대출방식'[16]이다. 즉 자금이 필요할 때에 탄력적으로 대응할 수 있는 한

16) 연금처럼 대출을 받는 '종신대출방식'은 인기가 없어 이용실적이 저조하다.

도액방식은 수요가 높다. 이것은 고령자에게 현실적 금전 이외에 장래에 대한 불안감을 경감시키고 안심감을 심어주고 있다.

바) 전국적인 운영

보다 널리 보급되고 지역적인 제도이용의 편차를 줄이기 위해서는 광역적인 미국의 주 단위 정도의 광역행정단위가 이상적이다.

사) 역모기지 대상의 2차저당시장 출현과 그 영향

2차저당시장은 HECM을 성공시키기 위해서 불가결한 요소이다. 사업자(특히 모기지 은행)의 대출자금에는 한계가 있으므로 사업자는 2차저당시장의 투자가에게 모기지 상품을 매각하고 대출을 위한 자금을 더욱 더 늘리는 방법으로 자금조달을 하고 있다.

HECM의 시행 초기에 FNMA와 FHLMC(Federal Home Loan Mortgage Corporation: 연방주택저당금고)는 사업자에 의해 인수된 HECM 채권을 매수하는 데 동의했다. 2차저당시장[17]은 사업자에게 상당한 영향력을 끼친다. HECM에서는 플랜변경에 유연성이 있고 이용자의 편의와 관련이 있지만, 이는 역모기지의 증권화에 있어서는 과제로 남게 된다. 역모기지의 구조는 연금과 비슷하기 때문에 역모기지의 다양한 현금수요에 대응할 수 있는 유일한 투자가는 보험회사가 된다.

아) 대출대상

미국의 경우와 같이 대출대상 부동산이 단독주택 또는 콘도미니

17) FNMA는 보험료분배옵션 모기지를 구입하지 않는다. 따라서 HECM 채권을 FNMA에 매각하는 사업자는 양도옵션을 취급해야 한다. 또한 고정금리는 사업자의 자본조달비용이 HECM 금리를 넘어서게 되어 리스크가 고금리 환경 아래에 놓이기 때문에 FNMA는 고정금리대출구입도 행하지 않는다.

엄으로 한정하였을 경우에는 도시에 있는 아파트와 연립주택 및 공동주택 등의 많은 주택 실정과 일치하지 않는 경우가 있다.

자) 최저 부동산 기준

최저 대출대상이 되는 부동산 기준을 결정해야만 한다. 이는 국내 부동산의 질을 높이는 커다란 요인 중 하나가 될 것이다. 대출대상 부동산으로서 토지면적 등도 제약조건이 되겠지만 위법 건축물에는 대출을 하지 않도록 규제한다면, 장래에 위법 건축의 감소 요인이 될 것이며 주택의 수준 향상에 공헌할 수 있을 것이다.

② Home Keeper

Home Keeper는 FNMA(연방저당금고)가 1996년 1월에 개발하여 판매한 역모기지이며 소액자산 보유층을 대상으로 한 HECM과 고액자산 보유층·고소득 계층을 대상으로 한 민간역모기지와의 사이를 좁히기 위해서 중간계층 고령자를 대상(중산층의 자산보유자)으로 개발되었다.

Home Keeper는 독신자나 고령자 부부 그리고 FHA 대출상한이 매우 낮은 지역에 사는 많은 사람들에게는 대단히 유리한 것이다. 대출 이자는 상대적으로 HECM과 비교할 때 높은 편이고 최종 대출에 관한 상환비용도 높다. 다른 상품과 비교했을 경우, 자산가치가 같다고 했을 때 매월 지불되는 대출액이 다른 상품과 비교해서 높다는 것이 특징이다.

가. 개요

이 상품은 정부주도형의 HECM의 성과와 단점을 되돌아 보고 잠재수요를 바라고 개발되었다. FNMA는 전 미국을 기반으로 최초의 규범적 역모기지로 할 만한 상품이라고 자부하고 있고, 21세기에는 고령자의 자가보유율이 80% 이상으로서 유효한 상품이 될 것이라는 예측을 하고 있다.

나. 주요내용

가) 이용자 요건

적격요건은 이용자에 관해서는 62세 이상으로 기존의 대출을 상환하고 있을 것(또는 거의 완전 상환하고 있어야 한다)이 조건으로 되어 있다. 이는 HECM과 동일한 요건이다. 대상 물건은 HECM의 경우는 단독주택 이외에 HUD 인가의 콘도미니엄도 적격이지만 Home Keeper의 경우는 단독주택만으로 한정되어 있다. 대상물건에 한해서는 주택의 질을 유지하기 위해 계약 후에도 대상 주택에 대한 실사를 하고 있다. 이용자에게는 소비자 교육 세미나의 수강을 의무화하고 있지만, HECM의 경우와 다르게 AARP(전미퇴직자협회)의 조직적 관여가 아니라 FNMA가 직접 행하고 있다.

나) 대출한도액(Principal Limit)

대출한도는 계약시 이용자의 연령, 계약기간, 주택가격의 3요소로 결정된다. 자산가치평가로는 주택가격과 FNMA 대출한도액(35만 9,650달러) 중 낮은 쪽을 적용한다. Home Keeper의 대출한도금액은 2004년 말 현재 35만 9,650달러로 HECM에 비해 높은 수준이나 이용대상인 고령자는 HECM과 마찬가지로 62세 이상으로 제한하고 있다.

다) 대출방법

대출방법은 HECM의 5가지 방식의 대출플랜과 달리 종신플랜과 한도액플랜, 이 양자를 결합한 종신+한도액플랜 중에서 선택할 수 있다. HECM과 동일하게 계약기간 중에도 수수료를 지불하면 계약

플랜을 변경할 수 있다.

라) 보험 시스템

Home Keeper에 대한 정부의 지원은 없으며, FNMA는 담보주택의 가치하락 등에 의한 손실을 보전하고 있다. FNMA의 자체적으로 운용하는 보험으로 담보주택의 가격하락 리스크와 금리상승 리스크에 대해서 FNMA가 자체적으로 보증(self-insure)하고 있으며, 차입자가 기대여명 이상으로 생존함에 따른 손실은 Cigna 보험회사가 판매하는 보험에 의해 보상되고 있다.

FNMA는 Home Keeper의 손실위험에 대한 보험을 자체적으로 운용하므로 담보주택의 가치하락 가능성을 최소화하기 위해 담보주택의 범위를 HECM보다 제한하여 단독주택과 콘도미니엄(공동주택)만을 Home Keeper의 대상으로 하고 있다.

이처럼 공적기관의 관여 없이 민간보험으로 담보하락 리스크를 보장한다는 점과 카운슬링기능을 FNMA가 자체적으로 조달하고 있는 점 외에는 연방저당금고(FNMA)가 대출기관에 대출채권을 매입하는 시스템을 포함하여 거의 HECM과 유사한 상품이라고 볼 수 있다.

마) 2차시장의 형성

HECM의 2차시장과 Home Keeper의 사이에는 구별이 없다. 양쪽의 상품 모두 2차시장에서 채권을 인수하는 것은 FNMA뿐이다. FNMA는 사실상 양 상품의 모든 채권을 적극적으로 인수하고 있다.

바) 증권화의 예정

채권의 증권화는 불가피하다고 보고 있지만 역모기지가 새로운 증권으로의 큰 수요가 예측되지 않는다는 점과 유동적인 시장을 형성하는 데 있어서 채권의 양이 아주 적다는 것 등에 의해 아직 실현되지 않고 있다. 이후에 대출 잔고가 증가함에 따라 부분적으로 증권화되는 것도 있을 것이고 대출 전체가 증권화되는 것도 있을 것이다. 이 경우에는 보험회사나 기관 투자가가 선호할 투자대상이 될 것으로 예상된다.

사) 연방정부의 관여

연방정부는 Home Keeper의 보험과 서비스에는 전혀 관여하고 있지 않다.

아) 카운슬링

이 제도를 이용하고자 하는 이용자는 계약하기 전에 소비자교육 세미나를 수강해야 하지만, HECM의 경우와 다르게 AARP(전미퇴직자협회)의 조직적 관여는 없고 FNMA가 스스로 카운슬링을 하고 있다.

Home Keeper는 HUD 등의 공적 관여 없이 민간 보험으로 리스크를 해결하고 있는 점과 카운슬링기능을 FNMA가 자체적으로 조달하고 있는 점에서 HECM과 다르다. 그러나 FNMA가 대출기관 안에서 채권을 매입하는 것에 의해 자금조달의 안정화와 원활화에 소중한 역할을 담당하고 있는 점과 전 미국을 규모로 전개되고 있는 점 등에 있어서는 기본 구조상 HECM과 거의 같은 상품이라고 할 수 있다.

③ Home Keeper와 HECM과의 비교

가. FNMA 리미트의 설정

Home Keeper는 중간적인 자산보유층을 주된 이용대상으로 하고 있기 때문에 HECM의 FHA 리미트(8만 1,548달러-16만 950달러의 범위에서 지역마다 설정)를 상회하는 FNMA 리미트를 설정하고 미국 전체를 일정한 비율로 20만 3,150달러로 했다.

나. 대출금증액옵션의 설정

대출상환시에 자산가격의 10%에 상당하는 수수료 “Equity Share”를 가산해서 정산하면 대출금을 증액할 수 있도록 되어 있다. 단, 대출액과 “Equity Share”의 합산금액이 상환시의 자산 가치를 상회한 경우는 자산에 맞는 금액만을 상환하면 된다.

이용자가 최초의 24개월로 정산되는 경우의 “Equity Share”는 이용자 측에게 부과되지 않는 점이 있다. 이 대출금증액옵션에 의해 자산을 현금(Flow)으로 유동화하는 것으로 이용가치가 더욱더 높아지고 있다.

다. HECM 및 Home Keeper와 사회보장 수익과의 관계

HUD의 HECM과 FNMA의 Home Keeper의 양 상품 모두가 우선적으로 이용자의 자산과 무관계로 급부되는 공적 연금(Social Security)과 메디케어[18]에는 어떠한 영향도 끼치지 않게 되어 있다. 그러나 고령자 및 장애자를 대상으로 하는 연방의 보조적 소유보장(SSI: Supplemental Security Income) 프로그램에서는 수익자의 유동자산을 일정액(독신 2,000달러, 부부 3,000달러) 이하로 억제하는 것으로 되어 있기 때문에 수익자가 HECM과 Home Keeper로 매월 받는 돈을 전부 사용하지 않는다면 유동 자산의 일부로 취급되어 SSI의 수급 자격에 영향을 미칠 가능성이 있다. 따라서 SSI를 수급하고 있는 경우에는 실제로 필요 이상 금액을 매월 받는 것은 불가능하게 되어 있다.

18) Medicare: 노령연금수급자, 장애연금수급자, 만성 신장병 환자를 대상으로 한 공적 의료보장제도.

이러한 관점에서 HECM과 Home Keeper는 SSI를 대신하는 것은 아니라고 하더라도, 결과적으로는 실질적으로 SSI를 보완하는 지위가 되어 있다고 이해할 수 있다. 또한 메디케이트,[19] 식료품 구입에 사용하는 쿠폰을 저소득 세대에게 현물로 급부하는 푸드 스템프(Food Stamps) 등, 주(州)의 프로그램은 각각 수급요건이 다르기 때문에 지자체의 담당부서 전문가에게 확인할 필요가 있다고 되어 있다.

(2) 민간플랜

미국의 민간플랜으로는 여러 가지 상품이 있으나, 그 중에서도 대표적인 민간상품으로서 Providential사 및 Transamerica Home First사, Financial Freedom의 Equity Guard와 Cash Account를 예로 들어서 그 개요를 설명한다. 이들 모두 1990년대 초반에 등장한 사업자인수보험부 상품이며 Providential사는 종신대출이 중심이다. Transamerica Home First사는 확정기간대출이지만, 연금상품과의 합체에 의한 종신연금급부를 받을 수 있게 설계되었다.

① Providential사

가. 특징

Providential사의 역모기지 상품은 민간으로는 지명도가 높다. 이 상품의 특징은 순수민간상품으로서 보험료를 중심으로 하기 때문에 비용이 높아진다는 점이다. 그리고 다른 역모기지 상품보다도 많은 금액의 대출을 실현하고 있다는 점이다. Providential사는 지주회사[20]로, 실제로 이 상품영업을 담당하고 있는 것은 완전자회사인

19) Medicaite: 보조적 소득보장 및 부양아동 등 가정부조의 수급자 등을 대상으로 한 공적 의료보장제도.

PHIP(Providential Home Income Plan)사이다.

이 상품의 대출기본방식은 Lifetime Reverse Mortgage(종신월지불대출방식)로서 Providential사의 중심상품으로 되어 있다. 확정기간부 대출 및 한도액이 있는 대출을 제공하는 것도 가능하지만, HECM과 Home Keeper와는 다르게 계약기간 중에 프로그램을 변경하는 것은 인정되지 않으며, 변경하기를 원하는 경우에는 계약을 일단 종료시켜 새로운 계약을 체결하여야 한다. 이 상품은 캘리포니아, 플로리다의 2개주에서 제공되고 있다.

Providential사는 1992년 2월 고령화 대응상품으로서 역모기지가 가지고 있는 장래성에 대한 기대를 배경으로 주식상장을 성공시켰으며, 보다 큰 사업확대를 지향하고 있다. 또 Lifetime Reverse Mortgage는 캘리포니아주에 처음으로 도입된 종신형의 상품이다.

나. 주요내용

가) 이용자 요건

이용자는 62세 이상의 고령자이어야 한다. 이용자에게 배우자가 있는 경우는 배우자의 연령도 62세 이상이 요구되며, 신청자의 건강심사를 행하는 것은 법률에 의해 금지되어 있다. 담보가 되는 주택은 이용자의 주된 주거지이고 주택가격의 최저한도에 대해서 특별한 규정은 없다. 화재보험 등의 부보를 조건으로 하고 있지만 지진보험에 대해서는 강제하지 않는다. 그리고 이미 다른 저당권이 설정되어 있는 것도 대출이 인정되는 경우가 있다.

---

20) 1988년 6월 캘리포니아주를 중심으로 하여 역모기지 상품판매를 목적으로서 Providential사가 설립되었다. 이 회사는 약 18개월에 1억 달러의 자본을 모았다. 이러한 고액의 자금을 모을 수 있었던 것은 John Hancock Life Insurance Company 그리고 First National Bank of Chicago 등의 출자자가 역모기지상품의 장래성을 높이 평가했기 때문에 가능했다.

나) 대출금액

대출액에 대해서는 1,000건마다 15.5%의 세전 수익률을 확보하는 것을 기준[21)]으로 사업 수익에 따라 신규계약자의 대출액을 조절한다.

- 계약체결시의 비용이나 서비스 수수료 등은 계약체결시에 주택 평가액의 1%+750달러를 대출한다.
- 대출이율은 월 11.5%(연율 환산)의 고정금리이지만 매월 복리이기에 실제로는 연율 12.126%가 된다.
- Risk Pool 보험료는 원래 분납적용방식이 채용되고 있으며, 담보로 제공한 주택지분의 가격상승 이익이 Risk Pool 보험료로서 징수되고 있으나 주택가격이 상승하지 않는 경우에는 보험료방식으로 변경한다. 원칙적으로 새로운 방식에서는 프로그램 종료시에 당초 주택가격의 5%×경과연수가 징수된다.
- 대출액에 도달하기 전에 사망 등으로 프로그램이 종료된 경우 사업자 측에 이익이 나오는 구조이다. 그리고 실제로는 계약시작 초기에 대출 수요가 높고 초년도 대출 잔액과 계약 체결시 비용, 서비스 수수료의 합계는 평균 주택가격의 9%가 된다.

다) 대출 비용

만기시에 합산되어 상환되는 것은 실제 대출 잔액, 계약 체결시의 비용, 서비스 수수료, 금리, 보험료이다.

라) 평가

Risk Pool 보험료는 가입시 주택가격의 연 5%이므로 HUD의 0.5% 등과 비교해서 상당한 고액의 비용임을 알 수 있다. 이는 고

---

21) 이 수익률은 최저 500-1,000건을 Pool할 때 가능하게 된다.

액대출액의 실현과 사업자리스크의 축소를 위해 보험료를 징수하기 때문이다. 해마다 5%의 보험료가 든다면 단순한 계산으로 계약을 시작해서 10년 후에는 계약초기 주택가격의 50%에 도달[22]해 버린다. 이 상품의 경우 자금이 없어서 궁지에 몰려 신청하는 사람을 대상으로 하고 있는 실정이며 어느 정도 보험료와 수수료의 비율이 높아도 필요한 사람은 이용하는 비즈니스적인 측면[23]이 있다. 기본적으로는 이용자에게 리스크를 부담하게 하는 상품구조로 되어 있기 때문에 고령자의 생활지원이라는 정책적 목표를 향한 관점에서 볼 때 적절치 못하다는 문제가 제기되고 있다.

② Transamerica Home First사

가. 특징

캘리포니아주의 Transamerica Home First사에 의한 역모기지 상품인 Transamerica Home First's Home Income Plan은 확정기간부역모기지, 일시불, 거치기간부종신연금이 결합된 대출이다. 또한 일정기간이 경과한 후에는 연금 상품으로 계승되어 이사를 해도 연금의 급부를 받을 수 있는 이동가능한(portable) 성격을 보유하고 있다. 비슷한 상품으로는 캘리포니아주의 Freedom Home Equity사에 의한 상품이 있다. 그리고 이 두 회사가 역모기지의 증권화를 검토한다는 점에서도 공통점이 있다.

---

22) 높은 사망률로 인해 보험료의 Pool을 배경으로 계약시작시의 연령을 75세, 주택가격은 20만 달러로 해마다 4% 상승한다는 가정하에 모의실험을 하면, 보험료는 계약시작 9년째 이후부터 삭감되어, 12년째 이후에는 보험료 부담이 필요없게 되는 시스템이다. 따라서 사망 등으로 조기에 상환이 되는 경우에는 이용자에게 있어서는 상대적으로 많은 액수의 보험료가 징수되어 상환이 비싸게 된다.

23) 1년째에 사망할 확률이 9.41%에 도달하기 때문에 단기간에 자금회수를 할 수 있다.

나. 주요내용

가) 이용자 요건

이용자의 요건은 65세 이상이며 10만 달러 이상의 주택을 보유하여 주된 주거지로 사용하는 고령자다. 이 회사의 계약내용을 보면 실제 이용자의 연령은 65세에서 90세까지에 이르지만 그 중 90%가 72세에서 84세의 연령층이다. 주택의 평균가격은 23만 7,000달러이다.

나) 대출금액

이 상품에서는 대출 한도액을 reserve account라고 부르며, 일시금 형태로 대출을 받을 수 있다. reserve account의 잔고에 대해서는 인플레이션 대응을 위해 연 이자율 3.5% 수준으로 체증하도록 되어 있다. 종신연금의 월 급부액은 상기의 확정기간부역모기지의 월 대출액과 같다. 연금급부는 주택의 가치가 원래 가격보다 낮아져도 일정 기간이 경과한 후에 집을 매각해도 수령할 수 있다. 연금 상품은 Metropolitan Life Insurance사 또는 Transamerica Occidential Life Insurance사 중의 하나를 선택할 수 있다.

다) 옵션

확정기간이 종료하여 연금급부가 시작된 후, 일정기간이 지나면 이사를 해도 연금의 급부를 받을 수 있게 된다. 이용자가 병에 걸려서 주택 외의 시설에서 장기요양[24]이 필요한 경우에도 보고를 하면 매월 대출에 대한 급부를 받을 수 있다. 또한 이용자가 원하면 부재중인 집의 유지관리를 Transamerica Home First사가 대행하지만 치료를 이유로 더 이상 자택에 거주할 수 없는 경우에 계약은

---

24) 연속 2개월 이상, 또는 연간 합계 6개월 이상.

종료된다.

라) 평가

Risk Pool 보험료 징수를 분납평가방식에 의존하기 때문에 캘리포니아주, 플로리다주 등의 지가 상승이 예상되는 지역에 한정되는 측면이 있다. 대출을 확정기간부방식으로 하여 사업자 리스크를 축소하는 한편, 이용자의 편의를 위해 연금상품과 결합하여 종신급부의 수요에 대응하려는 점은 주목할 만한 가치가 있다.

③ Financial Freedom사

IndyMac Bank의 자회사인 Financial Freedom사는 1993년에 역모기지 상품인 Financial Freedom Cash Account(Financial Freedom Plan)를 도입하였고, Financial Freedom Plan은 현재 미국 12개주(AZ, CA, CO, MI, NJ, NV, NY, OR, PA, UT, WA, WY)에서 판매되고 있다.

Financial Freedom사는 1999년에 Lehman Brothers를 통해 역모기지 채권의 유동화를 위한 증권화를 미국 최초로 시행하였다. 역모기지 채권의 유동화는 역모기지 투자기관의 자금조달능력을 제고하여 역모기지시장 활성화에 기여하고 있다.

Financial Freedom Plan은 고가주택을 보유한 62세 이상의 부유층 고령자를 대상으로 판매되고 있다. 이 상품에는 Equity Guard와 Cash Account가 있다.

가. Equity Guard[25)]

가) 대상주택

HECM과 달리 Financial Freedom Plan은 담보주택의 범위 및 가

25) 일시금 융자타입이라고 한다.

격, 대출한도 등을 제한하지 않고 있으며, 담보주택의 범위는 단독주택, 다가구주택(1-4 가구), 콘도미니엄, 건물, PUD(planned unit development) 등으로 HECM과 비슷하나 FHA의 인가가 필요하지 않은 점에 차이가 있다.

나) 대출형태

매월 지급하는 대출은 실제로는 일시금으로 수령한 융자금으로 The Hartford Life Insurance Company가 제공하는 연금상품을 구입하고 거기에서 급부를 받는 형태로 되어 있다. 이 경우 이용자가 담보 부동산에서 퇴거하고 역모기지 금액이 종료한 경우라도 종신에 걸친 연금급부를 받을 수 있다.

다) 융자한도액의 설정

대출한도액은 이용자의 연령, 담보부동산의 평가액, 금리에 따라 변동한다. 담보부동산의 평가에는 상한액 100만 달러가 설정되어 있다. 이용자는 담보부동산의 평가액에 대하여 담보인정비율에 따른 융자액을 결정한다. 대부분의 담보인정비율은 80%를 상한으로 한다.

라) 금리

대출금리는 고정금리가 적용된다. 이용자는 계약체결시에 담보부동산 평가액의 2%에 상당하는 금액을 계약수수료로 지불하여야 한다. 그 후 매월 서비스수수료는 필요하지 않지만 담보부동산 평가액의 장래 상승분 중 일정비율을 Pooling하는 형식으로 되어 있다.

Financial Freedom Plan의 역모기지 금리는 6개월 LIBOR를 기준으로 하며 최초 6개월 동안은 6개월 LIBOR에 4.5%를 가산한 금리를 적용하고 6개월 이후에는 5.0%의 가산금리를 적용하고 있다.

나. Cash Account

가) 대상주택

단독주택과 HUD가 인정하는 조립식 주택, 공동주택, 계획종합주택이 대상이 된다. 단 평가액이 7만 5,000만 달러 이상의 것에 한정한다.

나) 대출형태

이용자가 담보부동산에 거주하고 있는 동안 미리 설정된 대출한도액의 범위 내에서 몇 번이라도 대출과 상환을 할 수 있도록 되어 있다. 1회당 대출 최저액은 500달러로 사용하고 남겨진 대출 한도액은 대출 시작 후 9년간에 한하여 매번 5%씩 확대된다.

다) 대출한도액과 금리설정

Cash Account는 대출한도액과 금리 조건에 따라 Standard Option, High Benefit Option이라는 두 가지 선택방안이 있다. 큰 금액의 대출한도액을 희망하는 이용자에 대하여 High Benefit Option이 이용된다. 대출한도액은 담보부동산의 평가액과 이용자의 연령에 따라 결정된다. High Benefit Option에서는 상환시에 담보부동산 평가액 상승분의 5%를 제공하는 것을 요건으로 Standard Option보다도 대출한도액이 크게 설정된다. 금리는 Standard Option의 경우는 6개월 물 LIBOR에 5%를 더한 것이고 High Benefit Option의 경우는 6개월 물 LIBOR에 4%를 더한 것으로 한다. 단, 대출시작 후의 6개월 동안은 9.99%의 금리가 적용되고 이후의 적용금리는 최초의 금리에 플러스 10%를 상한으로 한다.

라) 수수료

Equity Guard와 동일하게 계약체결시에 담보부동산 평가액 2%

에 상당한 금액을 계약수수료로 지불하여야 한다. 그 후 매월 20달러의 서비스수수료가 든다.

④ 실적

최근 Financial Freedom에 의한 Cash Account Plan, HECM, Home Keeper의 세 종류가 있다. 그 중에서 HECM이 90%를 차지하고 있다. HECM의 경우 대출을 해 주는 금융기관이 대출금액의 2%나 2000달러 중 큰 것을 오리지네이션의 수수료로 수령한다. 예를 들면, 주택가격이 17만 5천 달러인 경우 3천 5백 달러를 수령한다(2%).

<표 3-7> 미국에서 보급되는 역모기지

제공상품	HECM	Home Keeper	Financial Freedom	
			Cash Account Plan	Equity guard
실시주체	연방도시개발성(HUD) 도시, 정부,	연방저당금고(FNMA), 정부계열,	Financial Freedom Senior Funding Appliation	
대출주체	HUD 승인의 민간금융기관	FNMA 승인의 민간금융기관	FFSF 승인의 민간금융기관	
시작연도	1989년	1996년	1993년	1996년
실시지역	미국 전역	미국 전역	24주	35주
연령제한	62세 이상	62세 이상	62세 이상(주택자산액 75천 달러 이상)	62세 이상
대상물건	단독주택, 1976년 이후 건축물건, 공동주택, 타운홈	단독주택, 공동주택, 신탁용 리스용 부동산	단독주택, 공동주택	단독주택, 공동주택
최대대출금액	172,632-312,895달러(매년조정)	359,650달러 (FNMA한도)	무제한(주택자산액에 의존)	100만 달러
수령방법	종신, 정기금, 한도액을 혼합	종신, 한도액 혼합	open credit line(최저인출액 500달러)	일시금 (종신연금보험), 한도액
보험	FHA에 의한 정부보증	종신연금보험을 포함, 자가보험안	종신연금보험을 소개	
금리	변동금리(T-bill(1년)+1.6%)	변동금리(CD(1월)+margin)	LIBOR(6월)+5%	
모기지 보증료	시작시점: 인정평가액의 2% 매월: 금리에 연 0.5%가산	시작시점에서 1% 납부	-	
특징	-주로 저소득 자산층이 중심 -수령액은 비과세 -FNMA, HUD의 카운슬링	-주로 중간 자산층 주거이전에 대응 -FNMA, HUD의 카운슬링, 수령은 비과세	-주로 고액 자산층 -FNMA, HUD의 카운슬링 -수령은 비과세	

자료: national reverse mortgage lenders association.

HECM의 이용건수를 보면, 신규계약건수가 2001년까지는 5-7천건 정도였으나, 2002년 1만 3,049건, 2003년 1만 8,085건, 2004년 3만 7,789건, 2005년 6월 말 현재 2만 9,765건으로 점점 확대되고 있다. HECM의 누적 이용실적은 14만 8,796건(2005년 6월 말 현재)으로 급성장을 하고 있다. 이러한 미국 역모기지의 확대에는 주택가격의 상승이 영향을 미치고 있다고 보이지만, 역모기지의 상품가치에 대한 매력이 높은 것도 있다.

역모기지가 가지고 있는 3대 리스크에 대한 대안으로서 사업자측은 담보인정비율(LTV)을 낮게 설정하는 것으로 담보부족리스크를 낮추는 방법을 취해 왔지만, 역모기지 이용을 확대시키기 위해

<표 3-8> HECM의 가입 현황 (단위: 건, %, 천 달러)

연 도	계약건수	가입자 성별			평균대출잔액
		여	남	부부	
1990	157	57.3	16.6	26.1	74.5
1991	389	56.0	13.9	30.1	92.5
1992	1,019	57.7	15.0	27.3	94.3
1993	1,964	55	14.3	30.7	90.8
1994	3,365	54.8	14.5	30.8	93
1995	4,166	56.5	13.5	30.0	88.2
1996	3,596	56.4	12.5	31.1	82.5
1997	5,208	56.6	13.2	30.2	78.0
1998	7,895	56	14.1	29.9	73.7
1999	7,923	54.8	14.5	30.7	81.5
2000	6,637	56.8	13.0	30.2	70.2
2001	7,789	54.4	13.6	31.9	78.5
2002	13,049	51.3	14	34.7	80.9
2003	18,085	48.6	14.2	37.2	92.1
2004	37,789	48.6	15.2	36.2	90.7
2005	29,765	46.4	15.8	37.8	88.5
합계 및 평균	148,796	57.3	16.6	26.1	74.5

서는 고유의 리스크를 경감시키는 공적보험제도의 정비가 필요하다.

앞서 서술한 바와 같이 미국 역모기지는 1960년대에 시작되었고, 1990년대 이후 확대되고 있다. 미국에서는 연금을 보완하는 제도로 연방정부의 HUD(주택도시개발성)의 HECM과 Home Keeper, 민간 금융기관에서는 Financial Freedom과 여러 상품이 존재한다. 이들은 62세 이상의 고령자를 대상으로 하는 것으로 각각 승인받은 민간 금융기관이 대출을 실시하고 있다.

미국 역모기지는 HECM을 중심으로 대폭적으로 증가하고 있다. HECM을 제공하는 제휴 금융기관수는 2002년 5월 현재 310개사에 이르고 있다. 이처럼 사업자가 되는 민간금융기관이 증가한 원인으로는 1990년 공적보험제도가 확립되어 대출기관뿐만 아니라 이용자 측에서도 역모기지 리스크가 저하되었기 때문이다.

미국 역모기지 보험제도의 핵심은 FHA(연방주택청)에 의한 역모기지의 3대 리스크를 모두 담보해 주는 보험이다. HECM의 경우 이용자는 대출금액(주택자산액의 2% 상당액)의 MIP(모기지보험)와 대출받은 이후의 매년 프리미엄(대출 잔액의 0.5%상당액)을 FHA에 지불한다. 보험료를 지불하는 것에 의하여 이용자는 만일의 경우에 대출기관이 파산하더라도 계속해서 대출을 받는 것이 가능해진다.[26] 한편, 대출기관인 사업자도 대출액이 주택자산액을 넘어선 경우의 손실발생을 회피할 수 있게 된다. HUD의 보험평가보고에 의하면, FHA 보험제정예산은 건전하다.

(3) 역모기지의 시장동향

이상과 같이 미국에서 제공되고 있는 역모기지는 공적플랜과 민

26) 미국에서는 1980년 이후 경쟁이 심화되면서 금융기관의 도태가 진행되고 있고, 금융기관의 경영파탄 등으로 대출불이행의 발생이 초래되고 있다.

간플랜의 역모기지로 크게 나누어진다. 이를 형태별로 분류했을 때 공적역모기지, 무보험역모기지, 사업자인수보험부역모기지, 공적보험부역모기지의 네 종류로 분류된다.

공적역모기지(PTD와 DPL)와 무보험역모기지는 주택소유자 중에서 고령자의 광범위한 자금 수요에 대응하는 유연성이 부족하여 장래의 역모기지시장에서 주력상품이 될 가능성이 낮다. 공적보험부역모기지인 HECM 및 사업자인수보험부역모기지가 성장가능성이 있다. 또한 사업자인수보험부역모기지에 대해서는 민간 최대의 Providential사, 캘리포니아주에서 참가한 Transamerica Home First사의 두 상품이 HECM과의 대비로 주목받고 있다.

① 시장동향[27]

가. HECM(공적보험부)

HECM은 계약 초기에 그 실시기간을 1987년 7월 24일부터 1991년 9월 30일까지로 하여 FHA 모기지보험의 인수 총 범위를 2,500건으로 하여 시작했다. 1990년 연방의회는 실시기간을 2000년까지 연장하여 FHA 모기지보험의 인수 총 범위를 확대할 것을 결정하였고 현재는 약 15만 건의 이용실적이 있다. 참가하고 있는 금융기관이나 대출기관 대부분은 HECM의 장래 수익성에 기대하고 있으며, 또한 HECM에 대해서는 지역사회의 공헌을 강조하는 비교적 리스크가 적은 사업이라고 평가를 하고 있다.

나. Providential사와 Transamerica Home First사(사업자인수보험부)

순수한 민간역모기지는 널리 보급되지는 못하였다. IRMA를 개발한 American Homestead사는 1983년 이후 3,000건 이상의 대출계

27) 유선종, "미국의 역모기지제도와 정책적 시사점", 한국삼성원, Vol. 157, 2004, pp. 61-64.

약을 체결했으나 1987년에 신규계약의 인수를 정지했다. 미국 제10위 생명보험 주식회사인 Capital Holding사도 1988년 이후 캘리포니아주, 플로리다주 등의 5개주에서 독자적인 역모기지 상품을 제공했었으나 신규계약 인수를 정지하고 있다.

이러한 민간금융기관이 인수를 정지한 주된 이유로서는 ① 신규대출 계약을 실행할 수 있는 자금을 조달하지 못했기 때문이고 ② 역모기지에 관한 지식이나 정보가 아직 보급되고 있지 않은 상황에서 많은 광고선전비가 필요했기 때문이다.

사업자인수보험부역모기지의 주역을 담당해 왔던 두 회사가 인수를 정지함에 따라 캘리포니아주의 Providential사가 민간역모기지의 대형금융기관으로 되었다. 한편, 신상품을 개발하여 신규로 참가하는 민간기업으로 캘리포니아주에서는 Transamerica Home First사와 Freedom Home Equity사가 유사한 상품을 제공하고 있다. 이러한 상품은 모두 확정기간대출형역모기지와 연금 상품이 결합된 상품이다.

즉, 이용자는 계약 초기 일정기간 역모기지로 대출을 받고 확정기간 종료 후에는 연금을 받을 수 있게 되어 있으며, 만약 확정기간 종료 후에 이사하더라도 연금을 받을 수 있는 시스템이다.

다. HECM 및 Providential사와 Transamerica Home First사의 Risk Pool수법

정부주도형인 HECM은 사회복지의 관점에서 소액주택을 소유한 고령자를 대상으로 하며 순수민간차원에서 개발·운영되고 있는 사업자인수보험부역모기지(Providential사와 Transamerica Home First사의 상품)는 고액주택을 소유한 고령자를 대상으로 하고 있다. 이들 세 가지 상품의 Risk Pool 수법은 크게 나누어 보험료방식을 채용하고 있는 HECM및 Providential사, 분배평가방식을 채용하는

Transamerica Home First사로 나눌 수 있다.

보험료방식을 채용할 경우에는 예정대로의 보험료를 Pool 할 수 있지만 분배평가방식의 경우 보험료 Pool의 규모는 부동산가격상승률에 크게 의존한다. 부동산가격상승률이 0%인 경우 보험료는 전혀 Pool 할 수 없다. 따라서 Providential사가 과거에 분배평가방식에서 보험료방식으로 이행했듯이 분배평가방식을 채용하는 것은 사업리스크가 크다고 하겠다.

Transamerica Home First사에서는 이러한 리스크를 회피하는 것을 목적으로 역모기지를 확정기간으로 하여 담보부족리스크를 절감시키고 있으며 사업 전개 지역도 부동산가격상승률이 비교적 높은 캘리포니아주, 플로리다주 등으로 한정하였다.

<표 3-9> HECM과 사업자인수보험부 상품의 장점과 단점

	HECM	사업자인수보험부 역모기지
장점	- 이용자는 다섯 방식의 대출옵션 중에서 선택할 수 있고, 대출옵션의 중도변경도 가능하기 때문에 상품설계상 고령자의 광범위한 자금필요에 대응하는 유연성이 있다. - 사업자가 지불불능이 된 경우에 HUD가 이용자에 대한 대출을 인수하며, 이용자가 조기에 사망한 경우에도 실질금리가 극단적으로 높아지지 않도록 상품이 설계되어 있다. - 고령자복지라는 관점에서 각종 리스크를 될 수 있는 대로 이용자에게 전가하지 않도록 배려하고 있다. - 전국적인 규모로 실시되고 있다.	- 신청에서 계약까지의 수속에 걸리는 시간이 짧고 수속이 간편하다. - HECM에 비해 실질적인 대출액(실제 수령액)이 많다.
단점	- 대출가능액을 산출할 때, 기준이 되는 부동산가격에 대해 지역별로 한도액이 설정되어 있고(최고 151,725달러) 한도액 이상의 고액주택을 소유한 고령자는 주택가액에 비해 낮은 가액의 대출밖에 받을 수 없다. - 신청에서 계약체결까지의 수속에 상당한 시간이 필요하다(90-150일, 일반모기지의 경우는 30-45일).	- 계약 초기 모기지보험료, 계약 초기대출수수료, 금리 등이 높고 이용자가 조기에 사망하는 경우에 실질금리가 극단적으로 높아진다. - 주택가격과 가격상승률이 높은 캘리포니아주와 플로리다주 등 일부 지역에 한하여 실시되고 있으며, 도시부 주택 소유자만이 이용할 수 있다.

자료: Providential사, Transamerica Home First사.

HECM과 사업자인수보험부역모기지에 관한 장점과 단점은 <표 3-9>와 같다.

② 장래동향

미국의 인구 고령화는 계속되고 있으며 노후의 생활자금 확보에 고민하는 고령자도 증대하고 있다. 따라서 역모기지에 대한 수요가 증대할 것이며, 공공과 민간에 의한 다양한 노력이 계속되고 있다.

가. 민간 참가의 활성화

미국 역모기지시장은 수요초과 상태에 있으며 업자간의 경쟁도 거의 없기 때문에 민간기업의 많은 참가가 예상된다. HECM에서 2차저당시장의 투자가로서 역할을 하는 FNMA도 1996년부터 Home Keeper를 실시하였다. 이 상품은 HECM과는 달리 이용자가 대출플랜을 변경하는 것을 인정하지 않는 대신에 대출한도액을 높게 설정하고 있는 것이 특징이다. 또한 이 외에도 Wendover Funding사가 콜로라도주에서 민간기업과 공동으로 독자적인 역모기지 상품의 개발을 시도하고 있는 것 외에도 House Hold Finance사 등의 대형은행도 역모기지 참가를 준비하고 있다. 당분간은 상황변화에 대응하기 쉬운 비교적 소규모 사업자를 중심으로 한 시장참여가 예상되지만, 정부가 참여하는 역모기지의 인프라 정비가 진행되면 많은 대형금융기관이 직접 또는 자회사방식으로 참가하게 된다. 이처럼 많은 기업이 참가하게 되면 규모의 경제가 적용될 수 있을 것으로 생각된다.

나. 역모기지 증권화 동향

역모기지의 보급, 즉 취급 금융기관과 인수계약 건수의 증가는 2차저당시장의 활성화와 역모기지 증권화를 가능하게 한다. HECM

에 대해서는 FNMA가 2차저당시장의 투자가로서 기능하고 있다. 그러나 FNMA는 HECM의 저당채권을 그대로 보유하고 있으며 이것을 증권화하여 일반투자가에게 판매하지는 못하고 있다. FNMA에서 매수한 HECM의 증권화가 곤란한 이유로서 ① 건수가 적다는 것 ② 대출플랜의 중도 변경에 따른 영향이 지적되고 있다.

한편 순수한 민간차원의 역모기지에 대해서는 2차저당시장이 없고 신규 인수하기 위한 자금조달도 사업자에게 있어서 쉽지 않다. 이에 대해서 FNMA가 1995년부터 HECM 이외의 민간역모기지를 매수하고 있다. 또한 캘리포니아주에서 신규 참가한 Transamerica Home First사나 Freedom Home Equity사 등에서는 자사의 역모기지를 증권화하려는 계획을 가지고 있다.

Transamerica Home First사에서는 증권화에 대해 ① 담보채권이 확실한 것이 아니면 증권화할 수 없기 때문에 증권화가 불가능한 저당권은 인수하지 않으며 ② 채권규모가 10억 달러 정도가 된 후에 증권화로 자금조달을 시도하며 ③ 대출플랜의 변경에도 유연하게 대응할 수 있는 상품으로 설계하고 있다.

5) 시사점

이상과 같이 미국 역모기지를 고찰한 결과, 미국의 초기 RAM(무보험 확정기간형역모기지)은 현재 우리나라에서 시행되고 있는 역모기지와 유사한 형태이다. 이것은 역모기지가 가지고 있는 리스크인 장수리스크, 부동산가격변동리스크, 금리변동리스크 등 3대 리스크에 대응할 수 있는 보험 없이 부동산담보의 가치만으로 기간을 정하여 매달 지급하는 형식으로 운영되고 있어 상환시의 부작용을 전혀 고려하지 않고 있다. 현재 미국 내에서의 무보험확정기간형 역모기지는 판매실적이 많지 않아서 중단되었다. 이에 따라 미국에서는 여러 가지의 리스크와 상황변화에 대응하기 위하여 공적보험이 포함된 HECM이라는 공적보험부역모기지가 탄생하게 되었다. 이상에서 살펴볼 때 우리나라의 역모기지도 미국 HECM의 도입과정과 배경을 선행모델로 다음과 같이 주시할 필요가 있다.

첫째, HECM이 FHA의 보증을 통해 미국의 역모기지시장에서 큰 비중을 차지하게 된 것을 알 수 있었다.

둘째, HECM과 Home Keeper의 이용가능연령이 62세 이상이며, 주택의 범위를 명확히 정할 필요가 있다.

셋째, FHA의 보증을 통해 리스크를 경감시킨 것과 같이, 금융기관과 사업자가 부담하는 리스크를 경감시켜 줄 수 있는 공적인 보증체계가 마련되어야 한다. 보증의 신용도가 높아질수록 역모기지 담보인정 비율은 높아질 수 있기 때문이다.

넷째, HECM의 경우, 보증비용은 총 대출금액의 2%(최고 한도 2천 달러)와 대출원리금의 0.5%의 합계이지만 대출자의 상황에 따라 차등적용하고 있다. 보증비용은 사업자가 부담하지만 역모기지의 사회보장적 성격을 감안하여 사업자의 형편에 따라 일정부분 정부가 분담하는 방안도 검토해 볼 수 있다.

다섯째, 주 단위의 편중된 시행이 아닌 역모기지의 전국적인 시행을 위해서는 금융기관의 사업안정성과 이용자의 안정적인 노후생활을 보장하는 정부보증기관을 설립하여야 할 것이다.

여섯째, 주택가격과 이자율 변동위험을 최소화하기 위해서는 주택가격 및 이자율 장기예측기법의 개발은 물론이고, 선진 노하우를 습득한 전문인력을 육성하여야 할 것이다.

마지막으로 민간플랜으로 시장에 참여한 회사들의 경우로 볼 때, 주택소유에 대한 국민정서, 제도에 대한 고령자의 이해부족, 가입자격 제한에 따른 시장협소 등으로 시장형성에 많은 시간이 소요될 것으로 예상되므로, 민간플랜이 역모기지시장의 보완적인 역할을 할 수 있도록 정책적인 배려를 하여야 할 필요가 있다.

2. 일본의 역모기지

일본의 역모기지는 거주자가 스스로 부동산(거주용 자산)을 담보로 노후의 간호 비용과 생활비 등의 자금을 얻기 위한 대출제도로 공적플랜과 민간플랜이 있다. 우선, 지자체 등이 대출 주체가 되어 복지 서비스와 연대한 공적플랜은 민간기업(신탁은행 등)에 의한 민간플랜과는 크게 구별되어 지자체 등이 직접대출방식과 은행 등을 소개하는 간접대출방식(알선방식)으로 나눌 수 있다.

공적플랜은 무사시노시(武藏野市)가 직접대출방식으로 1981년에 먼저 시작을 했지만 이 방식은 무사시노시(武藏野市)와 나까노구(中野區)에서만 볼 수 있고 그 외 많은 지자체에서는 간접대출방식으로 시행되었다. 민간플랜으로는 신탁은행의 경우가 대표적이다. 본 절에서는 일본의 역모기지인 공적플랜 중에서 직접대출방식과 간접대출방식을 고찰하고, 민간 금융기관에서 실시하고 있는 민간플랜에 대해 고찰하며, 2003년에 이르러 후생노동성에서 주관하며 시행하는 제도로서 공적 개입이 가미된 역모기지인 장기생활지원자금대출제도와 또한 민간주택건설업체에 의한 역모기지로서 아사히카세(旭化成)의 역모기지와 도요타그룹의 역모기지에 관해 고찰한다.

1) 공적플랜과 민간플랜의 종류

공적플랜의 대표적 플랜으로서는 직접대출방식인 무사시노(武藏野)방식과 간접대출방식인 세타가야(世田谷)방식이 있다. 민간플랜의 대표적 플랜으로서는 신탁 수익권에 질권을 설정하는 신탁은행 플랜의 개요와 특징을 고찰한다.

(1) 공적플랜

① 직접대출방식(무사시노(武藏野)방식)

1980년 12월 무사시노시(武藏野市) 복지공사는 재택고령자 등에 대한 유상복지서비스를 제공하였으나 이러한 서비스의 대가를 현금으로 지불할 수 없는 고령자에 대해 무사시노시(武藏野市)는 조례로 유상복지서비스를 수급하기 위한 자금에 대해 부동산 자산을 담보로 대출할 수 있도록 정하였다. 이 조례에 의한 복지자금 대출사업이 일본에서 최초로 부동산을 담보로 한 역모기지라고 할 수 있다.

무사시노시(武藏野市) 복지공사는 고령자에 대해 유상복지서비스를 제공하기 위해 설립되었다. 복지공사가 제공하는 유상복지서비스에 대해 대가를 지불할 수 없는 경우, 무사시노시(武藏野市)에서는 조례를 만들어 부동산을 소유하고 있지만, 현금수입이 적은 고령자를 위해 부동산을 이용해 대출해 주는 제도를 고안해 냈다.

대상자는 자치단체에 1년 이상 거주하는 장애자나 65세 이상의 고령자로 대출기간은 종신을 원칙으로 하되, 만약 담보부족이 발생하면 그 시점에서 대출은 정지하게 된다. 상환은 계약자 사망 후에 담보부동산을 처분해서 상환하거나, 상속자가 현금으로 상환할 수 있다.

무사시노방식의 대출흐름도를 다음의 <그림 3-2>에 제시하였다.

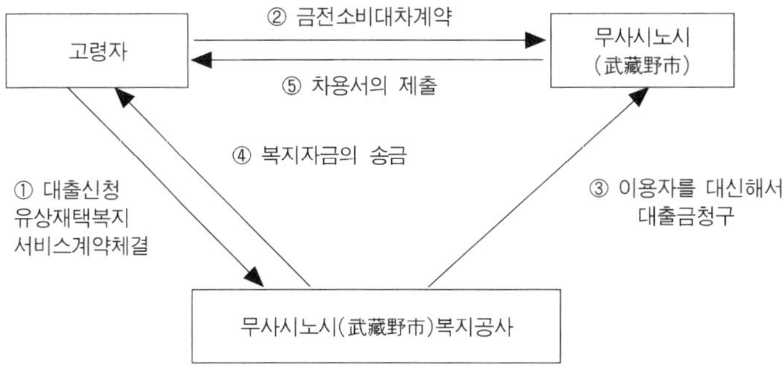

<그림 3-2> 무사시노방식의 대출흐름도

가. 이용대상자

이용대상자는 일 년 이상 무사시노시(武藏野市)에 거주하고 있는 65세 이상 고령자 또는 장애자이고 복지공사와 가사원조 등의 지원 서비스 지급을 위한 계약을 체결할 필요가 있다. 본인 또는 제3자가 소유하는 부동산이 담보로 제공되고 상환이 확실하다고 인정되는 자여야 한다.

나. 대상부동산

대상부동산은 이용자가 거주하고 있는 토지와 주택이지만 아파트(공동주택)도 대출 대상으로 가능하도록 되어 있다. 단, 아파트의 경우 대출한도는 감정 평가액의 50% 이내이다.

다. 대출기간

대출기간은 종신이지만 담보 부족 시점에서 중단되게 된다. 대출자금은 유상재택복지서비스(기본서비스, 개별서비스)에 사용되지만 그 외의 생활비(8만 엔/명 · 월), 의료비(70만 엔/명 · 월), 주택개량비(100만 엔/건)에 사용하는 것이 가능하다.

라. 상환방법

상환방법으로는 계약종료시에 담보부동산을 처분해서 상환하거나 상속자가 현금으로 상환하는 방법이 있다. 지금까지의 실적으로는 모두 후자의 방법에 의하고 있다. 담보물건에는 근저당권의 설정이 행해지지만 동시에 대물상환예약이나 소유권이전청구권의 가등기가 행해지게 된다. 이것은 대출 재원이 지자체의 일반 재원이고 또한 상환까지의 기간이 아주 장기간이 되기 때문이라고 생각된다.

② 간접대출방식(세타가야(世田谷)방식)

무사시노(武藏野)방식은 일반 재원에 의해 직접 대출을 했기 때문에 최종적으로는 자금을 회수하기까지의 기간이 장기간 소요된다. 따라서 이용자가 증대하면 자금 회수까지의 재원부담이 제법 커질 가능성이 있다. 이를 억제하기 위해 지자체가 직접 대출을 행하는 것이 아니라 복지공사가 민간금융기관과 제휴하고 복지서비스의 제공과 함께 이자의 상환에 관해서 무이자의 대출(정산지불)을 행하는 방식을 채용하고 있는 지자체가 많다. 세타가야(世田谷) 실버자금대출제도는 대표적인 사례이며, 세타가야(世田谷)구를 포함해서 대부분의 지자체에서 시행되고 있다.

무사시노(武藏野)방식은 자치단체의 일반 예산을 대출원으로 대출을 하지만, 최종적으로 자금을 회수하기까지는 장기간이 소요되므로 이용자가 증가하면 투입된 자금의 회수가 늦어져 지방자치단체의 재정 부담이 상당히 커질 우려가 있다. 이 때문에 자치단체의 일반예산을 사용하지 않고, 복지공사가 민간금융기관과 제휴하여 복지서비스의 제공과 함께 원금은 금융기관에서 제공하고 이자상당액에 대해서는 복지공사가 무이자로 대출해 주는 시스템으로 고안된 것이 세타가야방식이다.

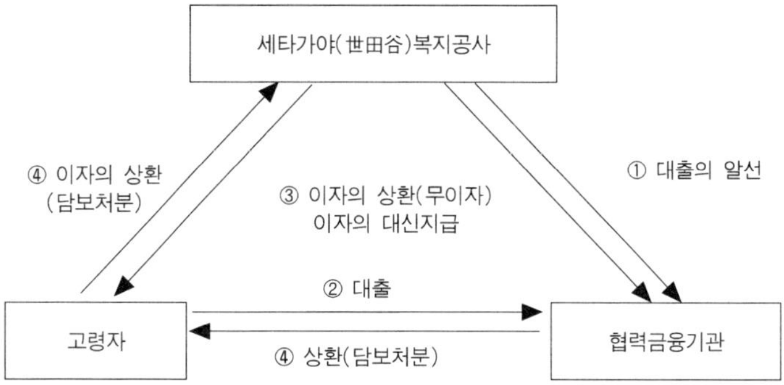

<그림 3-3> 세타가야방식의 대출흐름도

즉, 금융기관은 대출금에 대해 복리를 원칙으로 하기 때문에 고령자가 부담하는 금리에 대한 부담을 경감하기 위해서 이자의 상당액을 무이자로 복지공사가 부담하는 형태이다. 자치단체의 자금부담은 무사시노방식에 비해 적고, 고령자 입장에서는 실질적으로 이자부담이 단리가 된다.

이용대상자는 자치단체 내에서 1년 이상 거주하여야 하며 70세 이상의 고령자로 법정상속인의 동의가 필요하고, 의사능력에 하자가 없어야 한다. 대상부동산은 이용자가 거주하는 부동산에 한정되고 근저당권 등 소유권을 저해하는 권리가 부착되지 않은 것으로 토지 평가액이 원칙적으로 5,000만 엔 이상인 것에 한정된다. 세타가야방식의 대출흐름도를 <그림 3-3>에서 고찰하였다.

가. 이용대상자

세타가야(世田谷) 복지공사는 이 제도의 이용희망자(자치단체 내에 1년 이상 거주한 70세 이상 고령자)에 대해서 민간금융기관으로 대출알선을 한다.

나. 대출방식

민간금융기관의 대출은 이용희망자가 아래의 방식 중에서 선택을 한다.

· 근저당권설정대출방식(신탁은행, 도시은행 등)
· 신탁이용 대출방식(신탁은행)

다. 대출금리

공사는 민간금융기관의 대출에 따른 이자 상당분에 관해서 매기 6개월마다 무이자의 대출(정산지불)을 해준다. 이용희망자가 근저당권설정대출방식에 의해 대출을 받는 경우는 공사를 제1순위로 저당권을 설정하는 것으로 하며 또한 신탁대출방식에 의해 대출을 받는 경우에는 공사에 대해서 신탁수익권의 담보 제공을 한다.

라. 재택지원서비스

대출자금의 사용용도는 세타가야(世田谷) 복지공사가 제공하는 유료재택서비스의 비용으로 지불된다. 그 외 고령자의 재택생활을 지원하기 위한 서비스(민간에 의한 전문간호서비스, 복지기구의 도입) 등을 누릴 수 있다.

마. 상환방법

이용자의 사망 등에 의한 계약종료시에는 담보부동산을 매각해서 상환하고, 민간금융기관(원금 상당분) 및 복지공사(이자 상당분)에게 상환한다. 또한 상속인에 의해 일괄상환하는 것도 가능하고 본인의 의지에 의해 도중에 일괄상환하고 해약하는 것도 가능하다.

(2) 민간플랜

민간에 있어서는 고령자에 대한 각종 자금에 대한 필요에 대해서 연금보험(생명 보험 회사)과 간호보험(손해보험회사) 등이 상품화 되어 있지만, 부동산을 담보로 한 대출금에 의해 조달하는 것은 아직 일반적이지 않은 편이다. 민간에 의한 역모기지의 플랜은 부동산을 담보로 한 자산활용형 대출로서 신탁은행에 의해 행해지고 있는 플랜이다.

① 신탁은행

신탁계약 체결에 의해 부동산의 소유권이 신탁은행으로 이전되기 때문에 그 처분과 제3자가 저당권을 설정하는 것에 대해서 배타성을 가진다.[28] 이러한 민간플랜은 고액자산가를 주요 대상으로 하며 지자체에 의한 제도가 유상복지서비스의 비용을 부담하는 것이 중심인 것에 비해, 민간플랜에서는 대출자금의 사용처에 제한을 받지 않는 것이 대부분이다.

유언장 작성시에 유언장의 보관을 신탁은행이 행하고, 상속 발생시에는 신탁은행이 유언 집행자로 임명되는 것이 일반적이다. 또한 유언을 신탁과 조합하는 것에 의해 이용자의 사망과 관리능력의 상실에 관계없이 원활하게 자산을 관리하거나 처분이 가능하다. 이를 통해 종합적인 재산관리서비스를 누릴 수 있고 은행에 의한 원활한 담보 물건의 처분도 가능하다.

신탁은행이 부동산신탁 수익권증서에 근질권을 설정하며, 신탁은행이 당좌대출계약(한도 대출계약)에 의해 이용자에게 연금형의 대출을 실시한다. 이용자의 사망 등에 의해 계약이 종료된 경우, 신

28) 단, 계약 후에 동거인이 생긴 경우에 그 거주권의 취급에 관해서는 검도의 여지가 있다.

탁은행이 신탁된 부동산을 매각 처분하고 이 매각 대금에서 대출액을 상환하고 잔여금액이 생긴 경우에는 상속자에게 교부한다. 또한, 상속자가 금전으로 대신 상환하는 것도 예외적으로 인정하고 있는 경우도 있다. 이러한 플랜은 은행에 따라 다르며 아래와 같이 3개의 유형으로 구별된다.

가. 신탁수익권 담보부 한도액대출방식

거주하는 주택을 신탁(관리·처분형)하고 그 수익권을 담보로 해서 한도액의 범위에서 대출한다. 본인의 사망시나 혹은 신탁 수료시에 신탁된 부동산의 처분매각대금에 의해 정산한다.

나. 신탁수익권 분할양도방식

거주하는 주택에 근저당권을 설정해서 그 수익권을 정기적으로 연기금 등의 기관 투자가에게 분할 양도하는 것에 의해 자금화한다. 본인의 사망시, 혹은 신탁 종료시에 신탁된 부동산의 처분 매각대금을 수익권의 보유자에게 그 지분에 따라 배분 교부한다.

다. 부동산의 근저당권부 한도액대출방식

거주하는 주택에 근저당권을 설정하고 그 한도액의 범위 안에서 대출한다. 본인의 사망시 혹은 대출기간에 담보 부동산의 처분매각대금에 의해 정산한다.[29)]

이상과 같이 공적플랜으로서 직접대출방식과 간접대출방식, 그리고 민간플랜으로서 신탁은행에 관해 고찰하였다. 다음은 공적플랜과 민간플랜의 비교를 다음의 <표 3-10>으로 제시해 보았다.

---

29) 이 경우에도 담보 부동산의 관리와 최종 처분을 원활히 하기 위해 관리·처분형의 부동산 신탁을 병용하는 경우가 많다.

<표 3-10> 공적플랜과 민간플랜의 비교

부동산담보방식			비담보방식
공적플랜 (복지서비스 있음) (무사시노(武藏野)시, 나카노(中野區)구 이외의 대출 주체는 민간)	직접대출방식	무사시노(武藏野)방식(1981) (복지 서비스 일체형), 나카노(中野)구(1991)	해당 없음
	간접대출방식 (대출알선방식) 1. 근저당권 설정 2. 신탁 이용	세타가야(世田谷)방식(1990) 후주시(府中), 신주쿠(新宿)구, 다이토구(台東), 스기나미(杉並)구, 분교(文京)구, 아다치(足立)구(복지서비스 있음) (민간금융기관 제휴, 공사이자부담) 특정연금대출 계약방식	재산예탁제도 (부동산 양도에 의한 상환방식) (부담부(사인)증여방식-오오타구 복지공사)
민간플랜	부동산신탁방식	(신탁수익권 질권 설정 - 미츠비시신탁, 토오신탁, 니혼신탁)	부동산신탁방식 (신탁 수익권 매각= 미츠이신탁)
	부동산담보연금 대출방식	(근저당권 설정 - 야스다신탁, 츄오신탁) (보증회사가 질권설정 - 스미토모신탁, 다이와은행)	

자료: 각종 자료에 의해 스미신 기초 연구소 작성.

2) 공적플랜과 민간플랜의 실적

(1) 공적플랜

기존의 제도는 1990년대 전반에 시작된 것이 많고, 또한 민간금융기관에 대한 알선방식이 대부분으로 문의하는 사람은 증가하고 있다. 하지만 금융기관의 대출 심사가 까다롭기 때문에 신규 계약이 증가하지 않았다.

이 제도에 대한 사회적인 필요성도 커서 보급과 문제점의 대응에 관해서 각 지자체에서 대책을 검토하고 있다. 또한, 네리마(練馬)구, 아라가와(荒川)구, 아시야(芦屋)시와 같은 지자체에서도 이 제도의 도입을 검토하고 있다.

고베(神戸)시에서는 1995년에 있었던 한신・아와지 대지진에 대한 피해복구를 위해 고령자에 대한 지진 등 재난 부흥을 위한 주택

<표 3-11> 공적플랜

지자체명	제도 명칭	시작 연차	실적	대상자	자금 사용 용도	대출 방식	담보
(재)신주쿠구 복지공사	이키이키 자금대출 제도	1992. 10	12건	구내 일년 이상 거주 65세 이상의 독신, 부부 세대 공사의 이용회원	15만 엔 / 월 한도 공사의 유료 재택 서비스 재택 생활에 필요한 비용	알선	토지가 있는 주택 평가액의 70% 이내
(재)분교구 복지공사	재택복지자금 대출알선제도	1994. 6	2건	구내 일년 이상 거주 65세 이상의 독신, 부부 세대 공사의 이용회원	15만 엔 / 월 한도 공사의 유료 재택 서비스 재택 생활에 필요한 비용	알선	토지가 있는 주택, 아파트 평가액의 70% 이내
(재)다이토구 오토시 요리공사	다이토구 토도시 요리생활자금 급부 사업	1993. 4	5건	구내 일년 이상 거주 70세 이상의 독신, 부부 세대 공사의 이용회원	15만 엔 / 월 한도 공사의 유료 재택 서비스 재택 생활에 필요한 비용	알선	토지가 있는 주택, 차지권이 있는 단독 주택 평가액의 70% 이내
(재)오오타구 복지공사	재택복지자금 대출알선제도	1992. 10	1건	구내 일년 이상 거주 70세 이상의 독신, 부부 세대 공사의 이용회원	10만 엔 / 월 한도 공사의 유료 재택 서비스	알선	토지가 있는 단독 주택 평가액의 70% 이내
(재)세타가야 후레아이공사	세타가야구 실버 자금대출제도	1990. 4	22건	구내 일년 이상 거주 65세 이상의 독신, 부부 세대	10만 엔 / 월 한도 공사의 유료 재택 서비스	알선	토지가 있는 단독 주택 평가액의 70% 이내
(재)스기나미 상아이공사	재택복지자금 대출알선제도	1993. 4	2건	구내 일년 이상 거주 65세 이상인 자 공사 서비스 이용자	서비스 이용료, 생활비(15만 엔/월), 의료비 주택 개수비 등(별도)	알선	토지가 있는 단독 주택 평가액의 70% 이내
(재)후주 시민 복지공사	후주복지자금 대출제도	1991. 10	0건	구내 일년이상 거주 70세 이상인 자 공사 서비스 이용자	서비스 이용료 외 생활비(10만 엔/월), 의료비 주택 개수비 등(별도)	알선	토지가 있는 단독 주택 평가액의 70% 이내
(재)무사시노(武藏野)시 복지공사	복지자금 대부조례	1981.4	32건	구내 일년 이상 거주 65세 이상인 자 공사 서비스 이용자	서비스 이용료 외 생활비(8만 엔/월), 의료비 주택 개수비 등(별도)	직접	토지(차지 가능) 매매 시가 80% 이내 건물(아파트 가능) 평가액의 50% 이내
나카노구	자산활용복지 자금대부제도	1991. 7	16건	구내 일년 이상 거주 65세 이상인 자 공사 서비스 이용자	서비스 이용료 외 생활비(13만 엔/월), 의료비 주택 개수비 등(별도)	직접	토지 있는 단독 주택 평가액의 70% 이내아파트 평가액의 50% 이내
(재)후지사와시 사회복지 사업협회	후지사와 자산 활용복지자금 대부제도	1993. 9	1건	구내 일년 이상 거주 65세 이상인 자	서비스 이용료 외 생활비(13만 엔/월), 의료비 주택 개수비 등(별도)	알선	토지가 있는 단독 주택 토지 평가액의 70% 이내

지자체명	제도 명칭	시작 연차	실적	대상자	자금 사용 용도	대출 방식	담보
(재)후레아이 복지공사	후레아이 복지자금 알선대출제도	1991. 9	1건	구내 일년 이상 거주 70세 이상인 자 공사 서비스 이용자	서비스 이용료 외 생활비 등	알선	토지가 있는 단독주택, 토지 평가액의 70% 이내 (3,000만 엔 이상)
(재)아다치 아이아이 공사	-	1993. 2	0건	구내 일년 이상 거주 65세 이상의 독신, 부부 세대 공사 서비스 이용자	서비스 이용료 외 생활비 (15만 엔/월), 의료비 주택 개수비 등(별도)	알선	토지가 있는 단독주택, 토지 평가액의 70% 이내
(재)쵸후 유아이 복지공사	-	1992. 10	0건	70세 이상인 자 원칙 동거인이 없는 자 공사 서비스 이용자		알선	토지가 있는 단독주택, 토지 평가액의 70% 이내
(재)호야시 복지공사	호야실버자금 대출알선사업	1994. 3	5건	시내 일년 이상 거주 65세 이상인 자 공사 서비스 이용자	서비스 이용료, 생활비 (10만 엔/월), 의료비 주택 개수비 등(별도)	알선	토지가 있는 단독 주택, 토지 평가액의 70% 이내
(재)오사카 홈헬프협회	오사카시 홈헬프협회 고령자 자산 활용대출제도 「실버론 야스라기」	1991. 9	1건	시내에 거주하는 65세 이상의 자	재택 생활에 필요한 비용 (10만 엔 / 월을 한도, 의료비 주택 개수비등(별도)	알선	토지가 있는 단독주택 또는 갱지 토지의 평가액의 50% 이내 (1억엔 이상)
고베시		1997. 2	미발표	지진 부흥을 위한 주택 건설을 하는 65세 이상인 자	주택	알선	규정 없음

자료: 사업 주체에 대한 앙케이트 및 관련 팜플랫 등에서 스미신 기초 연구소가 작성.
1: 실적은 2002년 12월 기준.
2: 평가액은 특기 이외는 5,000만 엔 이상.
3: 평가액의 지정은 없음.

재건제도로서 새롭게 역모기지제도를 발족시켰다. 이 제도는 '고베(神戶)시 재해부흥주택 고령자용 부동산 처분형 특별대출'이라고 부른다. 주택재건을 목적으로 당초 10년 동안은 원금의 30% 및 이자(한신 · 아와지 대지진 재난부흥기금에서 이자보충)를 원금균등방식으로 상환하고, 그 이후로는 이자만을 상환하는 방식으로 일반적인 역모기지와는 달리 응용된 제도라고 할 수 있다.

<표 3-11>에서는 일본의 공적플랜을 표로 제시해 보았다.

(2) 민간플랜

민간플랜에 관해서는 신탁은행 7곳과 신탁 업무를 겸하고 있는 다이와(大和) 은행의 8곳이 이 제도를 실시하고 있으며 대부분이 1980년대 중반부터 후반에 걸쳐서 시작하고 있다. 이것은 개개인의 사정에 의해 대상자, 대상 부동산, 대출 조건 등이 설정된다.

<표 3-12> 민간플랜

은행명	시작 연차	실적	대상자	자금 사용 용도	담보 설정
미츠비시 신탁은행	1984. 3	3건	(1) 65세 이상의 독신자(부부도 가능) (2) 1억 엔 이상의 부동산 소유자	생활비	신탁 수익권의 매수
야스다 신탁은행	1984. 4	미집계	(1) 70세 이상의 독신자(부부의 경우 양쪽 모두 70세 이상) (2) 1억 엔 이상의 부동산 소유자	생활비 의료비 등	근저당권 설정
토오요오 신탁은행	1985. 2	미집계	(1) 70세 이상의 독신자 (2) 2억 엔 이상의 부동산 소유자	생활자금 등	수탁 수익권에 저당권 설정
츄오 신탁은행	1985. 4	20건 정도	(1) 65세 이상 (2) 2억 엔 이상의 토지 소유자	자유(단, 사업 자금으로는 사용할 수 없음)	근저당권 설정
스미토모 신탁은행	1987. 1	195건	(1) 60세 이상 (2) 2억 엔 이상의 택지 소유자	생활비 여유자금 여행자금 등	보증 회사가 근저당권 설정
미츠비시 신탁은행	1987. 12	20건 정도	(1) 65세 이상의 부부(독신자도 가능) (2) 2억 엔 이상의 토지 소유자	생활비 (고정자산세 포함)	신탁 수익권에 질권 설정
니혼 신탁은행	1989. 2	15건	(1) 65세 이상의 독신자, 부부 (2) 토지만의 시가가 1억 엔 이상의 주택 또는 건물 평가를 포함해 2억 엔 이상의 아파트 소유자	생활자금	수탁 수익권에 근저당권 설정
다이와 은행	1989. 4	11건	(1) 65세 이상의 독신자, 부부 (2) 1억 엔 이상의 토지 소유자	자유(단, 사업 자금으로는 사용할 수 없음)	보증 회사가 근저당권 설정

자료: 고령사회에 있어서 자산 활용의 방향(1996년 4월 (재)일본주택종합센터).

(3) 공적플랜과 민간플랜의 문제점 및 대응방향

이상과 같이 역모기지의 필요성이 높다고 생각되어 많은 자치단체와 민간은행이 참여하고 있지만 이용 실적이 늘어나지 않았다. 이는 많은 제도의 시작 시기가 버블 시기의 전후와 겹쳐 있는 것도 있지만, 역모기지제도상의 문제점 때문이기도 하다. 상기와 같은 공적플랜 및 민간플랜이 안고 있는 리스크 등의 문제점과 대응에 관해서 고찰해 보았다.

① 공적플랜

각 지자체와 복지공사에서는 향후의 수요증대를 예상하고 있고 적극적으로 대응하려고 하고 있다. 고령자 개호보험과 함께 노후의 생활설계에 대한 관심이 높기 때문에 이 제도에 관한 문의는 많지만 실제 계약까지는 이루어지지 않고 있다. 대부분의 공적플랜이 민간금융기관의 알선방식(간접대출방식)을 취하고 있기 때문에 금융기관의 심사 요건이 그대로 역모기지의 이용기준으로 계약성사 여부에 반영되고 있기 때문이다.

가. 요건의 완화

간접대출방식은 금융기관의 대출 조건이 실질적인 조건이 되어 상속인 전원의 동의와 2인 이상의 법정 상속인 중에서 2인 이상의 연대 보증인의 필요 등을 요건으로 전제하고 있다. 또한, 공동주택은 대부분 지역에서 이용대상이 되지 않지만, 도심의 구부에서는 도시형 주택으로서의 공동주택이 많아 이것도 대상자를 한정하는 요인이 되고 있다. 이는 1990년 후반부는 버블 붕괴시기였기 때문에 금융기관은 부동산 대출에 대해서 아주 신중해졌고 부동산의 평가 등에 관해서도 이용자와 조건이 맞지 않아서 계약 성사가 이루어지지 않은 경우가 많았다.

상속인의 동의와 보증인의 필요성은 채권 보전을 위해서는 어쩔 수 없는 면도 있지만, 고령자 본인을 위한 제도가 상속인 등의 조건으로 이용에 대해 제한되는 것은 제고될 필요가 있다. 이로 인해 독신 고령자 등 본래 이용수요가 높은 세대가 대상이 되지 않는 등의 문제를 안고 있기 때문에 이러한 요건의 완화가 필요하다. 이를 위해서는 대출 리스크 헷지가 함께 고려되어야 한다.

나. 리스크 대응

담보부족리스크에 관한 평가를 수정하는 것으로 사전 조치를 강구하고 있다. 담보 부족 후 거주는 계속되지만, 대출은 정지되며 그 후에도 금리 패널티가 부과되기 때문에 이것을 면제하는 등의 형태로 대응하고 있다(10%이상의 고금리이며, 단, 지자체의 결의를 통한 경우에는 금리 패널티를 면제할 수도 있다). 직접방식을 취하고 있는 나까노(中野)구에서는 보험도입을 준비 하고 있다. 이것은 미국 HECM에서 취하고 있는 FHA 모기지보험에 착안하여 민간 보험회사와의 제휴를 통해 초기 코스트 감소를 도모하는 등의 나까노(中野)구 제도에 적합한 보험 시스템의 구축에 관해 검토하고 있다.

보험 수법을 대신하는 담보부족리스크의 새로운 대응방안으로서 나까노(中野)구에서는 담보부족 발생의 징후가 생긴 시점에서 공적주체가 대상부동산을 취득하고 임대주택화하는 방법도 검토하고 있다. 이것은 대상부동산을 자치단체에서 임대주택으로 취득하고, 대출원리금은 고령자가 자치단체에 자택을 매각한 비용으로 상환하며, 임대주택화된 대상부동산에 고령자가 계속 거주하는 방식이다. 또한 보험은 아니지만 고베(神戶)시가 운용하는 제도에 있어서는 최종적으로 손실 보상을 위한 조치가 행해지고 있었다.

특수한 경우이기는 하지만, 복지적인 관점에서 이용자의 저변을 확대하기 위해서는 단순히 민간금융기관에 리스크를 부담시키는 것만이 아니라 이러한 공적 리스크 헷지의 방식에 관해서도 신중하게 검토할 필요가 있다.

장수리스크는 이용자가 대출계약 당시에 약정한 기간보다 장수한 경우에 담보 부족이 발생하는 것이지만 기본적으로는 민간보험에 의해 해결이 가능하며, 공적플랜의 경우에 있어서는 보험회사와 연대한 보험 시스템의 도입을 검토하고 있다. 금리변동리스크는 시장금리가 상승한 경우에 조기에 담보 부족이 되면 실질적인 대출액이 감소한다. 변동금리형에 의해 헷지가 가능하다. 부동산가격변동리스크는 시장가격의 가치 하락에 의해 자산가치가 저하한다. 일본의 현행제도에서는 실질적으로 담보인정비율의 설정을 낮게 하는 것으로 대처하고 있다. 일정 인원으로 Pool화 되면 장기적으로는 일정 수준에서 안정화될 수 있다. 제도변경리스크는 세제, 회계, 도시정책, 주택정책 등 제도의 변화가 사업에 미치는 영향으로 민간에서는 대응이 불가능하다. 사회적인 리스크는 계약시에는 문제가 없어도 담보부족과 의사능력상실시의 대처에 관해서 반드시 계약조건대로 처리하기 어려운 면이 있다.

다. 의사능력상실 대응

이 제도의 대상자는 고령자이기 때문에 계약 후, 비교적 단기간 동안에 의사능력상실이 될 가능성이 높고, 만약 그렇게 된다면 역모기지 이용기간 도중에 제도 이용에 대한 재검토와 담보 물건의 최종 처분 시에 곤란해 질 것으로 판단된다.

나까노(中野)구에서는 신청시와 제도 이용 기간 중의 의사능력 상실에 대응하기 위해 법률부조협회와 협정을 체결하고 나까노(中野)구에서 의뢰하는 고령자의 대응 비용으로, 구(區)가 매년 일정

금액을 법률부조협회에 출연하고 있다.

시나가와(品川)구에서는 시나가와구 사회복지협의회 안에 자산활용 등 조사검토위원회를 설치하고 검토한 결과, 역모기지 등의 '재산활용서비스'에서 '재산보전·관리서비스'를 우선해서 실시해야 한다고 결론을 내렸다. 이것은 본인의 자기 결정권을 존중하면서 일종의 성년후견적 역할을 할 수 있는 제도를 목표로 하는 것이다. 또한 동경도에서도 새로운 재산보전서비스 창설을 검토하고 실시 주체에 대해 보조금을 지급하는 안을 고려하고 있다.

현행법에서는 준금치산자의 규정밖에 없고 영·미법에서 이미 규정되어 있는 성년후견제도를 확립하는 것이 필요하지만, 민법의 개정에는 시간이 필요하기 때문에 일정한 요건을 갖추는 공적인 심사기관이 개입하여 복지공사 등이 성년후견적 역할을 수행하도록 하는 구성과 민사신탁활용 등이 필요하다.

라. 사회보장제도와의 관계

공적연금의 급부수준이 재검토되는 가운데 역모기지 이용자는 자산을 가지지 못한 자와 비교할 때 유자산자층으로 우위에 있다고 하는 견해도 있지만, 나까노(中野)구에서는 이러한 제도 이용자라고 하더라도 저소득자를 대상으로 하는 각종 복지시책을 이용할 수 있도록 하고 있다. 고령자 스스로가 자립 가능한 생활을 구현하기 위해서는 역모기지의 보급이 유효하며, 활용자산이 없는 고령자에 대해서는 다른 시책을 겸해서 강구하는 것이 필요하다.

마. 부담부 증여방식의 검토

현행 역모기지는 모두 부동산을 담보로 한 방식이지만 담보부족 리스크와 독신 고령자가 이용할 수 없는 등의 문제를 안고 있다. 이러한 문제점을 회피하기 위해서 복지서비스 등을 조건으로 하는

〈표 3-13〉 공적플랜의 과제

지자체	과제와 이후의 대응
재단법인 신주쿠구 복지공사	공적연금의 급부수준 저하가 예상되고 있는 중에 수요는 증대. 적극적인 대응, 구 홍보와 복지 정보 가이드북을 고령자 관련단체에 배포. 상속인의 동의 조건. 보증인의 완화. 아파트를 대상, 대출 기간 중의 담보 재평가.
재단법인 분교구 복지공사	문의는 많고, 개호 보험에서 고령자의 경제생활의 충족에 관심이 많다. 저성장 시대는 경제가 안정적이 되어 장래 계획을 세우기 쉬워지는 등 적극적인 자세. 홍보의 철저와 치매 대책으로 「성년후견법」의 조기 성립. 보험기구의 정비가 필요.
재단법인 다이토구 오토시요리공사	신청에 대해서 금융기관의 엄격한 조건(협정서 이상의 조건)때문에 계약 성립에 달하는 것은 한정됨. 5,000만 엔 이상이었던 평가액의 기준을 폐지했다.
재단법인 오오타구 복지공사	지가 하락 시기이기도 하고 은행의 심사가 엄격하고, 본인 명의임에도 불구하고 상속인 전원의 합의가 필요하기 때문에 성약에 달하는것은 소수이다(1995년도는 20건의 상담이 있었지만 1건도 성약되지 않음).
재단법인 세타가야구 복지공사	1993-1995년에 2건이었지만, 1996년도에 4건 성약되고, 합계 15건. 담보 부족, 치매시의 대응이 문제이다.
재단법인 스기나미구 상아이공사	금융기관의 협력을 얻기 힘들지만, 생활지원책으로서 제도를 넓게 이용할 수 있도록 하고 있다. 이 제도는 사망 후에는 담보부동산을 공사에 제공하는 것으로 오해되고 있는 면도 있지만, 이러한 제도도 검토되고 있다.
재단법인 후츄시 시민 복지공사	-
재단법인 무사시노(武藏野)시 복지공사	시가 직접대출을 하기 때문에 안심감이 크다. 복지 서비스 신청시에 직원이 본제도 설명을 함(별도의 PR은 하지 않음).
나카노구	법률부조협회와 계약해서 금치산, 준치산자의 수속을 하고 있다. 유상재택서비스의 진전에 따른 잠재적인 수요는 많지만, 충분히 알려져 있지 않기 때문에 PR이 필요함. 보험 도입을 검토 중(손해보험회사). 재택 복지 서비스와의 연계 강화. 공공 목적의 처분 사례 있음.
재단법인 후지사와시 사회복지사업 협의회	홍보 등으로 PR 과제 등은 검토중.
재단법인 후레아이 복지공사	-
재단법인 아다치 아이아이공사	부동산 담보 가치가 중심구(區)에 비교해서 낮고, 금융기관이 적극적이지 않다.
재단법인 쵸후 유우아이 복지공사	「다른 권리가 붙어 있지 않다」「법정 상속자가 2인 이상의 연대 보증인」의 조건 재검토와 사무적 수속의 간소화가 필요.
재단법인 호야시 복지공사	자산은 있어도 소득이 없는 층이 늘어나기 때문에 여유 있는 노후 생활을 유지하기 위해서 적극적인 활용을 기대함. 아파트도 대상으로 해야 함. 치매화 대책의 법적 정비(성년후견, 지속적 대리권)가 필요하다.
재단법인 오사카시 홈헬프협회	공사 사업 재검토를 포함해서 오사카시와 함께 이후의 대응을 검토중.
고베시	지진 부흥을 위한 한시적 제도.

자료: 역모기지연구회 편, 일본판 역모기지의 실제지식, 동양경제신보사, 1998.

부담부 증여(생전, 사인)방식의 검토되고 있다. 이 방식도 증여에 관계되는 세금 등의 과제도 있지만, 담보방식과 함께 선택적으로 이용 가능하도록 병용하는 구성도 고려할 필요가 있다.

바. 홍보의 강화

제도 보급에 박차가 가해지지 않는 것은 이상과 같은 과제를 안고 있는 측면이 강하지만 기본적으로는 고령자에게 역모기지의 내용이 충분히 알려져 있지 않은 것도 큰 요인이다. 각 주체와 함께 홍보와 가이드북 등의 배포를 행하고 있지만 보다 적극적인 홍보활동이 필요하다(<표 3-13> 참조).

② 민간플랜

역모기지는 부동산을 취급하는 노하우가 중요하기 때문에, 민간플랜은 모두 신탁은행(겸무도 포함)이 대출 주체가 되어 있다. 민간플랜은 공적플랜과 비교해서 전반적으로 대상 부동산 평가액의 하한이 높게 설정되어 있기 때문에 대출액도 크다. 대부분의 역모기지 이용 계약 시기가 버블 시기와 겹치고 자금의 사용처에 제한을 두지 않았기 때문에 결과적으로 과잉대출이 되어 있는 경우를 볼 수 있다. 처음에는 부동산의 가격 상승을 예상하였고 이것에 의해 리스크 회피를 꾀했지만, 부동산 가격의 하락에 의해 자산의 담보가치가 크게 감소되어 담보부족이 발생하였다.

이에 대한 대응책으로 담보물의 재평가를 한 후, 계약자와 지속적인 대출에 대해 강구하고 있다. 잔존가치를 보면서 대출을 억제하거나 액수를 수정하거나 혹은 이 시기에 처분해서 서비스가 충실한 민간 실버아파트로 이전하는 등, 계약자 개인의 사정에 따라 아주 세심한 대응을 계획하고 있다.

민간플랜에서는 경제시장의 동향과 변화에 의한 리스크도 크지만, 계약자의 의사능력상실과 상속인과의 관계 등도 큰 과제가 되어 있다. 이러한 역모기지는 어디까지나 본인의 여유 있는 생활의 확보를 위해서이고 본인과의 계약에 기초해서 실행되는데 최종적으로 처분시에 처분가격에 관해서 상속인의 의향도 고려할 수밖에 없는 상황이다. 또한, 상속자의 확인과 부동산 평가 등에 있어서 개별 대응이 요구되고 리스크에 대한 대비와 계약자의 확대에도 한계가 있다(<표 3-14> 참조).

〈표 3-14〉 민간플랜의 과제

계약시	계약 의사의 확인	제도의 이해 불충분, 오해 등	충분한 사전의 컨설팅, 포괄적인 자산 관리
	가격 평가	개별 심사에 의한 부담 증가	다량의 물건 평가의 구성(고정자산 평가액의 병용 등)과 리스크 헷지
	상환 방식	당해 물건의 확실한 매각에 의한 상환의 이행	대물상환예약
	코스트 부담	이사 비용, 등록세(가등기), 컨설턴트 수수료 등	계약자의 부담
이행기간	물건 관리	건물의 유지 관리와 그 확인	정기적인 순회 확인(물리적 확인)
	거주자 확인	의사 능력 상실의 확인/대출금 수령의 확인 등	정기적인 면담 등에 의한 확인
	물건의 재조사	부동산가격 변동에 따른 리스크의 경감	적절한 재조사를 실시
	유언장	신규 유언장의 작성에 의한 초기의 유언장의 효력 상실	
종료시	물건 처분 등	의사능력상실에 따른 해약 등 대출 지속	적절한 시설로의 이주계약 체결시 특약 대리인을 통한 지속
	배우자 대응	배우자의 의사능력상실 등	후견인, 성년후견법 제정 등

자료: 역모기지연구회 편, 일본판 역모기지의 실제지식, 동양경제신보사, 1998.

3) 장기생활지원자금대출제도

일본의 역모기지가 2000년까지는 공적플랜으로는 지자체 중심으로 운영되고, 민간플랜으로는 신탁은행을 중심으로 운영되었다면, 2003년 이후로는 정부가 개입된 역모기지로 전환되었다.

2002년도에 후생노동성은 국가의 제도로서 장기생활지원자금대출제도의 도입을 발표하였다. 2003년부터 일본의 자치단체에서는 장기생활지원자금대출제도라는 형태로 역모기지가 도입되었다. 이것은 기존 도시부의 자치단체에 의한 역모기지와는 별도의 체계로 고령자의 생활자금을 지원하기 위한 시책이다. 일정한 거주용 부동산을 소유하고 그 주택에 계속 거주하는 것을 희망하는 저소득 고령세대에게 해당 부동산을 담보로 하여 생활자금으로 대출을 실시하여 해당세대의 자립된 생활을 지원하는 것을 목표로 하고 있다. 아래는 장기생활지원자금대출제도의 흐름을 <그림 3-4>로 제시하였다.

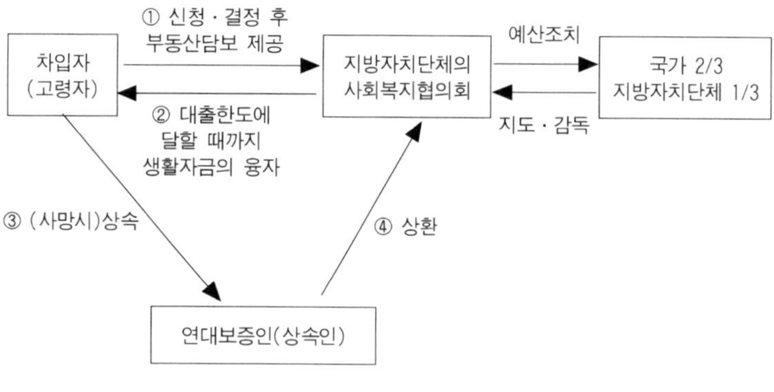

<그림 3-4> 장기생활지원자금대출제도의 흐름

(1) 내용

장기생활지원자금대출제도는 각 자치단체의 사회복지협의회가 실시주체이며 이를 국가가 지원하는 시스템으로 되어 있다. 대출금은 국가가 3분의 2를 부담하고 자치단체가 3분의 1을 부담한다. 신청창구는 자치단체의 사회복지협의회이다. 단, 장기생활지원자금대출제도는 역모기지제도로서 하나의 유형이지만 비과세 대상자 등과 저소득세대인 일용근로자를 대상으로 한 생활보호복지제도의 측면이 강하다. 따라서 이용 조건에 해당하는 것은 고령세대의 절반 정도로 보여진다.[30]

토지의 최저 평가액은 1,000만 엔으로 평가액이 적은 물건이라도 이용대상이 되기 때문에 고령자의 수요에 부응하는 것이라고 생각되어진다. 대출한도액은 감정평가액의 70%이다.

이 제도의 이용대상자는 일정한 거주형 부동산을 소유한 저소득의 고령세대로 수입이 적기 때문에 생계유지가 곤란한 세대[31]등의 특징이 있다. 대출한도액 결정은 이용자가 소유하는 거주형 부동산을 평가하여 결정한다. 월 대출액은 생활상태에 맞추어 30만 엔 범위에서 개별적으로 설정한다. 대출기간은 3년을 주기로 그 시점에서 대출한도액에 여유가 있는 경우 대출을 계속한다. 상환시점은 이용자의 사망 등의 계약종료 사유가 발생한 뒤, 대출금과 이자를 일괄상환한다.

대출이자는 연 3% 이내이다(매년 4월 1일 시점의 장기 프라임레이트를 1년간 적용한다).

연대보증인은 거주형 부동산에 대하여 근저당권을 설정하고 이

30) 1999년 일본 전국소비실태조사 보고에 의하면 소득이 3백만 엔 이하인 고령세대의 비율은 전체의 약 46%이다.

31) 동경도 사회복지협의회의 경우 공동주택을 대상에서 제외, 세내구성원이 65세 이상, 부동산담보물의 선순위 담보가 설정되어 있지 않아야 한다.

용자의 추정 상속인으로부터 연대보증인을 선임한다. 대출사무의 체제는 적정한 대출을 확보하기 위해 부동산 감정 평가사 등 전문가로 구성되는 심사위원회의 심사로 결정한다.

⑵ 현황

2003년부터 실시하여 1년간의 장기생활지원자금대출제도의 실시 건수는(2004년 3월 31일 기준) 136건이다. 기존의 역모기지 누적 실시 건수(1981년 이후 약 200건 정도)에 비하면 1년간의 이용상황으로서는 빠른 정착으로 보여진다. 자치단체별로는 동경도와 후쿠오카현이 각각 26건으로 가장 많고 오사카부 19건, 구마모토현 15건 순으로 되었다. 도시권별로 보면 수도권이 31건, 관서권이 22건, 중경권이 4건으로 3대 도시권에서 전체의 42%를 차지하고 있다. 한편 실시 건수가 0인 자치단체도 24건으로 절반에 미치고 있어 지역에 따라 보급상황에 편차가 보인다.

이러한 제도 도입 후 고령자로부터 자치단체에 이 제도에 대한 이용조회가 급증하는 경향이지만 결과적으로 제도의 조건을 만족시키지 못하기 때문에 계약에 이르지 못한 경우도 많은 것으로 조사되었다. 예를 들어, 토지나 건물에 저당권이 있는 경우나 자녀가 동의하지 않아 연대보증인을 확보하지 못한 경우, 부동산 담보의 평가액이 낮은 산간지 등과 지방자치단체에서 실시하고 있지 않은 경우 등이다.

4) 민간주택건설업체에 의한 역모기지

최근에는 역모기지의 원리를 민간주택건설업체가 신규상품개발과 마케팅 등에 이용하려는 움직임이 보인다. 고령자가 기존의 주택을 교체하는 경우와 신축주택을 구입하는 경우로 여기에서는 두 가지의 사례를 소개한다.

(1) 아사히카세(旭化成)

아사히카세(旭化成)는 2003년 10월에 주거교체형 역모기지인 REMOVE를 시작한다고 발표했다. 대상이 되는 물건은 단독주택(헤벨하우스)이다. 이용자(헤벨하우스의 소유자)는 아사히카세 부동산 회사와 임대차 계약을 체결하고, 임대보증과 10년 후의 매수에 대한 보증을 받는다. 아사히카세 부동산회사는 임대한 헤벨하우스를 전대하여 받은 임대료에서 금리 상당분을 제외한 잔액을 이용자(헤벨하우스 소유자)에게 송금한다. 임대물건 입주자는 아사히카세에게 임대료를 지불한다. 이용자는 제휴 금융기관인 히타치(日立) 캐피탈로부터 3,000만 엔까지 대출을 받을 수 있다. 이용자는 수령한 대출금을 생활자금 이외에 주거교체형 아파트의 구입자금으로 고령자주택의 입주금에 필요한 일시금 등에 충당할 수 있다. 이 상품은 고령자의 주거교체를 촉진하는 효과가 있어 많은 관심의 대상이 되고 있다.

(2) 도요타그룹

도요타홈주식회사(도요타그룹)는 2004년 4월 도요타 파이낸스와 공동으로 역모기지를 실시한다고 발표했다. 아이찌현(愛知縣)에 거주하는 만 60세 이상의 세대주로 도요타홈의 단독주택 구입자를 대상으로 금융회사인 도요타 파이낸스를 통해 3개월에 1회씩 일정액이 대출된다. 대출한도액은 담보평가에 의해 결정되고, 계약자 사망시에 담보 부동산을 매각하여 상환한다. 대출금에 의하여 노후

〈표 3-15〉 도요타홈 소유자를 대상으로 한 역모기지

대출대상	만 60세 이상(배우자도 만 60세 이상), 아이찌현의 도요타홈 판매점 취급물건(단독주택)의 소유자
대출한도액	소정의 담보평가기준에 의해 결정(5년에 1회씩 조정)
대출기간	대출자의 사망시
대출금(월)	담보의 평가액 및 신청시의 대출금에 의해 결정 대출금의 여부는 3개월에 한번
이자	변동금리(단기프라임 레이트 + 1.5%) 연 1회 2월에 조정
연대보증인	배우자 및 추정상속인 중 최소한 1명
상환방법	부동산을 매각하여 상환

자료: 도요타파이낸스 여유선언 상품설명자료.

의 생활자금 등 연금을 보완할 수 있다. 전문상담원이 정기적으로 부동산의 가치변동을 대출조건에 반영시키는 형태로 대출리스크의 경감을 도모하고 있다. 아사히카세의 역모기지가 주거교체형인데 반하여 도요타그룹의 역모기지는 자택에 계속 거주하면서 대출금을 받는다는 차이가 있다.

5) 역모기지 확대를 촉진하는 주택자산평가제도의 도입

최근 일본의 역모기지 시장은 국가와 자치단체에 있어서 복지정책의 일환으로 제도화된 한편 민간주택건설업체에서 판매 촉진을 겸한 형태로 상품화 되는 등 확대 경향으로 새로운 국면을 맞이하고 있다. 특히 민간주택건설업체의 참가를 촉진하는 요인으로는 주택자산평가제도가 정비되어 가는 점을 들 수 있다.

2000년, 주택품질확보촉진등에관한법률의 시행으로 신축주택에 대해서는 2000년 10월부터 기존주택은 2002년 12월부터 내진성과 내구성 등의 기준이 객관화되어 주택자산 가격으로 평가되기 시작하였다. 실제로 신축주택성능평가서의 교부 건수는 증가하고 있다.

국토교통성이 발표한 주택성능평가서의 교부 추이를 보면 2001년이 6만 1천 세대, 2002년 9만 3천 세대, 2003년 13만 5천 세대로 확대되는 경향이다. 제도가 실시된 이후의 누적교부 건수는 30만 1천 세대 (단독주택이 8만 1천 세대, 공동주택이 22만 세대)이다.

6) 시사점

상기에서 살펴본 일본의 역모기지에 대한 리스크에 관한 내용과 대응방안을 토대로 다음과 같은 시사점을 도출할 수 있다.

역모기지는 장기적인 사업이기 때문에 사업자의 과다한 자금조달에 문제가 발생되기 때문에 안정적인 자금조달이 필요하다. 일본의 경우는 일부에서만 공동주택으로의 보급이 활성화되어 있는 실정이다. 이는 공동주택이 도시부에서는 니즈(수요)가 높지만, 자산으로서는 평가되기 어렵기 때문에 대상이 되기 어렵다. 부동산 감정·평가의 코스트도 매회 달라서 부동산 평가 등의 코스트가 높다. 공적플랜에서는 자치단체의 홍보나 공사 홍보에도 제도 소개 및 민생 위원, 복지 관계자 등에게 배포되고 있지만, 특히 고령자에게 이해하기 어려워서 일반적인 보급이 충분하지 않다. 컨설팅기능도 거의 전무한 상황이다. 역모기지는 소중한 거주용 부동산의 이용방법을 바꾸는 것만으로도 이용자에 있어서는 불안감이 클 것이다. 이를 위해 적절한 카운슬링이 필요할 것이다.

금융업계를 중심으로 고객의 라이프플래닝 수요에 따른 각종 제안을 통해 비즈니스 기회를 확보하려 하고 있다. 그 중심에는 파이낸셜 플래너가 있으며, 각 업계에서는 FP의 육성에 역점을 두고 있다. 앞으로 파이낸셜 플래너의 주요 테마는 'Retirement Planner'라고 말하고 있고 풍부한 노후생활을 위한 컨설팅과 플랜 제공이 주로 행해질 것이다.

일본의 역모기지도 미국의 초기 공적역모기지의 성격으로 운영이 되다가 실적이 저하하고, 여러 가지 리스크의 문제점으로 인하여 제도의 활성화 자체가 어렵게 됨으로 인하여 2003년 이후 공적플랜과 민간플랜의 보완책으로 미국의 공적보험부역모기지의 형태인 HECM과 유사한 역모기지로 탄생시켰다. 이것이 바로 장기생활지원자금대출제도이다. 결국, 일본의 역모기지도 공적보험부역모기지 형태로 전환되었다. 2003년 이후의 장기생활지원자금대출제도는 연대보증인을 선임하도록 하는 것이 제도의 활성화에 대한 제약이 되고 있다. 담보재평가 실시가 3년마다 이루어지며, 자치단체의 부담이 1/3로서 자금력이 부족한 지치단체는 부담이 된다.

고령자의 눈높이에 맞춘 역모기지가 필요하다. 역모기지를 보급시키기 위해서는 고령자(이용자)의 필요를 만족시킬 수 있는 실무적인 연구가 필요하다. 예를 들면, 계약시에 부동산 감정료, 등기비용 등 상당한 금액의 비용이 들지만 이 점에 대해서는 고령자의 부담을 경감시키는 시책이 필요하다. 그리고 대상 물권에 대해서는 현재는 단독주택으로 되어 있지만, 단독주택에서 아파트에 옮기는 고령자가 증가하고 있는 점을 생각한다면, 공동주택을 이용대상 물권에 포함시킬 필요가 있다. 대출을 실시할 때 자산가치가 대폭적으로 하락했을 때의 보존과 유산상속을 둘러싼 트러블의 발생을 예상하여 연대보증인을 요구하고 있지만, 본래 주택자산 그 자체를 상환재원으로 하는 역모기지에서는 보증인에 의한 변제는 이차적인 것이 된다. 그리고 연대보증인을 요구하는 것은 고령자가 자녀로부터 자립하여 생활하고 있고 고령자 당사자가 자신의 자산을 처분하는 생각에는 모순되는 측면이 있다. 앞으로 공적보험제도가 정비되어 사업자 측의 리스크가 경감되며 연대보증인은 요구하게 되지 않을 것으로 보인다.

3. 프랑스의 비아제(Viager)

세계적인 추세로 진행되고 있는 고령화는 심각한 문제이지만 프랑스의 고령화현상은 매우 오래전부터 시작하여 1864년에 이미 65세 이상의 인구 비율이 7%가 되었다. 그러나 고령화의 속도는 상당히 완만하여 1979년 14%인 고령사회로 진입되었고 고령화사회에서 고령사회로의 소요연수가 무려 115년이 소요되었다. 1998년 920만 명으로 전체의 15.6%를 차지하고 있다. 초고령사회는 2019년 20%로 진입예정이다. 또한 75세 이상의 후기 고령자층이 많은 것이 프랑스의 특징이기도 하다. 자택보유율은 65세 이상 고령자층의 94%가 자택에 거주하고 있으며 고령자 부부이거나 혼자 사는 것이 일반적인 라이프스타일이다. 이러한 사회적 배경으로 프랑스에서는 일찍부터 비아제(Viager)라는 제도가 운용되고 있다. 비아제(Viager)는 신문광고나 중개업자의 중개로 인하여 고령자의 주택을 매수하고 종신까지 급부금을 지급한 후에 고령자의 사망시점에 이르러서야 주택을 확보할 수 있는 시스템으로 사행성이 가미된 계약이다. 정부가 개입되지 않은 개인과 개인간의 계약으로 성립되는 제도이며, 프랑스 민법의 규정에 법적 근거를 가지고 있다.

본 절에서는 프랑스형 역모기지라고 불리우는 비아제에 관해 고찰하고 비아제와 역모기지제도와의 차이점을 알아보며 개인과 개인간의 거래에 의한 사행성에 관한 법률적인 검토와 이 제도의 파급효과를 모색한다.

1) 비아제의 현황과 개요

(1) 비아제의 현황

프랑스는 사회보장분야에 대한 지출 급증 등을 배경으로 사회보장개혁이 정부의 중요한 정치 과제가 되고 있다. 조스팽 정권은 1999년에 오랜 동안의 사회보장에 있어서 누적적자 해소를 목표로 하여 사회보장 재원의 긴축을 유지하면서 한편으로는 질병 보험의 적용 범위를 확대하는 주민보험안을 의회에 제출했다.

연금제도에 관해서는 베이비 붐 세대가 연금지급대상이 됨으로 인해 세대간 연대로 이루어진 부과방식을 계속 유지하며 그 대응정책의 모색이 이루어지고 있었다. 고령화의 현상이 오래전부터 시작된 프랑스에서는 고령자의 라이프스타일 등의 상황에서 비아제가 지속적으로 유지되어 오고 있다. 따라서 프랑스의 비아제는 전통적인 사회적 프로그램으로 미국 등의 역모기지와는 다른 제도이다.

프랑스의 후기 고령자 비율은 높고, 또한 연령이 높아질수록 개호의 필요성도 높아져 고령자의 90% 정도가 재택의 형태로 복지서비스를 받고 있다. 정상화(normalization)[32]를 목표로 하여 경제적 자립 등의 자조 노력을 통해 재택생활의 유지를 도모하고 있다.

오늘날 프랑스사회에서는 가족이나 친족 연대의 지원 서비스가 중심이 되어 고령자의 재택개호를 뒷받침하고 있다. 경제의 장기적 침체, 고용 문제의 심각화로 유발되는 재정적 압박은 프랑스에서도 사회보장의 모든 부분이 축소되고 있는 경향이다. 이러한 환경이야말로 비아제의 존재가치를 한층 높게 평가시키는 요인이 된다.

---

32) 정상화(normalization): 장애가 있는 사람도, 없는 사람도 같은 장소에서 지원받아 생활하며 살 수 있는 것.

(2) 비아제의 개요

프랑스에는 로마 시대부터 존속하는 비아제(Viager)라는 부동산 매매계약제도가 있다. Viager는 프랑스말로 '종신'이라는 뜻이며, Vie(생활)과 Abe(노년)이라는 어원으로 프랑스 민법전 제12장에 법적인 근거를 가진 사행계약이다. 프랑스의 민법전의 1964조로 규정된 사행계약이란 '불확실한 사건에 의존한 상호계약'이라 하며 그 밖에는 도박이나 모험 등의 대출금이 있다.

비아제계약이란 매도자가 자가주택 소유권을 매각한 경우, 매수자는 매매대금의 일부(일시금)를 지불하며 또한 일정액의 종신정기급부금을 지불할 것을 약속하는 계약이다. 단, 소유권은 이전되어도 매도자는 사망시까지 해당주택에 살 수 있다. 그리고 매도자가 사망한 후에야 부동산이 명도되며 종신정기급부금의 지불도 종료된다. 따라서 비아제는 고령자의 잔존수명을 근거로 한 계약으로 지불총액(예상매매대금)에 비해 실제의 생존 기간에 대응한 지불총액이 증감할 수 있는 사행계약이다.

프랑스에서 이렇게 사행성을 가진 비아제가 왜 오래 전부터 보급되어 왔는가는 아래와 같다.

① 주택대출이 없었던 시기

주택대출이 없었던 시대(19세기부터 20세기 초)에 자본이 없는 자가(적립방식으로) 부동산 소유자가 되기 위한 귀중한 계약이었다.

② 사회공헌적 의미

교회를 중심으로 한 지역사회에서 젊은이들이 그 지역의 고령자들을 원조하는 사회공헌적인 의미를 가지고 있었다.

③ 건물취득의 유효수단

내구성이 높은 돌로 만든 건물이기 때문에 건축연수를 문제삼지 않고, 그 주택 고유의 거주가치를 매력으로 생각하는 매수자가 그 건물을 취득하는 유효한 수단이다.

④ 생활주기에 따른 주택구입

프랑스에서 현역세대는 직장과의 접근성이 편한 도시의 아파트에 거주하지만, 주말과 바캉스, 그리고 퇴직 후에는 전원지대의 별장에서 사는 경우 등, 생애주기에 따라 이사하는 문화가 뿌리를 내리고 있었다.

2) 비아제의 구성과 특징

(1) 비아제의 구성

비아제는 고령자가 자신의 주택에 계속 살면서 현금을 얻는 방법이긴 하지만, 역모기지제도와는 발상이 다른 것이다. 비아제를 이용하려고 하는 고령자는 중개업자와 신문 광고 등을 이용해서 부동산을 구매할 사람을 찾는다. 이렇게 매매계약이 성립되어도 부동산을 매도한 고령자는 그 주택에 계속 거주하게 된다. 부동산의 소유권은 매수한 사람에게 이전되지만 매도인이 살아있는 한, 부동산의 점유사용권을 유보하는 것이다. 부동산 매수자도 부동산의 대금 전액을 한꺼번에 지불하는 것은 아니다. 부동산 매수자는 계약을 체결함에 있어서 통상적으로 부동산 가격의 20-30%에 해당하는 일시금을 매도자에게 지불하고 일정액의 '종신정기급부금'을 지불할 것을 계약한다. 결과적으로 부동산 매도자인 고령자는 살아있는 동안 매수자로부터 종신정기급부금을 받고 또한 매각한 자택에 임대료를 지불하지 않고 계속 살 수 있는 것이다. 즉, 고령자가 자가주택 소유권을 매각한 경우, 매매대금을 '비아제 지불'이라는 분할 지불로 연금처럼 받는다. 지불방법은 매수자와 매도자 사이에서 매매대상이 되는 부동산의 시가를 산출하여 매도자의 잔존수명 등을 감안하여 결정한다(<그림 3-5> 참조).

일반적으로 매매계약에 계약금 또는 일시금을 지불하고 매도자가 사망할 때까지 생활비 등으로 활용되는 일정금액을 계속 지불하며 매도자는 종신연금을 확보할 수 있다. 매수자에게 있어서는 급부금이 물가 변동에 따라 연동하기 때문에 인플레이션의 위험이 있는 반면, 부동산의 가격이 인상되는 장점도 있다. 단, 지불종결시기와 지불총액이 매도자의 사망과 연관이 있기 때문에 불확실하다.

비아제의 이용방법은 매도자가 사망할 때까지 자기 집에 계속 사는 오큐페(Occupe)[33]와 매도자가 자기 집을 명도하여 다른 부동산에 거주하는 리블(Lible)의 두 가지 종류가 있다.

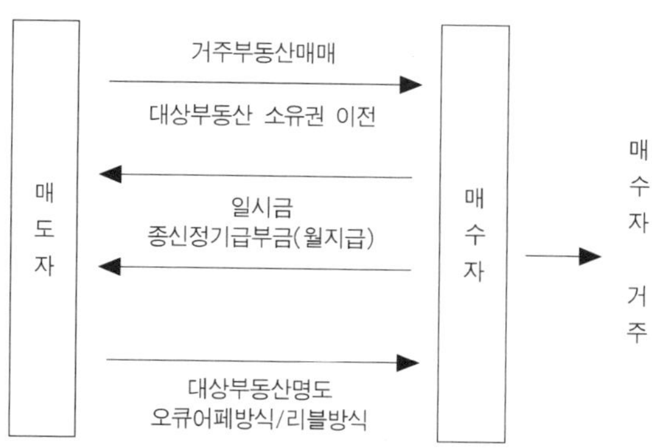

<그림 3-5> 비아제의 기본스킴[34]

33) 오큐페(Occupe)는 프랑스어로 점유하다는 뜻이며, 리블(Lible)은 자유라는 뜻이다.
34) 스킴이란 영어로는 Scheme이라고 하며, 계획·안·개요라고 한다.

비아제의 주된 이용자는 정년퇴직한 사람이나 배우자를 먼저 잃은 미망인 등이며, 생활수준 개선을 위해 추가 수입을 희망하는 자다.

점유형 비아제(Viager Occupe)의 매수자로서는 사택 입주자나 해외부임자 등 일정기간 후에 주택수요가 있는 사람이나 별장구입자 등이 주된 이용자다. 자유형 비아제(Viager Libre)의 이용자는 99% 이상이 그 건물에 거주한다. 타인에게 임대할 수도 있지만, 대출 이자와는 달리 비아제의 지불 급부금은 부동산 소득에서 공제할 수 없기 때문이다.

(2) 비아제의 특징

비아제는 하나의 주택이라는 자산을 전환하는 계약(광범위한 의미에서 역모기지)으로 부동산매매계약과 건물임대차계약이 포함되어 있는 것으로서 미국의 Sale-Lease-Back이나 영국의 Home Reversion에서와 같이 매각방식이라는 점이 부분적으로 유사하다는 것을 발견할 수 있다. 하지만 이 제도는 개인간의 부동산매매계약이 시스템의 근간을 이루고 있는데, 이는 제도적으로 간단하여 전통적인 고령자의 경제적 자립제도로서 장기적으로 계속될 수 있었다.

역모기지와 다른 점은 비아제 특유의 '사행성'이다. 이 사행계약에 관해서는 프랑스 민법의 규정에 의해 보호되고 있다. 이용자가 도심뿐만 아니라 지방에도 상당수 존재하는 점도 놓칠 수 없는 특징이다.

① 세제혜택의 유무

비아제는 매각인의 대부분이 상속자가 없는 고령자이며, 상속자가 있는 경우는 물려주고 싶어 하는 상속경향이 현저하다. 프랑스인의 부동산 인식은 우리나라 사람들과 거의 비슷하다. 비아제는 세제상의 우대 조치도 특별히 없으며 일반적인 부동산 매매 계약으로 간주되어 양도세의 과세대상이 된다. 상속자가 부당하게 낮은 가격으로 매도하면 증여세의 과세대상이 되기도 한다.

② 실용적인 수요대응

전국의 계약 건수가 연간 약 7,000건이었지만, 최근에는 약 4,000건 정도로 감소하고 있다. 파리에서의 비아제계약 건수는 전체의 10% 정도이며, 오히려 지방도시나 시골에서 많이 이용하고 있다. 전국적으로 보급되고 있는 사실은 이 비아제가 '도시 - 양도차익 지향'이라기보다 지방에도 적용 가능한 '보급 - 실용적 수요대응'이라는 특징이 있다. 여기에서 비아제계약이 감소한 이유로는 프랑스 연금제도의 충실과 부동산시장의 불황을 들 수 있다. 거품경제 시기를 넘어 최근의 부동산 시장의 저조함으로 부동산 가격의 상승을 기대할 수 없는 것과 매수자 중심의 시장이 되는 경향을 들 수 있다.

노후생활의 여유를 고려할 때, 현금 수입이 필요한 것은 분명한 사실이며, 상속자가 없는 경우는 앞으로도 비아제계약을 선택하는 사람은 존재할 것이다.

(3) 비아제의 사례

비아제는 부동산의 매도자와 매수자를 상대로 하는 계약이기 때문에 그 조건은 기본적으로 쌍방의 합의에 기초해서 자유롭게 결정된다. 따라서 역모기지처럼 제도로서 확립되어 있는 것이 아니기 때문에 그 조건을 일반론으로서 서술하는 것은 어렵다. 프랑스

잡지의 부동산의 광고란에 게제된 비아제의 광고를 예로 들어 설명한다.

비아제: 니스의 주택, 거주자는 1명으로 77세, 5층 건물의 집합주택, 4층 부분. 100㎡ + 발코니 2개로 28㎡. 남향. 일시금(Bouguet)[35] 48만 프랑(약 1억 원), 종신정기급부금(Rente) 3,500프랑(약 7십만 6천 원), ☞ OO 부동산 중개업소 판매

위에 서술한 대로, 일시금은 부동산 가격의 20-30%인 것이 일반적이기 때문에, 이 주택은 3억 5천만 원-5억 원 정도로 추정된다. 부동산 매수자는 이 아파트를 매수하는 데 1억 원의 일시금과 월 70만 6,000원의 종신정기급부금을 지불하는 것이 조건으로 제시되어 있다. 종신정기급부금은 당연히 소유자인 77세의 고령자가 사망 시점까지 지불이 계속된다.

만약, 이 고령자가 10년 후인 87세에 사망했다고 한다면, 부동산 매수자는 합계 1억 8,470만 원(1억 원+7십만 6천 원×12개월×10년)을 지불했고, 10년 후부터 이 아파트를 자신의 것으로 소유하는 것이 가능하다.

물론 부동산을 사는 사람은 당초의 예측에도 불구하고 고령자가 살아 있는 한은 월 70만 6천 원을 계속 지불해야 한다. 고령자가 10년이 지나도록 생존한 경우에는 아파트가 자신의 소유가 되지 않고 계속해서 돈을 지불하게 된다.

반대로 고령자가 빨리 사망한 경우, 예를 들면 계약 후 2년 후인 79세에 사망한 경우에는 부동산을 매수한 자는 1억 1,690만 원(1억

35) 일시금은 프랑스어로 Bouguet, 꽃다발이라는 뜻이며, 비아제의 계약이 성립한 것에 의해 노후의 보장으로서 일시금(부케)를 획득한 고령자가, 처(妻)에게 꽃다발을 보내서 축복한 것에서 유래했다고 한다.

원+70만 6천 원×12개월×2년)을 지불하는 것만으로 이 주택이 완전하게 자신의 것이 되는 것이다. 단, 부동산 매도자인 고령자가 계약시에 걸려 있던 병 때문에 계약으로부터 20일 이내에 사망한 경우에 비아제계약은 무효가 된다.

종신정기급부금의 수취인은 복수로 정하는 것이 가능하다. 즉, 고령자 부부가 부동산을 매도한 경우, '어느 쪽인가 한 사람이 사망해도 종신정기급부금은 감액되지 않고 계속 지불된다'라고 하는 조건으로 계약을 하는 것이 일반적이다. 또한, 종신정기급부금의 액수는 물가를 감안해서 매년 개정하는 것이 보통이다. 그다지 일반적이지는 않지만 부동산 매도자가 점유사용권을 유보하지 않는 형태의 비아제도 있다. 이 경우에 부동산 매수자는 대상 부동산을 자신이 사용하거나 다른 사람에게 빌려 주어 임대료를 받을 수 있지만, 당연히 부동산 매도자가 점유 사용권을 유보한 경우보다도 높은 일시금과 종신정기급부금을 지급해야 한다.

부동산을 매수자가 점유 사용권을 유보하는 계약(이것이 일반적)을 점유형 비아제(Viager Occupe), 유보하지 않는 계약을 자유형 비아제(Viager Libre)라고 부른다.

비아제의 부동산 매수자는 매도자의 합의를 얻어 그 입장을 제3자에게 양도하는 것이 가능하다. 양도를 받은 제3자는 원래 부동산 매수자를 대신해서 매도자에게 종신정기급부금을 지불하고 매도자 사망 후, 부동산의 점유 사용권을 취득한다. 부동산을 매도자가 합의하지 않은 경우에는 원래 부동산 매수자는 새로운 매수자와 매도자를 연결해 주는 역할을 하여 사실상의 양도와 같은 결과를 얻기도 한다. 말하자면, 원래 부동산 매수자는 새로운 매수자로부터 종신정기급부금을 모아서 매도자에게 지불한다. 이러한 형식의 양도를 매도자는 거부할 수 없다.

3) 비아제와 역모기지의 비교

지금까지 고령자가 자택에 계속 살면서 그 집을 유효하게 활용하여 소득을 확보하는 수단으로 미국이나 일본의 역모기지와 프랑스의 비아제를 고찰하였다. 프랑스의 비아제가 개인간의 부동산매매인 것에 비해 역모기지는 부동산을 담보로 하는 대출임에 있어서 본질적인 차이가 있으며, 이에 기인한 양자의 차이를 고찰하면 아래의 <표 3-16>과 같다.

〈표 3-16〉 비아제와 역모기지의 비교

		비아제	역모기지
자금제공자/수취인		매수자/매도자	금융기관/부동산소유자(이용자)
계약형태		부동산매매(소유권 이전) 매도자에 정기금 수급권과 사용권이 있음	담보에 의한 대출
업무의 본질		부동산매매	금융업무
지불(대출)기한		종신	담보부족시에 중단
매매대금(대출액)		급부금 총액 불확정 차액상환 없음	대출금액총액은 계약시점에서 확정, 차액상환 있음
위험의 소재	부동산가격 변동리스크	매수자의 위험	이용자의 담보부족 위험
	장수리스크	매수자의 위험	이용자의 담보부족 위험
	금리변동리스크	매수자의 위험	이용자의 담보부족 위험
지불(대출)종료 후의 대상 부동산 취급		매수자에게 양도→사업자로 인한 부동산 유효 활용의 비즈니스 기회 발생	채무상환으로 인한 매각→실제로는 상속자가 상속하여, 별도 자금으로 상환되는 경우가 많음

(1) 위험의 소재

역모기지는 부동산가격변동리스크, 장수리스크, 금리변동리스크의 3대 리스크가 이용자 측의 담보부족 위험이 되고 있으며, 이는 제도 활용을 침체시키는 큰 요인이 된다 이에 대해 비아제는 이 3대 리스크가 매수자 측으로 바뀌었으며 매도자인 고령자에게는 종신에 걸치는 정기금수급권과 용익권이 확보되어 보다 안심할 수 있는 제도라고 할 수 있다. 특히 장수하는 것이 손해로 연결되는 역모기지에 비해 '장수하면 이득을 보는' 비아제는 고령사회에 새롭게 고려해 볼 수 있는 제도가 될 가능성을 가지고 있는 것이다.

(2) 지불(대출)종료 후의 비즈니스 기회 확대

역모기지는 대출기간종료(또는 담보부족 시점)후에 대상 부동산을 매각해서 얻은 자금으로 채무를 상환하는 것이 기본이 되고 있다. 그러나 실제로는 상속자가 부동산의 상속을 희망하여 본인 또는 상속자가 별도의 자금으로 상환하는 경우가 많다(그리고 상속인의 합의를 얻지 못해서 도중에 해약이 되는 경우도 많다). 결과적으로 최종적인 채무상환 시점까지 대상 부동산이 매각될지의 여부가 불확정하기 때문에 역모기지는 금융업무의 영역을 벗어나지 못했다. 그러나 비아제는 계약 초기에 소유권을 이전하기 때문에 장래 대상 부동산이 양도되는 것이 확정되어 있으며, 제3자에게 매각함으로써 자금을 회수하거나 본인 입주 또는 다른 사람에게 양도하거나 또는 토지의 조건에 따라서는 부동산을 유효하게 활용하는 비즈니스 기회가 발생한다.

4) 비아제의 법적 한계

본서에서는 우리나라에서의 비아제 적용가능성을 모색하였다. 이를 위해 전문가(대학교의 민법교수와 변호사)를 대상으로 한 인터뷰 조사를 2004년 6월에 실시하였으며, 인터뷰의 내용은 비아제의 법률적 성질과 우리나라에서 비아제를 시행하는 경우 비아제계약기간 중에 발생할 것으로 예상되는 문제점에 대해 조사하였다. 인터뷰 조사내용은 다음과 같다.

* 인터뷰 조사 개요

- 일정: 2004년 6월 14-18일
- 대상: 전문가(대학교의 민법교수 2인, 변호사 2인)
- 조사내용[36)]
  · 민법(725-730조)의 종신정기금에 관한 규정
  · 민법(536조)의 동시이행의 항변권에 관한 규정

(1) 종신연금계약에 관한 규정

프랑스에는 채무자가 특정한 제3자가 생존하는 동안 일정 금액을 지불하는 종신정기금계약, 이른바 비아제계약의 조문이 프랑스 민법전 제1968-1983조에 존재한다. 종신정기금계약 중 일정 금액의 원본과 동산, 부동산을 대가로 하는 것으로 유상종신정기급부금계약이다. 우리나라의 민법에도 종신정기금 계약에 관한 조문이 민법 제725-730조에 존재한다. 민법에서는 유럽에서 실시한 종신정기금계약이 우리나라에서도 보급될 것으로 예상되지만 거의 이용되

36) 각 항목의 법조문은 부록에 수록하였다.

지 못하고 있다.

(2) 비아제의 법적 성질

비아제계약의 법적 성질을 고려해 볼 때 비아제계약을 ①매매계약 자체로 보는 견해, ②매매계약과 종신정기금계약이 합체한 것으로 보는 견해, ③종신정기금계약 자체로 보는 견해, ④준종신정기금계약으로 보는 견해가 있다(<표 3-17> 참조).

<표 3-17> 비아제계약에 대한 견해와 소유권이전등기원인

견 해	소유권이전 등기원인
매매계약 자체로 보는 견해 판례통설에서는 매매계약에서 대금액은 반드시 계약시에 확정할 것을 필요로 하지 않는다. 소유권 이전과 등기는 매도자가 우선 이행하는 의미의 특약이 있으며, 양도에 대해 대금완제(매도자 사망시)와 동시이행이 되는 매매계약이라는 견해	매매
매매계약과 종신정기금계약이 합체한 것으로 보는 견해 일시금 지불시에 매매계약이 완결된 것으로 하며, 그 후 무상의 종신정기급부금계약이 발효하는 견해. 법률관계는 간단명료하나, 정기급부금지불 의무와 소유권 이전의 대가적 관련성이 명확하지 않기 때문에 정기금지불 불이행이 발생했을 때, 매도자에게 가혹한 결론이 날 가능성 있음.	
종신정기금계약 자체로 보는 견해 민법은 종신정기금계약에 대해 '원본을 받은 경우'의 유상 계약을 규정하고 있다. 비아제에 의한 토지건물의 소유권 이전을 유상종신정기급부금계약이 이 원본의 제공이라는 견해	종신정기급 부금에 근거한 원본 제공
준종신정기금계약으로 보는 견해 비아제에 대한 부동산매매계약이 먼저 존재하여, 그 대금 중 일시금을 제외한 부분을 종신정기금의 목적으로 한다. 이러한 계약은 준소비대차계약과 같은 의미로 이론상 준종신정기급부금계약이라 부른다.	매매

① 매도자의 사용수익권

사용수익권과 종신정기급부금의 수급원리를 가진다. 이 매도자의 사용수익권에 대해 사용대차로 보는 견해와 임대차계약으로 보는 견해가 있다.

가. 사용대차로 보는 견해

매도자는 매수자에게 임대료를 지불할 것을 예상하고 있지 않기 때문에 비아제계약은 사용대차라는 견해이다. 그러나 매도자가 생존 중에 매수자에게 채무불이행이 생겨 목적물이 경매에 붙여지는 경우에는 매도자에게 가혹한 결과가 된다.

나. 사용수익권으로 보는 견해

매수자의 사용수익권을 담보하기 위해 비아제계약을 임대차계약으로 하는 견해도 있다. 예를 들어서, 정기급부금의 급부액에 임대료 상당액을 추가한 것을 종신정기금으로 급부하여(임대차계약서 작성) 임대료와 급부금의 일부를 상쇄처리하면 임차권을 획득할 수 있다. 그러나 매도자에게 상속자가 존재했을 경우, 상속자가 대차권의 상속을 주장하여 양도를 거부하는 등의 사태 발생이 생길 수도 있어서 매수자에게 있어서 가혹한 결과가 된다.

(3) 계약기간 중에 예상되는 위험

① 목적물에 관한 위험

가. 위험부담

계약체결 후, 매도자가 사망하기까지 목적물인 부동산이 당사자에게 책임을 돌릴 수 없는 사유로 멸실 또는 훼손한 경우에도 민법에 의해 매수자의 종신정기급부금의 지불 의무는 없어지지 않는다.

그리고 매도자의 귀책사유로 인해 멸실 또는 훼손된 경우에는 매도자의 채무불이행문제가 된다.

나. 건물멸실 後, 매도자가 철거된 토지에 건물을 재건축한 경우

당연히 토지에 차지권이 발생하는 것은 아니지만 사용수익권밖에 없다고 하면 경우에 따라서는 매도자에게 가혹한 결과가 될 수 있다. 이러한 경우, 어떤 처리를 하는가를 미리 계약서로 결정해 둘 필요가 있다.

② 권리관계에 관한 위험

가. 매수자에게 채무불이행이 있는 경우

매수자가 계약 도중에 종신정기급부금 지불을 태만했을 경우, 매도자는 계약을 해지시켜서 목적물의 반환을 청구할 필요가 있다. 단, 이 경우 매도자는 미리 수령한 종신정기급부금을 반환해야 하지만, 경우에 따라서는 매도자가 상환하지 않아도 되는 경우도 있다. 공적기관이 매수자 급부의무에 대해서 연대보증을 하는 등의 조치도 고려할 필요가 있다.

나. 매수자가 목적 부동산을 제3자에게 양도한 경우

목적물의 양도와 계약상의 지위 양도와는 같지 않기 때문에 매도자는 당연히 종신정기금의 지불 의무를 제3자에게 청구할 수 없다. 비아제계약에서 매수자에게 '전매시에는 계약상의 지위도 병행해서 승계해야 한다'는 의미의 의무를 부과하더라도, 이로 인해 제3자를 구속할 수 없다. 매수자에게 채무불이행이 있었던 경우 매도자의 해지권을 근거로 가등기를 해놓으면 제3자에게도 방어는 가능하지만 매도자가 미리 받은 급부금 반환의무의 문제는 여전히 남아 있다.

그리고 매도자의 사용수익권을 사용대차로 구성한 경우, 제3자는 매도자에 대해 목적부동산의 퇴거를 요구할 수 있어서 이 점도 고려할 필요가 있다.

다. 매도자가 목적물을 전대한 경우

매도자의 사용수익권을 사용대차로 구성한 경우, 매도자가 목적물건을 전대했더라도 매수자가 이로 인해 불이익을 당하지 않는다. 문제는 임대차로 구성한 경우이며, 전차인과의 관계에 대항력 문제가 될 가능성이 있다(특히 이 경우에는 전차인의 대항요건 취득이 매매 후인 경우가 많다).

라. 매도자가 사망한 후, 상속자가 임대차권을 주장한 경우

매도자의 사용수익권을 임차권으로 구성하면 매수자는 정당한 사유가 없을 때는 명도를 요구할 수 없는 가능성이 있다. 이를 해결하기 위해서는 비아제를 근거로 매도자의 임차권에 대해 매도자의 사망을 당연한 해지사유로 하는 것 등이 필요하다.

5) 비아제의 파급효과

지금까지 비아제에 관한 법적 한계를 고찰하였다. 만약 비아제가 우리나라에서 보급될 경우, 파생될 수 있는 사회적인 파급효과를 쉽게 이해하기 위해 <그림 3-6>의 그림으로 제시하였다.

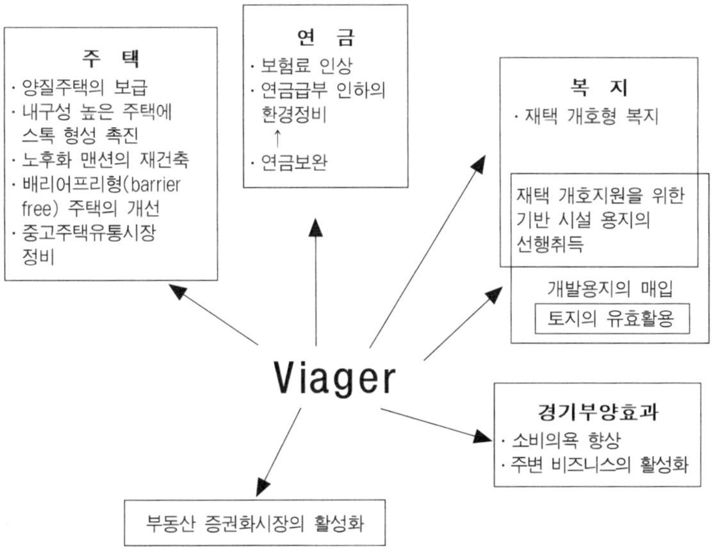

<그림 3-6> 비아제(Viager)의 파급효과[37]

(1) 연금보완

저출산과 고령화사회의 진전으로 가까운 장래에는 공적연금의 급부 인하와 보험료율 인상을 피할 수 없게 된 가운데 비아제는 연금을 보완하는 효과를 가지게 된다. 그리고 이처럼 자립적인 경제기반을 확보할 수 있는 방안을 확대함으로써 보다 젊은 세대에게 가처분소득 유지, 확대가 가능하게 된다.

(2) 복지정책

고령화사회의 진전으로 복지정책은 지금까지 시설대응형에서 재

37) "비아제제도의 도입과 증권화의 제안", 부동산 신디케이션 협의회(일본), 1999.

택개호형으로 무게중심을 옮길 수밖에 없는 상황이 되고 있다. 따라서 평생 자택에서 살 수 있도록 하는 비아제 보급은 이러한 사회의 흐름에 적합한 제도라 말할 수 있다.

그리고 재택개호형 복지정책을 추진함에 있어서는, 일정 범위 내에 재택 개호지원을 위해 지역 센터를 만들 필요가 있다. 이를 위한 용지 취득 수단으로 주택지역 내에 부동산이 취득 가능한 비아제가 유효한 방법일 것이다.

(3) 주택정책

비아제의 보급은 보다 고액의 종신정기급부금을 확보하고 싶어 하는 사람들의 욕구로 인하여 내구성이 높은 주택자산형성 촉진에 도움이 될 것이다. 또한 배리어프리(barrier free)형 주택의 개수 비용과 노후를 위한 아파트의 재건축비용 염출을 위해 비아제를 응용하는 것도 가능하다. 이것은 양질의 주택으로 자산형성에 공헌할 것으로 예상된다.

그리고 비아제의 보급에 의한 중고주택 유통매매의 증가와 그에 따르는 중고주택가격 평가체계의 정비를 통해 중고주택의 유통시장이 활성화될 것으로 예상된다.

(4) 부동산 증권화시장의 육성

비아제 보급에 의해 증권화할 수 있는 건수가 확대되면, 그 자체가 증권화시장의 육성에 크게 공헌할 것이다.

(5) 토지의 유효 활용

비아제가 부동산 소유권이전을 전제로 한 제도이기 때문에 장기적인 개발용 토지 취득을 위한 수단으로 이용이 가능함과 더불어, 재택개호 지원을 위한 지역본부 건설을 위한 용지의 선행 취득 수단이 될 것이다.

(6) 경기확대 효과

비아제의 도입과 보급에 따라 직·간접적으로 다양한 파급효과가 발생할 것을 고려하면 거시경제적인 측면에서 경기부양 효과도 기대된다.

① 소비확대 효과

대부분의 사람들은 청년기에 주택구입을 위해 보증금을 적립하고 주택구입 후에는 주택대출상환에 쫓기고 동시에 자녀의 교육비로 고민하게 되지만 주택대출상환을 마칠 때에는 노후의 생활자금을 염려하면서 퇴직 시기를 맞는 라이프사이클을 보내 왔다(특히 소액의 퇴직금으로 주택대출상환을 해야 하는 경우도 적지 않다). 결국, 사람들의 소비의욕은 항상 후퇴하게 된다. 고생해서 얻은 부동산을 자식에게 상속하고자 하면, 부가적으로 상속세문제가 발생하는 상황에 부딪히게 된다.

비아제의 보급은 단순한 고령자대책으로 끝나지 않고, 여러 세대에 걸쳐 라이프사이클의 다양한 국면에서 장점을 향유할 수 있는 시스템이 될 것이다. 비아제로 인한 소득증가는 고령세대의 직접적인 소비확대와 청년층과 중년층의 가처분소득 증가로 이어져 소비가 확대되는 효과를 낳는다.

② 주변 비즈니스 활성화

비아제로 인한 부동산매매 건수의 증가와 비아제 사업화(증권화)의 수수료로 비즈니스가 창출이 된다. 주택의 유지관리와 배리어프리형 주택의 개·보수가 증가한다. 노후를 위한 아파트의 재건축 사례가 증가하고, 경기침체가 장기화되는 상황에서는 이러한 경기부양 효과가 생기기도 하며 그러한 기대감 자체에 효과가 있다고 할 수 있다.

6) 시사점

프랑스의 비아제는 역모기지와는 고령자 연금형태라는 의미에서는 유사하면서 방식의 차이가 존재한다. 즉, 역모기지가 대출방식이라면 비아제는 매각방식이다. 비아제는 일본과 미국의 역모기지와 같이 부동산을 담보로 한 대출은 아니다. 오히려 매매계약의 특수한 형태이다. 다른 측면에서 본다면, 영국의 홈리버션스킴(HRSs: Home Reversion Schemes)과 유사하다. 하지만 영국의 홈리버션스킴은 고령자가 금융기관에 주택을 매도하고 매수자가 금융기관에서 다시 매수하는 반면에 비아제는 개인과 개인간의 거래계약이 대부분이다.

비아제는 매매대금(부동산 대가)을 일괄지불하는 것이 아니라 일정액이나 물가 슬라이드 가격(증액)을 매도자가 사망할 때까지의 분할하여 계속 지불하는 '기간확정행위'로 프랑스 독자적인 비아제 계약이행행위이다. '소유권 이전'이라는 행위는 일반적인 매매행위이지만, 매도자의 사망이라는 예측할 수 없는 '우발성'에 최종적인 '대가'가 결정되는 점에서 특징이 있다. 비아제계약도 부동산 판매라는 점에서 전매도 가능하지만, 그 경우에는 최초의 매수자가 매도자에 대한 지불의 연대보증인이 되어야 한다.

이러한 비아제계약은 프랑스 민법에 규정된 사행계약[38]이며, 그 제도의 특징인 '사행성'에서 민법으로 '비아제 매매'[39]규정을 짓고 있다. 계약 내용의 '불확실성' 또는 '불확실성 요소'가 상실되면 법원의 결정에 따라 비아제계약이 무효가 되는 경우도 있다. 또한 계약 후 20일 이내에 매도자가 사망할 경우에는 자동적으로 계약이 무효가 된다. 매수자는 생명보험계약 가입의 의무를 지며, 이것은 매도자보다 먼저 사망했을 경우에 보증을 한다. 그러나 고령자가 자신이 소유하고 있는 부동산의 가치를 배경으로 현금 수입을 얻고 자신이 사망하면, 그 부동산으로 상환을 한다고 하는 점은 역모기지와 같다.

또한 그 건물을 구입하고 싶은 매수자에게 있어서는 은행대출에 의한 구입과 비아제계약이 선택되지만, 현재의 대출금리수준이 5.5%로 비교적 낮은 금리에 있기 때문에 상환기간이 확정된 은행대출에 따른 구입을 선택하는 경우가 많고 비아제계약[40]의 성립은 많지 않다. 그럼에도 불구하고 미국과 일본의 역모기지 성립 건수보다 많다는 것은 사행성이 있다 하더라도 매수자에 있어서는 일반적인 매매에 의한 구입보다 싸게 주택을 구입할 수 있어서 유효한 수단이 되고 있다. 또 다른 측면에서는 노후의 연금수급에 대한 불안이 퍼져 있어 비아제가 다시 주목되고 있다.

---

38) 사행계약: 우연으로 이익을 얻는 것을 목적으로 하는 계약을 뜻하며, 일정 한도를 넘는 것은 위법이며, 민법상(90조) 무효이며, 형법상으로도 범죄(도박죄)가 된다. 그 한도는 일반적으로 계약에 모든 사람이 출자한 금액만을 상환한다면 위법성은 없다. 그에 반해, 일부의 사람이 내놓은 돈까지 손해를 주는 것은 특히 법률에 의해 인정된 경우(경마법, 자동차경기법 등)만은 위법성이 아니다.

39) 비아제 판매 규정: 프랑스 민법 1582-1701조에 규정되어 있으며, 급부 규정은 1968-1983조에 규정되어 있다.

40) 비아제 거래 건수는 연간 4,000건 정도이며, 그 중에 오큐페방식이 97%, 리블방식은 3%를 차지한다.

4. 캐나다의 역모기지

캐나다의 고령화현상은 1945년 고령화사회로 진입하여 2010년 고령사회로 진입 예정이다. 2024년에 65세 이상 인구가 20%인 초고령사회로 진입할 예정으로 일찍 고령화사회가 시작된 것에 비하여 고령화의 속도가 점진적으로 성장하고 있다. 고령화사회에서 고령사회로 진행된 기간이 65년이지만 고령사회에서 초고령사회는 14년이 소요될 것으로 전망하고 있다. 캐나다의 경우는 벤쿠버, 몬트리올 인구의 12%, 토론토 인구의 11%가 65세 이상이다. 그리고 이러한 지역에 거주하는 고령자는 캐나다 전체의 31%에 상당한다. 이는 캐나다의 고령자가 대부분 도시에 거주하고 있다. 또한 대부분의 고령자는 주택에 거주하고 있고, 시설 입주를 선호하지 않는다. 이러한 환경적인 요인으로 캐나다에서도 역모기지가 시행되고 있다. 캐나다의 역모기지로는 캐나다 주택연금플랜(CHIP: Canadian Home Income Plan)이 있다. 또한 민간금융기관에서도 시행을 하고 있으며 그에 관한 시행사례를 고찰한다.

1) 캐나다 주택연금플랜

(1) 현황

캐나다 주택연금플랜(CHIP: Canadian Home Income Plan)은 고령자의 주택자산을 적극적으로 활용시키려는 프로그램으로서 1986년에 창설되었다. 캐나다의 독자적 역모기지로서는 유일한 프로그램이며, 비슷한 유형으로 성공하고 있는 영국과 미국의 프로그램을 2년간 조사한 후, 퇴직자의 수요에 적합한 내용으로 만들었다. 그리고 고령자 수입의 대부분은 연금에 의존한다. 이러한 연금 등의 사회보장은 고령자의 최대 수입원이다.

CHIP는 역모기지의 재원으로서 1만 5,000달러 이상을 준비한 민간기업을 중심으로 서비스가 제공되고 있다. 이 프로그램은 CHIP의 파트너로서 로열은행, 토론토·도미니온은행, 홍콩은행 등 캐나다 3대 은행이 고객을 위해 퇴직자 상품의 하나로 제공하고 있다. 또한 캐나다에서 퇴직자의 자금수요에 부응하는 특이한 방법으로서 발전했다. CHIP는 알바타, 브리티시 콜롬비아, 온타리오의 3개의 주에서 활용되고 있다.

(2) 주요내용

CHIP는 주택을 유동자산인 현금으로 변환시키는 것이며, 대출총액은 자산가치의 10-40%의 상당액 중에서 신청자의 연령이나 성별 등에 의해 결정된다. 따라서 연령이 높을수록 지급받는 금액의 비율은 높다.

이 프로그램의 이용자는 62세 이상으로 부부가 신청할 경우는 두 명 모두가 62세 이상이어야 한다. 이용자의 신용, 건강, 최저한도의 수입이 필요조건은 아니지만 일세대 주택, 타운홈, 단독주택(2층 건물), 또는 아파트의 소유가 필요조건이다. 임대주택이나 공동주택, 나대지 등의 경우는 부적합하다. 또한 건물의 장소가 보증구역 내에 위치하여야 한다.

(3) 특징

이 프로그램은 연금이 시작되기 전의 담보로서의 성격이 있다. 역모기지를 매월 연금으로 받고 있는 사람은 이용자 총수의 1%

이하일 정도로 이용자가 적으며, 이용자 대부분은 현금으로 일괄 수령하고 있다. 연령, 금리, 주택자산(입지, 종류, 구조) 등의 조건이 수령할 수 있는 CHIP의 총액을 결정하는 요소가 되고 있다.[41] 또한 이용자(소유자)가 그 집에서 생활하고 있는 한, 매월 상환 의무는 없지만 소유자가 그 집을 매각하기로 결정한 경우는 상환해야만 한다.

2) 로열은행

캐나다에서 역모기지 상품을 취급하고 있는 3개의 은행 중, 민간 금융기관의 로열은행을 예로 들어 본다. 이 은행의 역모기지 이용에 관한 조사자료를 보면 주택자금대출이 이미 상환된 자로서 퇴직이 가까운 사람의 주택이라는 자산활용방법에 관하여 아래와 같이 파악하고 있다. 주택을 퇴직 후에 생활비로 염출하는 수익 자산으로 생각하고 있으며, 고령자는 주택 자산의 매각을 검토하고 있다. 또한 주택 자산의 매각을 검토하고 있는 이유로서 첫 번째는 소비지출에 충당할 목적과 두 번째는 퇴직 후에 예정하고 있는 투자활동 자금의 염출 목적과 세 번째는 라이프스타일의 변경 목적 등을 들 수 있다. 그러나 실제 문제로는 주택 자산을 보유, 유지하고 있는 가운데 부담하는 주택에 관련된 비용 지출을 고려하면, 주택을 매각 처분하여 임대 주택에 사는 방법을 선택하는 경우가 많은 것도 사실이다.

로열은행의 역모기지 상품의 특징은 일정 시기까지 상환 의무가 없이 주택의 자산 가치를 현금으로 유동화할 수 있는 시스템이다.

---

41) CHIP는 업계의 보증기준에 따라 취급되고 있다. 그 기준은 3종류(A, B, C)의 보증규격으로 분류되고 있다. CHIP에서는 A클래스가 50만 달러, B클래스가 20만 달러, C클래스가 12만 5,000달러를 대출기준으로 하고 있다.

이용자의 연령에 따라 주택 자산평가의 10-45%의 범위에서 대출이 된다. 일반적으로는 고령자의 연령이 많을수록 받게 되는 연금액은 많아진다. 대출은 주택을 담보로 하며 이용자는 주택의 보유와 계속거주가 의무화된다. 대출자금의 사용 목적은 자유이며 자금 운용도 자녀의 주택구입자금을 원조하는 것까지도 가능하다. 대출기간이나 조건은 사업자측에 의해 여러 가지가 있지만, 역모기지의 대상 지역이 정해져 있기 때문에 확인해야만 한다. 그리고 로열은행이 취급하는 지역은 온타리오주와 브리티시 콜럼비아주만으로 한정하고 있다.

가장 인기 있는 역모기지 상품으로서는 평생형(Lifetime Reverse Mortgage)과 기간한정형(Fixed Term Reverse Mortgage) 그리고 자산운용형(Estate planning impact)을 들 수 있다. 자산운용형은 자신의 주택자산의 대출 잔존채무의 상환이나 자녀의 주택자산에 충당할 수도 있는 유연성 있는 플랜이다.

3) 그 밖의 역모기지플랜

캐나다는 국민의 대부분이 주택에 계속 살면서, 그 주택의 자산가치를 현금이나 연금수입으로 변환하는 방법으로 이용하고 있다. 다른 역모기지플랜으로는 연금모기지(RAMs; Reverse Annuity Mortgage), Home Equity Plan은 모두 개념적으로는 유사하며, 서서히 캐나다 고령자나 조기 퇴직자 사이에 알려지고 있다.

주택을 매각하거나, 영구적으로 이사하거나 이용자가 사망했을 경우에 상환 의무가 발생하지만, 주택을 매각하는 방법으로도 상환할 수 있다. 또한 주택의 자산가치가 대출 총액보다 적은 경우라도 이용자는 그 부족한 부분을 보충할 의무를 갖지 않아도 되는 Non-Recourse 방식[42]이 적용되고 있다. 또한 역모기지를 이용하고 있는 부부 중에서 미망인이 된 배우자의 경우에도 동일 조건으로 계약은 계속된다. 이들 역모기지 상품은 대부분이 대리점이나 금융 중개업자의 소개로 취급되었다. 이 방식은 이용자에 대해 여러 가지 필요에 대응한 많은 상품의 비교검토를 용이하게 하고 있다.

지금까지의 역모기지 상품 중에서 캐나다 세입성에 의해 허가를 받은 플랜으로 현금이나 연금수입은 당해 주택에 살고 있는 동안은 비과세이다. 그러나 이 주거에서 전출한 후나 매각한 후에도 연금수입을 계속 받는 경우는 과세대상이 된다. 최근 규칙에서는 연금수입이 연방급부금제도(GIS: Guaranteed Income Supplement) 등 수급자격이나 감액되는 등의 영향은 없다. 세법이나 규칙이 변하여 있으므로 세무사의 조언을 받는 것이 필요하다.

주택이라는 자산 소유권을 유지하고 있어 주택의 자산가치 상승에 따른 수익을 향수시킬 수 있다. 예를 들어 주택 자산이 10%상승한 경우는 역모기지 계약은 8% 반영시킬 수 있으며 유리한 결과를 맺게 된다. 그러나 실제로는 매월 상환이 없기 때문에 장기에 걸쳐 복리계산으로 이자를 청구하여 자산 상승분은 없어지지만, 최종적으로는 매년 행해지고 있는 자산평가에 따라 상쇄되고 있는 것도 사실이다.

---

42) Non-Recourse 방식이란 비소구금융이라고도 하며, 융자에 적용되는 구상권(right of indemnity)의 범위를 물적 담보에 한정하기 때문에 담보물권 이외에는 소급(遡及)되지 않는 Loan으로 담보물권을 매각해서 채권액에 미치지 못할 경우에도 이것에 대한 채무가 일절 면책된다. 금융기관은 리스크의 일부를 부담하는 대신 통상금리보다 높게 적용한다거나 이익의 일부를 성공수로 받기도 한다. 미국에서 발전된 Project Financing의 자금조달수법으로, 대출금의 상환재원을 차입인의 신용이나 담보에 의존하지 않고 당해 Project의 Cash Flow에 의존한 것에서 유래된다.

4) 시사점

캐나다의 역모기지는 CHIP를 이용함에 따라 주택이라는 자산을 소유자에게 위험 없이 안전하게 보증해 준다. Non-Recourse 방식으로 만일 주택가격이 하락했을지라도 계약 시점의 시장가격 이상 지불 의무를 부담하지 않는다. 주택가격이 상승되었을 때에는 그 이익금을 소유자에게 반환한다. 이용자가 부부인 경우에는 소유자가 먼저 사망했다 하더라도 그 계약 내용에는 어떤 변경도 없고 연금수입은 동일조건 그대로 계속된다.

생존 배우자가 사망할 때까지 이 계약은 계속된다. CHIP 계약자는 단기간이면 그 주택을 일시적으로 임대하여 주는 것은 가능하다. 또한 언제라도 매각하는 것도 가능하다. 이용자가 그 주택을 이전하거나 또는 매각할 경우, 지금까지의 역모기지 대출금액분의 상환이 가능하다는 조건 속에서는 주택의 구입자에게 CHIP의 계약양도(지위 계승)도 가능한 것이 된다.

CHIP의 매출이 재투자되어 그 운용된 이익금을 반환하는 시스템이 잘 되고 있어 CHIP의 대출 이자가 1% 이하로 되고 있는 점이 큰 장점으로 들 수 있다. 또한 장래 대상주택자산의 가격인상이 발생했을 경우는 그만큼의 소유자에게 반환되고 있다. 미국의 제도와 비교했을 때 규모면에서는 작지만 견실하게 운영되고 있는 것이 특징이다.

캐나다의 역모기지는 미국의 HECM과 같이 공적기관이 보증을 해주는 형식이 아닌 금융기관인 로열은행, 토론토・도미니온은행, 홍콩은행의 3대 은행이 자체적으로 보증기준에 따라서 역모기지를 시행하고 있다. 즉 CHIP 이용자는 부동산가격변동에 상관없이 계속거주를 보장받을 수 있다는 점이 장점이다.

5. 영국의 역모기지

영국의 역모기지는 세계 최초의 시발점이 되었다. 영국은 1929년에 전체인구 중에서 65세 이상의 고령자가 7%인 고령화사회에 진입하였으며, 1976년에 이미 고령사회에 진입하였다. 향후 2020년에 초고령사회로의 진입이 예상되고 고령화사회에서 고령사회로 되는 데 47년이 소요되었으며 초고령사회까지는 44년 정도 걸릴 예정이다. 영국은 이러한 사회적인 변화로 인하여 가장 먼저 역모기지가 생겨났다.

영국에서의 역모기지로서는 주택담보대출방식인 홈인컴플랜(Home Income Plan)과 주택자산매각방식인 홈리버션(Home Reversion)이라는 두 종류의 상품이 있다. 본 절에서는 이 두 종류의 역모기지에 관하여 고찰하고자 한다.

1) 현 황

영국에서의 역모기지로서는 주택담보대출방식인 홈인컴플랜(Home Income Plan)과 주택자산매각방식인 홈리버션(Home Reversion)의 2 종류의 상품이 있고, 민간 생명보험회사나 건축조합 또는 신탁회사 등에 의해 판매되고 있다. 그 밖에 1991년에 주택 연금플랜의 취급업자나 Home & Capital Trust(The Experts in Home Reversion in The UK)에 의해 시작된 SHIP(Safe Home Income Plan)가 있고, SHIP 프로그램의 이행 규약이 만들어짐으로 역모기지의 공정하고 간단하며 완벽한 수행이 가능하게 되어 있다. 이러한 점은 고령자 단체(Age Concern)에서도 환영받았다.

역모기지는 오랫동안 노력으로 쌓아온 자산을 현금수입으로 변환할 수 있으며 그 수입은 노후생활의 여유 자금으로서의 수단이 될 수 있다. 퇴직 후의 중대한 관심사는 경제적 보장과 정신적 안정이 요구되는 고령자에게 역모기지는 새로운 안정감을 주는 제도라고 할 수 있다.

영국도 다른 선진국과 같이 고령화가 진행되고 있지만, 동시에 자가보유 비율도 증가하고 있는 것으로, "집은 있지만, 현금이 없다"(House rich, Cash poor)는 상태가 염려되고 있다. 고령자가 주택자산을 현금화하려 한다면 자신의 집에 계속 거주해야 할 것인지를 결정해야 한다. 예전부터 영국의 고령자들도 주택이라는 자산을 현금수입으로 변환하는 방법을 이용해 왔다. 1990년대 중반이 되어서는 사업용 건물까지도 그 대상이 되었다.

주택담보연금형인 홈인컴플랜(Home Income Plan)과 주택자산변환형의 홈리버션(Home Reversion)에서 전자인 홈인컴플랜(Home Income Plan)은 주택 자산에 담보설정을 하여 대출을 받고 그 자금으로 장기연금 상품을 구입한다. 이용자는 그 연금 중에서 대출 이자를 공제하고 MIRAS(Mortgage Interest Relief at Source)[43]를 이용하여 매월 연금을 받는다. 원금은 대출을 이용하며, 주택매각시에 상환한다. 그러나 생존중에는 연금계약에 의해 지급은 보증되며 사후에도 생존 배우자가 사망시까지 계속된다.

후자인 홈리버션(Home Reversion)은 주택 자산의 일부나 전부를 투자가에게 시장가격보다 낮은 가격으로 매각하는 것을 말하며, 상품의 종류는 Reversion Plan이라고 하며, 연금형이나 일괄현금형, 또는 양자의 합병형으로 활용된다. Reversion Plan의 대부분을 보험회사가 다른 사업과 병행하여 적극적으로 사용하고 있다. 거액의 Reversion Plan 자금을 운용하는 자산운용회사는 역모기지 상품으

43) MIRAS(Mortgage Interest Relief At Source): 주택을 부동산저당대출로 구입한 사람들에 대한 우대 세제.

로, SHIP(Safe Home Income Plans)를 개발, 판매 프로그램을 내놓았다. 다른 법인도 비교적 소규모로 다루고 있지만 최근 계약 건수는 약 1만 건이 넘는다. 자산운용시장의 계약규모로서는 상당히 크며, 업계는 그 장래성에 관해서 낙관적이지만 최근에는 계약률이 조금 내려가는 경향이다. 그 원인으로 볼 수 있는 것은 역모기지가 일반적인 사람에게도 친숙하지 않고 난해한 구조가 영향을 주었으리라 본다. 이 제도를 운용하는 사업자 측의 난점은 자금회수기간이 긴 점, 이용률이 비교적 낮은 점, 상품판매 작업이 노력집약형인 것 등을 들 수 있다.

2) 홈인컴플랜

영국에서는 주택이라는 자산을 현금수입으로 변환하는 한 가지 방법으로 1991년 이후, 운영규칙(The SHIP Code of Practice)을 근거로 개발했던 홈인컴플랜(SHIP: Safe Home Income Plans)과 홈리버션스킴(HRSs: Home Reversion Schemes)이 있다.

홈인컴플랜(SHIP: Safe Home Income Plans)은 일반적인 모기지 회사에서 평생에 걸쳐 월차연금으로 받는 방법과 전액을 일괄현금으로 받는 방법 중 하나를 선택할 수 있다. 방법을 선택해도 받는 총액은 시장 가격의 30-50% 상당의 금액이다. 더구나 총 금액은 이용자의 연령이나 성별, 건물의 종류와 입지조건에 따라 변동한다.

1965년부터 생명보험회사가 판매를 시작한 것으로 주택에 저당권을 설정하고 대출하는 방식으로 이용자는 그 대출금으로 종신연금을 구입하고, 대출이자는 지급하는 연금에서 공제된다. 이 대출이자에 관해서는 세제제도상의 우대 조치가 적용되기 때문에 실질수취액은 증가한다. 연금은 3년간 보증기간부로 금리는 일반적인 주택대출금리보다 낮은 이자이며, 대출원금은 사망시부터 6개월 이내에 주택매각으로 반환된다. 또한 상속인에 의한 상환도 가능하다. 주택매각에 따른 차액(상승분)이 있으면 상속인에게 반환된다. 주택매각 대금이 상환 총액에 미치지 않는 경우에 이용자는 그 차액을 보충하여 연금은 같은 액수의 지급을 유지하는 방식이다. 연금은 이전을 해도 종신 지급되는 점은 변하지 않는다.

1970년대부터 1990년대 중반까지의 역모기지로서 인기 있는 것은 홈인컴플랜(Home Income Plans)이었다. 주택 자산에 담보를 설정하고 그 자산가치에서 산출된 대출금으로 종신형개인연금 상품을 구입하는 시스템이다.

부부의 경우는 생존자가 사망할 때까지 지불되는 것이다. 연금의 일부는 대출된 자금에 대한 대출이자 지불로 충당되기 때문에 지급된 연금은 그 이자가 공제된다. 보통 생존 배우자가 사망한 후에 주택 자산은 매각 처분되지만, 매각 금액이 그때까지의 대출자금에 미치지 못할 경우에는 미국의 경우와 달리 다른 자산으로까지 소급하는 것이 일반적이었다. 그러나 최근의 플랜은 채무보증보험이 있는 것(guarantee annuity)도 판매되고 있다. 미국의 역모기지 플랜의 이용 건수가 많은 것은 물상담보주의가 커다란 효과를 나타내고 있다. 그러나 사실은 미국의 모기지 회사도 담보부족이라는 리스크를 부담하지 않는다. HUD에 의한 채무 보증의 보험기능이 첨부되어 있기 때문이다. 3대 리스크(장수리스크, 부동산가격변동리스크, 금리변동리스크)와 담보물건의 평가 부족분(지가 하락)을 보험이 담보하고 있기 때문에 모기지 회사는 안심하고 역모기지 시장에 참가할 수 있게 되는 것이다.

이 역모기지 플랜의 특징을 두 가지로 들 수 있다. 우선 대출이자가 고정금리(1999년 3월까지는 23%)로 평생 변동하지 않아 계약자의 인플레이션을 회피한다는 점과 연금액을 변동시키지 않는 것이다.[44]

3) 홈리버션

홈리버션(Home Reversion)은 매각방식이다. 이 플랜의 대상은 주택이라는 자산을 소유하고 있는 65세 이상의 퇴직자이다. "House rich, Cash poor"인 고령자를 대상으로 한 유효한 플랜이다. 시스템은 단순하여 투자가가 그 주택 자산을 구입하여, 그 이용자에게 사용하게 하는 계약이다. 당연히 매각 금액은 시장 가격보다 낮은 금액(잔존수명에 따라 할인됨)으로 거래된다. 소유권의 전부가 아니라 주택 지분의 일부를 매각하는 것도 가능하다. 투자가는 이용자가 사망 또는 이사한 후에는 그 주택을 매각하여 대출자금을 회수한다. 주택의 소유권과 거주권은 이용자가 사망할 때까지 유지되며, 장래 소유권 이전 청구권의 대가로 이해된다.

주택 지분의 전부와 일부를 법인이나 개인에게 매각하고, 그 후에는 소유자라는 입장이 아니라, 임차인(tenant)으로서 계속 거주하는 방법이다. 실제로 평생에 걸쳐 그 주택에 거주할 권리(거주권)를 보유하고 있는 한, 소유권 그 자체의 유무는 거의 문제가 되지 않는다. 오히려 소유권의 일부를 소유한다는 것은 그 주택의 관리나 수리 의무 부담 때문에 득이 되지 않는다. 임대료는 1년간 약 12파운드가 일반적이다.

미국의 Sale-Lease Back 방식과 다소 차이가 있으며, 직접 금융기관에 매각하여 그 대가로 종신 연금을 구입하고 투자가는 상품을 금융기관에서 구입한다. 이용자의 연금 사용 목적은 자유이며, 연금수입은 비과세로 취급된다. 세무당국은 이 제도의 연금수입은 자기 자산의 수익으로 외부로부터의 소득이 아니라는 판단에서 과세 대상에 해당하지 않는 것으로 간주하고 있다.

---

44) 1999년 3월까지 이자에 대한 특별 조치로 3만 파운드까지의 대출에 대한 저당권이자에 적용되었다.

홈리버션(Home Reversion)의 특징으로는 부부 중에서 생존 배우자가 사망할 때까지 연금은 지급된다는 점이다. 독신자에 비해 부부의 경우, 생존기간이 합산되어 장기간이 되기 때문에 연금액은 낮은 금액이 된다. 그러나 선택방안에 있어서 부부 두 명의 생존시기에는 연금을 많게, 배우자 사망 후에 단신이 되면서부터는 연금을 적게 하는 계약도 가능하다. 또한 처음 지급액은 적고 매년 액수가 증가되는 방법과 인플레이션에 따라 증가되는 방법을 선택할 수 있다.

또한, 시장(부동산가격변동, 금리변동)의 변화에 관계없이 지급된 금액의 상환 의무를 지지 않는다. 대출금액의 사용 용도에 제한을 받지 않으며, 그 주택에 어떤 부담도 없이 평생 거주할 수 있다. 예를 들어 그 주택에 거주하고 있지 않아도 연금 수급권은 계속된다. 이 제도는 SHIP(Safe Home Income Plans) 규약에 규제되고 있으며, 이용자는 유지 관리비, 보험료, 집세(1파운드)의 부담이 있다. 저소득자에게는 최소한도의 연금이 사망할 때까지의 기간(5년, 10년)으로 계속해서 지불된다. 우선 HRS(Home Reversion Scheme)를 검토하여 자택 소유권의 전부나 일부를 회사에 예탁하고, 주택을 그 회사의 스킴에 포함시켜 개인 투자가의 알선을 위탁하는 것에서 시작한다.

자신의 주택을 매각 후에도 평생의 거주권을 확보하기 위해 법적으로 유효한 동의(lease back)를 받는 것은 당연한 일이다. 본인이 사망했을 때, 그 주택 자산은 매각되고 투자가는 비로소 자신의 몫을 얻을 수 있다.[45]

45) 대상 자산의 조건은 Reversion Scheme의 매수자(투자가)에게는 직접적 투자효과라는 면에서 중요한 요소이다. 대상 자산으로서는 대략 4만 파운드에서 5만 파운드 정도가 적당한 선으로 되어 있다.

4) 시사점

영국의 역모기지제도의 활성 배경으로 인구의 저출산과 고령화로 인한 어려운 재정악화 등이 있다. 사회적인 배경으로는 부동산 투기지향도 왕성하며, 자가소유 성향이 강하여 고령자의 높은 자가소유율을 들 수 있다. 또한 영국은 북유럽 국가들과 비교했을 때 고령자의 경제적 자립(자조노력)이 더욱 필요한 사회이며 고령자가 역모기지제도를 이용할 시에 가족이 협력적이다. 또한 미국과 비교했을 경우, 양국의 제도상에 중요한 차이점이 있다. 그것은 미국의 역모기지 플랜의 대부분이 Non-Recourse 방식인 것에 반해 영국의 스킴은 원칙적으로는 Recourse 방식[46]으로 영국의 역모기지 플랜에는 미국의 보험기구에 상당하는 리스크헷지(Risk Hedge) 프로그램이 없다. 또한 시스템이 단순하여 이용하기 쉬운 매각방식(Home Reversion)이다.

(1) 세제상 특례

연금플랜의 경우, 연금수입 중에 이자 부분은 과세 대상이며, 원금에 대해서는 영국 세입청 규칙에 따라 비과세로 취급된다. 원금은 자기 자금의 수익으로 해석되어 과세대상에서 제외되고 있다. 따라서 고령자의 연금플랜을 통한 수익은 대부분 비과세이다. 영국에서는 1996년 봄 이후, 연금을 포함한 투자로 인한 수익에 대해서는 20% 과세하고 있다. 보험회사에서는 미리 이자부분에서 자동적으로 공제되도록 하기 때문에 다른 수입과의 합산 과세될 염려는 없다. 이미 비과세자로서 기타 수입이 있는 경우는 10% 과세 대상

46) Recourse 방식이란 소구형으로 상환청구라고도 하며, 채무이행을 제1차 책임자가 이행하지 않는 경우는 제2차 책임자에게 이행을 청구하는 것.

자로 처리되며 연금에 과세되고 있는 20%는 결과적으로 과다한 지불이 되어 이러한 경우는 반환청구를 할 수 있다.

자기소유주택을 매각했을 경우, 일반적으로 양도세는 과세되지 않는다. 또한 스킴의 적용은 상속세 과세 대상 외로 남아 있는 자산 부분에 대해서도 가능하게 된다. 그러나 스킴에서 얻은 자금을 재투자함으로 인해 얻은 수익에 대해서는 당연히 소득세가 과세된다.

HRS는 본인이 사망시에 자산의 일부를 매각하는 것으로 그 자산의 매각으로 다루지 않기 때문에 과세자산은 감소하며 과세액도 적어진다. 결국은 상속인의 상속세의 총액을 경감하게 되는 것이다. 상속세는 234만 3,000파운드 이상의 자산(주택도 포함)에 대해 과세된다. 그 세율은 40%이며 HRS를 이용하고 있는 자산평가는 과세 평가를 감소시킨 실제의 가격 평가이며, 절세효과를 기대할 수 있다.

(2) 이용자 조건

이용자의 조건으로서 연령, 성별, 부부, 독신자, 자산가치 등이 연금액에 관계되는 요소이다. 연령에 관해서는 고령자가 젊은 사람보다 지급 기간이 짧고(수명이 짧다), 성별은 여성의 평균수명이 남성에 비해 5년 정도 길다.[47] 따라서 계약기간이 길수록 매월 금액은 낮아지지만, 전체의 지급액은 변하지 않는다. 또한 부부의 경우가 독신자보다도 평균적으로 장수하기 때문에 독신자에 비해 매월 연금지급액은 줄어든다. 처음에는 주택 자산의 40-50% 상당부분을 매각하고 잔존 부분에 대해서는 시장 가격의 변동을 지켜보면서 처

---

47) 70세의 남성일 경우 13-14년 정도의 기간이지만, 여성의 경우는 18-19년이 될 것 등이다.

분해 가는 방법이 이용자의 나이를 고려해 볼 때 유리하다.

(3) 자유토지보유권과 부동산임차권

완전한 소유권(자유보유권)인 산장, 별장, 각종 임대건물 등의 대부분이 HRS(Home Reversion Scheme) 대상 건물에 해당한다.

부동산임차권인 층 소유권(구분 소유권의 일종이며, 계층을 전유한다)은 대상에서 제외되는 경우가 있지만, 개조가 가능한 경우는 해당된다. 그러나 이러한 임대건물의 거래업자는 층 임대건물의 대부분이 계약기간이 짧은 임대계약이므로 구입에는 소극적이다.

(4) 유지, 수선비

대부분의 경우에는 제도(스킴)의 시행을 시작하기 전까지 주된 수선을 완료할 것을 요구한다. 또한 대상 건물의 재건축 공사의 상당비용으로서 물가지수 슬라이스방식의 보험계약 가입도 요구된다.

(5) 투자가의 보호

모든 역모기지 연금은 보험증권소지인보호법(The Policy Holders Protection Act, 1975)에 의해 모기지 기업의 불이행을 보증하고 계약의 90% 상당액의 연금을 대신하여 지불이 계속된다. 스킴 자체는 금융 서비스법(Financial Services Act, 1986)에 의해 불이행에 대한 배상책임을 약속하고 있다. 그러나 일괄대출자금 스킴은 이러한 보증의 대상 외이다.

(6) 공적 우대 조치의 배경

자산조사에 따른 자격심사(means test)[48]를 필요로 하는 각종 우대 조치를 받고 있을 경우에는 HRS를 이용하여 수익을 높이는 것은 해당 자격을 상실하여, 치과 치료비의 지불이나 안경 비용 등의 사회보장에 의한 여러 가지 보조를 청구하는 권리가 실효된다. 또한 지금까지 받아 왔던 세금면에서의 우대 공제 조치도 공제액의 20% 상당의 감액을 강요하게 된다.

48) means test(자산 조사): 급부금, 원조 등의 희망자의 자산 내용 조사.

제 4 장

외국의 역모기지와 정책적 시사점

1. 역모기지의 리스크와 대응방안
2. 역모기지의 활용방안과 파급효과

제 4 장　외국의 역모기지와 정책적 시사점

1. 역모기지의 리스크와 대응방안

1) 역모기지의 리스크

역모기지는 자산활용이라는 개인적인 측면과 공적연금제도의 수급률 저하로 인한 공적연금의 한계를 보완하는 수단으로 구분할 수 있다. 역모기지에 내재되어 있는 리스크는 여러 가지의 형태가 있다. 역모기지를 둘러싼 리스크를 분류하자면, 풀(pool)을 통해 분산할 수 있는 리스크와 분산할 수 없는 리스크(마켓리스크 등)가 존재한다. 분산할 수 있는 리스크로서는 생존확률에 관한 리스크, 즉 장수 또는 수명에 대한 리스크가 있다. 분산할 수 없는 리스크로서는 금리변동리스크, 부동산가격변동리스크가 있다. 이를 역모기지의 3대 리스크라고 하며, 이를 장수리스크, 금리변동리스크, 부동산가격변동리스크라고 한다. 이러한 리스크에 대한 대응방안이 결국 역모기지제도의 성패를 판가름할 것으로 예측된다.

역모기지 리스크 중에서 고려해야 할 것은 다음과 같다. 첫째, 안정적인 자금조달리스크이다. 사업자가 사업 개시 후 초창기에는 현금흐름(Cash Flow)이 마이너스로 추이되기 때문에 사업개시기부터 안정적이면서도 낮은 금리의 현금을 지속적으로 조달할 수 있는지의 여부가 최대의 과제가 된다. 실질적인 누적손해가 해결되고 나서(필요자금은 모두 대출에 의해 해결했다고 가정하고, 그 상환이 모두 끝나고 나서)는 사업이 정상화궤도에 오르기 때문이다. 즉, 대출기본자산의 장기대출과 낮은 금리의 고정금리를 유지하는 방법과 각종 금융수법의 활용에 의해 안정적이며 리스크헷지가 된 상태에서 자금조달을 가능하게 하는 방안이 중요한 관건이 된다.

둘째, 역모기지가 갖는 사업화 리스크이다. 3대 리스크들은 모두 담보부족이 생기게 하는 원인이 되게 하는 것이고 이들을 헷지하지 않고는 사업화는 성립되지 않는다. 금리변동리스크와 부동산가격변동리스크는 마켓리스크이다. 풀(pool)에 의한다고 해도 리스크헷지가 가능한 것이 아니다. 역모기지의 시행에 있어서 금리변동리스크와 부동산가격변동리스크, 특히 후자가 최대의 문제가 된다. 각각의 리스크의 특성과 규모를 분석하고 어떤 주체가 해결해야 할 것인지, 해결할 수 있는 범위는 어디까지인지 등의 리스크 분석을 할 필요가 있다.

셋째, 사업자와 이용자에게 공통되는 것이지만, 세금제도의 문제를 들 수 있다. 예를 들면, 거래에 관계된 제세의 부담이 크기 때문에 사업의 시행에 있어서는 세금의 감면 조치를 포함해서 세제의 정비가 검토되어야 한다.

넷째, 이외에도 사업 주체의 대출 불이행에 관한 리스크, 이용자가 의사능력을 상실해 버리는 리스크, 대출계약시에 연대보증인이 되는 상속자의 동의 등 상속자리스크, 천재지변 등이 있다.

(1) 사업자(공급자) 측의 리스크

역모기지의 리스크를 사업자(공급자)와 이용자(수요자)로 나누어서 구분한다면, 사업자 측의 리스크는 아래와 같다. 이는 사업이 장기간인데다가 불확실성을 가졌다는 점에 기인한다. 사업자 측에서 보면, 장기간에 걸친 불확실성을 가진 사업에 관해서는 안전율을

<표 4-1> 사업자와 이용자의 리스크

사업자의 리스크	부동산 가격의 하락리스크	금리변동리스크	장수리스크	화재리스크
이용자의 리스크	경제적 빈곤	의료	간호	화재

자료: 역모기지연구회 편, 일본판 역모기지의 실제지식, 동양경제신보사, 1998.

<표 4-2> 3대 리스크의 규모와 헷지 수법

리스크	빈도	손실규모	대수의 법칙	헷지 수법	헷지 난이도	헷지 코스트
장수	소	소	○	종신 연금	○	소
부동산	소	대	×	재보험 기구	△	단기적으로는 대 장기적으로는 중, 소
금리	대	소	×	금융 수법	△	중

자료: 역모기지연구회 편, 일본판 역모기지의 실제지식, 동양경제신보사, 1998.

높이고 가능한 한 리스크를 배제하고 싶은 것이 일반적이다. 즉 사업자 측과 이용자 측의 기대이익을 적절하게 균형을 맞추는 것이 이 사업에 내재되어 있는 본질적인 과제이다. 역모기지를 둘러싼 리스크를 <표 4-1>로 정리하였다.

역모기지에 있어서 3대 리스크라고 불리는 장수리스크, 금리변동리스크, 부동산가격변동리스크의 개념은 아래와 같다. 실제로 리스크 분석을 할 때에는 더욱 더 상세한 분석 항목이 필요하지만, 여기에서는 <표 4-2>로 간결하게 나타내었다.

① 장수리스크

이용자가 계약기간보다 더 장수한 경우에 발생하는 리스크이다. 이와 같은 경우에는 사업자가 계약기간 만료에 따른 상환을 요구하게 되며, 이용자는 계약이 종료되어 생활이 곤란해지는 경우가 발생하게 된다. 이를 장수리스크라고 한다. 이러한 장수리스크는 역모기지의 활성화를 저해하는 하나의 요인이다. 의료기술의 진보, 라이프스타일의 변화, 환경의 변화는 전 국민의 수명에 영향을 줄 수 있다. 장수리스크의 제일 중요한 원인으로는 의료기술의 발전이며, 이로 인해 전 국민의 수명은 연장되고 있다. 생존확률에 의한 것으로 이용자의 수명을 예측할 수 없다는 것이 가장 큰 문제점이다.

② 금리변동리스크

금리변동리스크는 부동산가격변동리스크와 함께 근본적인 리스크라고도 한다. 금리변동리스크는 금리상승으로 담보부족이 예상보다 조기에 발생하는 리스크이다. 사업자는 대차대조표상, 자산과 부채를 대조시키는 과정에서 금리변동리스크가 발생한다. 이 리스크는 역모기지대출에서 계약당시의 예상금리에 의해 실제 대출액이 결정되고, 그 후에 금리가 변동해도 실제 대출액은 변화하지 않는 것에 의해 발생한다.

즉, 금리변동리스크는 금리의 변동폭으로 생기는 리스크로, 고정금리와 변동금리의 적용으로 나눌 수가 있다. 만약, 역모기지 이용시에 고정금리를 적용한다면, 금리상승기에는 사업자의 금리변동리스크가 매우 커지게 된다. 반대로 변동금리를 적용한다면, 대출액이 금리에 따라 증감하게 되어 이용자의 대출액이 일정하게 지급되지 않을 수 있다.

③ 부동산가격변동리스크

부동산가격변동리스크에 대해서는 부동산가격상승률이 계약당시 예상한 수준 이하로 되는 리스크이다. 경기침체 등으로 인해 부동산가격이 대폭적으로 하락하는 경우의 리스크로 생각할 수 있다. 부동산 가격의 불확실성에 관한 리스크는 여러 지역에 걸쳐 제도를 실행(pool)함으로써 최소화할 수 있지만, 분산시킬 수 없는 리스크이다. 특히 전국적인 경기후퇴가 발생한 경우에는 분산이 불가능하다.

④ 자금의 안정적 조달

역모기지는 사회적 측면에서 복지적인 관점도 요구된다고 할 수 있다. 역모기지의 대출은 장기간 낮은 금리로 안정적인 조달이 가능하여야 된다. 조달 수법에 따라서는 조달금리가 시장금리보다 높아지게 될 수도 있다. 또한 이용자 개인의 대출계약에 있어서 대출기간을 예측하기 곤란하고 필요자금의 시기를 파악하기 어렵기 때문에 조달기관인 사업자는 이용자의 대출과 대출자금 사이에 부적합(mismatch)을 일으킬 가능성도 있다. 자금의 조달 측면에서 문제가 되는 것은 사업시행 후 장기간이 소요되므로 사업 주체는 자금이 계속 유출되기만 하고, 채권의 회수가 빠르게 회수되지 않는다고 하는 점이다. 따라서 사업주체인 사업자는 이러한 장기간 현금을 조달할 수 있는 자금력 확보가 필요해진다.

예를 들어, 고정금리로 10년 동안 자금조달을 한다고 가정할 때, 이용자가 3년 만에 계약종료되는 경우에는 잔존기간 7년간의 자금활용에 문제가 생긴다. 그 남은 기간에 시장금리가 조달금리보다 저하된 경우에는 조달 코스트의 높은 금리를 계속 부담해야 한다. 이러한 리스크에 관해서는 리스크를 풀(Pool)하는 것에 의해 어느 정도 감소시킬 수 있다.

(2) 이용자(수요자) 측의 리스크

① 토탈 대출코스트의 저하

역모기지는 대출기간 중에는 원금과 이자를 전혀 상환하지 않기 때문에, 계약종료시에 잔존가치 등을 고려하면 대출원리금의 총액 등 대출코스트가 상당히 높아진다.

즉, 대출상환 시점에 이르러 금리가 높아져서 대출원금과 이자가 증가하여 전체적인 상환액이 높아져 부동산가격보다도 상회된 경우가 발생할 수 있으며, 반대로 부동산가격의 하락으로 담보부족이 발생하여 전체 상환액이 부족해질 수도 있다. 이러한 사례로서 미국에서의 민간금융기관인 Providential사가 역모기지를 시행하다가 1995년 4월에 정지한 후, 토탈 대출코스트가 높아져서 집단 소송(Class Action)에 휩싸이는 등 사회적 문제가 되었다.

이 점에 관해서는 상품 설계시에 토탈 대출코스트를 얼마나 낮게 억제할 수 있는지와 이용자가 장수하게 되면 토탈 대출코스트가 저하된다고 하는 것, 종신대출(또는 보험급부)을 받을 수 있는 캐시인 플로(Cash in Flow)를 예약하는 기한의 이익 및 종신까지 자택에 계속 살 수 있는 메리트와 비교해야 할 것이다.

즉, 역모기지에서 토탈 대출코스트라고 하는 정량적 지표만으로는 그 가치를 충분히 표현할 수 없는 측면이 있다. 역모기지의 이용을 확대하기 위해서는 이러한 점을 충분히 이해한 후 이용하여야 하며, 고령자(이용자)가 기대하는 효용이 만족된다고 하면 역모기지는 새로운 대안이 될 수 있다.

② 세제와 관련된 리스크

역모기지제도의 원활한 운영에 있어서 이용자와 사업자에게 공통되는 것으로, 세법상의 제한이 장해물이 되고 있다. 이를 해결하기 위해서는 부동산 매매시에 등록세, 취득세, 양도소득세 감면으로 실질적인 대출금리가 저하되게 해야 한다. 역모기지 이용자는 재산세와 보유세를 감면하여 초기비용인 근저당 설정비용과 등록세 면제혜택을 고려해야 할 필요가 있다. 여기에 소요되는 비용의 일부를 사회보장제도 차원에서 일정 비율을 정부가 부담하는 것도 검토할 필요가 있다.

재정경제부는 2005년부터 역모기지를 담보로 제공하는 주택에 대해서 양도소득세 비과세 특례를 적용하기로 했다. 일반적으로 현재 1가구 1주택 소유자로 양도세 비과세 혜택을 받으려면 3년 이상 보유하면 가능하나 서울 · 과천 · 5대 신도시는 3년 보유는 물론 2년 이상 거주해야 하며 부모나 자식이 함께 거주하게 되어 1가구 2주택자 소유자가 될 경우에는 그 중에서 1주택을 2년 이내에 매도하기로 되어 있다.

하지만 역모기지를 이용하는 경우에는 서울 · 과천 · 5대 신도시에 주택을 소유하고 있는 60세 이상 고령자가 그 주택을 10년 이상 역모기지 담보로 제공하면, 2년 이상 거주하지 않아도 양도세를 비과세해 준다는 내용으로 소득세법 시행령을 개정하였다. 또한 60세 이상 고령자가 자녀와 함께 거주하게 되어 1가구 2주택 소유자가 되더라도 거주하던 집을 역모기지 담보로 제공하면 1가구 1주택 소유자로 간주해서 나중에 보유 주택을 매도할 때 양도세가 비과세된다. 역모기지 계약종료 전 해당 주택 처분시에는 배제하며, 고가주택인 6억 원 이하만 비과세하기로 했다.[1)]

이렇게 세금감면이나 비과세 조치를 하여 고령자가 이용하기 쉬운 방향으로 세제를 정비해야 할 필요가 있다. 상속세의 경우도 과감한 세제 지원을 하여야 한다. 예를 들면 현재 우리나라의 상속세는 기초공제로 2억 원을 공제하고, 일괄공제로 5억 원을 공제하고 있다. 만약 역모기지로 담보된 부동산을 자녀가 대신 상속받는 경우에는 기초 공제금액을 상향조정하여 상속세를 감면해 주면 보다 폭 넓은 이용이 가능하게 될 것이다. 또한 상속세의 계산시에 금융

1) 조선일보, 2004. 12. 31.

기관의 대출이 부채로 상계되어 상속세의 절감을 유도할 수 있다.

③ 이용자의 주된 의무

역모기지를 이용하는 경우, 이용자에게 사전 카운슬링, 화재보험 가입, 납세, 통지・보고 등의 의무가 부과된다고 할 수 있다. 이것은 이용자의 계약 보전 등의 관점에서 필요한 수단이다. 이용자의 의무에 대해 계약자 대응이라는 측면에서 아래와 같이 고찰하였다. 이용자의 의무 및 사업 주체에 의한 계약자 대응의 확실한 이행을 담보하는 관리 체제가 사업주체에게 요구되는 것이라고 생각된다. 이용자의 주요한 의무에 관한 검토 결과는 <표 4-3>와 같다.

<표 4-3> 계약자의 주된 의무

이용자의 의무	개 요	비 고
1. 사전 카운슬링	오해 등에 의한 계약 후의 문제를 회피하기 위해, 부부가 함께 사전에 카운슬링을 실시한다.	고령자가 안심하고 상담할 수 있는 제3자 기관이 요구된다.
2. 화재 보험	계약자에게 화재 보험의 가입을 의무화하고, 동 보험에 질권설정을 한다.	고령자의 생활안정의 관점에서 가능한 한 안심할 수 있는 해결책을 권할 필요가 있다.
3. 각종 납세 의무	이용자와 상속인 등에 각종 납세 의무가 존재하는 것을 사전에 카운슬링 등으로 충분히 설명한 후에 대출 플랜을 결정할 필요가 있다.	예상되는 양도세액을 유보하는 옵션 등의 필요성 검토
4. 통지 의무와 연차보고 의무	사망, 이사 등 계약 종료시에 통지 의무와 주요한 주거의 확인을 하기 위한 연차 보고 의무를 계약자 및 상속인에게 부과한다.	통지, 보고 의무 위반에 관한 페널티의 설정
5. 기 타	주택의 유지관리 의무	
	당해 부동산에 관한 담보권의 설정 금지 등	

자료: 역모기지연구회 편, 일본판 역모기지의 실제지식, 동양경제신보사, 1998.

2) 역모기지의 리스크 대응방안

(1) 자금조달에 관한 리스크 대응방안

자금조달면에서 문제가 되는 첫번째는 자금조달에 따르는 금리 리스크이다. 역모기지 성격상 복지적인 관점도 요구되기 때문에 역모기지의 융자는 낮은 금리이면서 안정적이어야 한다. 조달 수법에 따라서는 조달금리가 시장금리에 연동하여 높아지거나 낮아질 수 있다. 각각의 대출계약에 대해 대출기간이 예측곤란하고 시계열적인 필요자금을 적절히 파악하기 어려워 조달액과 기간, 융자액과 필요자금의 사이에 불일치가 일어날 가능성이 있다.

자금 조달면에서 두번째 문제는 사업을 개시한 뒤에 장기간에 걸쳐 대출이 시행되므로 인하여 사업 주체는 자금이 일방적으로 유출되고 채권의 회수가 단기간에 되지 않는다는 점이다. 따라서 사업 주체에는 이 기간 동안 감당할 수 있는 재정능력과 운전자금의 확보가 필요하다.

① 소요자금의 조달

미국에서는 HUD의 HECM에서 모기지 채권을 FNMA가 대출자에게 사들이는 형태로 자금공급이 행해지고 있다. 이것은 HECM이 현금흐름(Cash Flow)을 충분히 가지지 못한 고령자에 대해 주택 자산을 현금화하여 고령자 복지에 도움을 주는 성격을 가지고 있기 때문이다. 미국의 경우를 보면, 민간기관이 단독으로 역모기지를 시행하고 있는 사례도 있지만, 안정적인 자금조달이 용이하지 않다. 따라서 제공하고 있는 상품의 실질 금리를 비교적 높게 설정할 수밖에 없는 상황이다.

② 금리변동리스크

금리 스왑(swap),[2] 유로, 달러, 선물 등, 각종 파생상품(derivative)의 활용에 의해 금리변동리스크를 헷지할 수 있다. 단, 헷지 코스트가 들기 때문에 대출 이율을 높게 설정하게 된다. 이 수법은 최근 넓게 활용되고 있고 역모기지에 있어서도 이용이 가능하다고 생각되지만, 이 제도의 사업이 장기간 소요된다는 것과 새롭게 사업을 시작한 경우나 시작 후에 장기간에 걸쳐서 실질적으로 현금이 마이너스가 되는 것 등을 생각하면 비교적 단기간에 효과를 기대하는 파생상품의 활용만으로는 충분한 리스크헷지를 기대할 수 없다는 우려도 있다.

③ 역모기지 채권의 증권화

미국에 있어서도 역모기지 채권의 증권화를 도모한다는 관점에서 FNMA나 Transamerica Home First사 등에서 검토되어지고 있다. 그리고 증권화가 달성된다면 역모기지 사업자의 파이낸스가 비교적 용이하게 되고, 민간 사업자의 참여가 촉진된다. 역모기지 채권의 증권화에 의한 사업 주체의 자금조달면에서의 어려움을 해결한다는 관점에서 증권화 수법에 대해 다음과 같이 검토하였다.

역모기지 채권의 증권화에 있어서 CMOs(Collateralized Mortgage Obligations: 원리금변형지급식증권)[3]와 같은 수법이 있다. 역모기지의 경우에는 원래의 채권으로부터의 캐시플로(Cash Flow), 즉 현금유동화에 확실성이 없는 것과 ABS(Asset Backed Securities)[4] 등,

---

2) 현물환의 매매와 동시에 이에 대응하는 동액의 선물환 매매를 하는 것이며, 이를 교환이라고도 한다.

3) CMOs(Collateralized Mortgage Obligations: 원리금변형지급식증권)란 공동으로 자산집합(pool)을 구성하여 수익배분 형태로 매각된 부동산 모기지를 말한다. 원리금변형지급식증권(Pass Through)은 근거자산으로부터의 원리금을 소유자에게 비례적이 아닌 방식으로 배분하는 증권이다.

4) ABS(Asset Backed Securities)란 자산유동화 증권, 자산담보부채권이라고 하며, 유

이것을 대신하는 수법으로서 채권 매수 기관에 의한 역모기지 채권의 매수와 신탁방식(금전 채권의 신탁)을 생각할 수 있다. 채권 매수 기관에 관해서는 반드시 공적 기관에만 한정하지 않고 제3자 등에 의한 것도 생각할 수 있다.

신탁방식은 역모기지 채권을 신탁하고, 그 신탁 수익원을 기관투자가 등에 판매하여 유동화해 나가는 방법으로 파이낸스의 효과를 얻을 수 있다.

역모기지 채권의 증권화에 관해서는 채권구입 기구가 역모기지 채권을 풀(Pool)한 후에 장래의 역모기지 채권의 증권화를 노리는 점진적인 수법이 현실적인 것이라고 생각된다. 역모기지 채권증권화의 수법으로서는 앞에 서술한 대로, 미국에 있어서 CMOs와 같은 수법, 제로쿠폰채(債)[5]와 같은 것을 생각할 수 있다.

역모기지 채권의 증권화에 있어서는, 본래의 채권으로부터 캐시플로(Cash Flow)의 특성이 모기지와 크게 다른 것에 유의할 필요가 있다. 또한, 모기지 채권의 증권화에 관한 수법은 어디까지나 모기지를 전제로 해서 개발된 것이며 역모기지의 시장에 있어서는 예측할 수 없는 문제가 발생할 가능성도 있다.

만약 역모기지의 증권화가 실현된다면, 사업 주체에 있어서는 상당히 매력적이지만, 증권화를 검토하는 데 있어서 본래 채권으로부터의 캐시플로(Cash Flow)에 확실성이 없으며, 저당시장이 성장할 때까지는 상당한 시간을 요한다는 문제점이 있다.

증권화가 앞서 가고 있는 미국에 있어서도 역모기지에 관해서는 아직 증권화가 곤란하다는 점과 그리고 일본이나 영국, 캐나다, 프

동화 중개기관이 자산을 원보유자로부터 떼어내 신용평가기관의 평가를 거쳐 증권화시킴으로써 시중에 유통시키는 것이다.

5) 제로쿠폰채(債): 할인채라고도 불리며, 액면 금액보다 이익상당액이 할인된 가격으로 발행되어, 만기에 액면으로 상환되는 것을 말한다.

랑스에서도 증권화가 진행되지 않고 있어 역모기지 채권의 증권화 실현에는 어느 정도의 시간을 요한다고 생각된다.

(2) 보험으로의 리스크 대응방안

역모기지 리스크 중에서 장수리스크, 부동산가격변동리스크, 금리변동리스크에 관해서는 담보부족에 의해 손실이 확대되기 때문에 보험 수법을 이용하여 해결하지 않고는 성립될 수 없다. 이러한 리스크는 보험 기구를 설치해서 해결하는 방법밖에 생각할 수 없지만, 장수리스크는 풀(Pool)에 의해 리스크 헷지가 가능하다.

또한, 금리변동리스크는 마켓 리스크이긴 하지만, 표준편차 등을 적절히 예상하고 대출금리에 일정한 갭을 설정하여 그 범위 내의 금리변동리스크를 보험 기구에 부담시키는 것이 가능하다. 조달금리를 안정적이고 지속적으로 낮은 금리로 설정한다면, 금리변동리스크에 관해서는 보험 기구의 사업수지에 미치는 영향을 최소한으로 억제하는 것도 가능하다.

① 부동산가격변동리스크에 관한 보험으로의 대응방안

부동산가격변동리스크는 단기적으로는 크게 가격이 하락해도 장기적인 측면에서 단독주택의 경우를 예로 들자면, CPI(소비자물가지수)를 넘는 수준을 유지한다고 생각되어 통상의 변동 범위 안에서 적절한 표준편차를 예상해서 상품을 설계하는 것에 의해 보험 기구가 그 리스크를 부담할 수 있을 것이라고 생각된다.

단, 부동산가격변동리스크는 금리리스크와 같은 마켓리스크이고, 풀(Pool)에 의해서도 본래는 리스크 헷지가 불가능하기 때문에 대체로 보험 수법에는 익숙하지 않은 점이 있다. 따라서 주도적이며 안정성과 지속성을 유지하는 사업운영을 가능하게 하기 위해서는

<표 4-4> 계약의 흐름에 따른 고객 대응의 고찰

시 점	항 목	포인트	수법(검토 사항)
계약시	계약의사의 확인	오해 등에 기초한 고객 크레임의 발생 방지	사전 컨설팅과 카운슬링 실시
	부동산 가격 조정	적정한 감정에 의한 타당한 대출액을 결정한다.	비용
	대출계약		한도 대부 계약 등
	채권 보전의 방식	당해 부동산은 대출금의 상환에 충당되도록 한다.	① 대물상환의 예약 ② 근저당권 설정 등
	비용부담	계약체결에 따른 비용은 원칙적으로 고객 부담이 된다.	① 컨설팅 수수료, ② 비용, ③ 인지세, ④ 등록 면허세, ⑤ 법무사의 수수료
대출중	주거관리	이용자가 거주관리능력을 상실했을 때의 문제와 지속적인 관리, 서비스 회사 등과의 제휴 필요성 유무	
	화재보험의 부보	건물 가격(대출액 정산시 근거가액)을 포함하는 경우는, 건물에 화재보험을 부보하게 하고 질권을 설정한다.	화재보험의 부보(질권 설정)
	고정 자산세 등	이용자 부담	
대출중	부동산의 재조사	부동산가격변동리스크의 경감을 도모하기 위해 재조사 여부	
한도액 초과시	대위 변제	보험부 역모기지의 경우에는 대출 한도액을 초과했을 때에는 사업 주체는 보험 기구로부터 대위변제를 받게 된다.	① 대위변제의 부기 등록 ② 기타 사무 수속
계약 종료시	대물상환 부동산 처분	계약자의 사망 등에 의해 계약이 종료했을 때에는, 대물상환을 완결하고 당해 부동산 소유권의 이전을 받아, 시장매각 등에 의해 환가 처분하고 대출금액을 회수한다. 대출금액을 넘는 액수는 상속인 등에 상환한다(정산형).	① 대물상환의 예약 완결의 의사 표시 ② 소유권 이전의 등기 ③ 부동산 취득세의 납부 ④ 부동산의 환가 처분 ⑤ 법무사의 수수료
	상속세 부담	상속인에게 상속세의 납세 의무가 발생(부동산의 상속세 평가시 대출 금액으로 평가된다면 당해 부동산에 관계되는 상속세 부담은 없다).	
	고객의 양도세 부담	상속인에게 양도세의 납세 의무가 승계된다.	사업 주체에 직접 관련은 없지만, 이용자에게 있어서는 큰 문제이다.

자료: 역모기지연구회 편, 일본판 역모기지의 실제지식, 동양경제신보사, 1998.

세심한 주의를 기울일 필요가 있고 갑작스런 부동산 가격하락에 대비하기 위해 방안을 염두에 두어야 할 필요가 있다.

② 부동산 가격하락에 대비하는 재보험 기구

일반적인 손해보험에 있어서는 이상 재해에 대비하기 위해 정부에 의한 보험 풀(Pool)과 이상 재해 재보험 풀(Pool) 등이 설립되어 있다. 이는 이상 재해에 의한 보험금 중에서 일정 한도액을 넘는 금액을 지불하는 것이다.

역모기지에 있어서 부동산 가격의 급작스런 하락이 발생했을 경우의 대책으로, 이에 대비하는 재보험 기구를 설립할 필요가 있다고 생각된다. 이는 담보 부족에 의한 로스(loss)가 일정 수준 이상에 달했을 경우에는 그 부분의 손실을 해결하는 역할을 담당하게 된다.

〈표 4-5〉 역모기지의 리스크와 대응책

리스크	리스크 내용	대응책
금리변동	금리상승으로 인해 담보부족이 조기에 발생	○ 장기금리로 실제대출액을 결정하고, 단기금리에 연동한 변동금리를 적용금리로 한다. ☆ 변동가능한 조건부계약으로 한다.
부동산 가격변동	부동산 가격상승률이 예상 아래	○ 가격상승률에 표준편차를 감안하여 모델을 설계한다.
	경기후퇴 등으로 인해 부동산 가격 대폭하락	☆ 이 리스크에 대비한 펀드가 필요하다. ☆ 채권의 순조로운 유통을 도모하는 스킴을 구축.
장수 리스크	생존확률	○ pool화에 의한 리스크분산을 도모한다. ☆ 생명표에 안전율을 포함.
	의학진보에 의한 여명의 신장	☆ 생명표 수정을 정기적으로 행한다.
	역선택리스크(건강자에 의한 대량 계약체결)	☆ 이용자에 대응한 생명표를 이용한다.
계약분포	젊은 고령자 층의 대량신청	☆ 정규분포에서의 대폭적인 괴리가 없는 한 리스크는 그다지 크지 않다.
	대출플랜 선택률의 대폭적인 괴리	☆ 대출플랜별로 보험료율을 설정한다. ☆ 대출플랜의 중도변경을 불가능하게 한다.

주) ○는 HUD가 채용하고 있는 대응책이고, ☆는 앞으로 검토가 필요하다고 생각되는 분야임.

(3) HUD의 리스크 대응방안

역모기지 리스크에 대해서는 미국의 HUD도 여러 관점에서 분석을 하고 있다. 본 항목에서는 이러한 분석에 근거하여 HUD가 HECM에서 어떤 대응방안을 취하고 있는지를 일람표로 정리하였다. <표 4-5>에서 대응책의 (○)인은 HUD가 채용하고 있는 대응책을 나타내며, (☆)인은 앞으로 검토가 필요하다고 생각되는 분야이다.

2. 역모기지의 활용방안과 파급효과

1) 역모기지의 활용에 따른 파급효과

역모기지는 장래 주택의 질적 향상이나 주택소유의 동기부여를 실현시키는 것으로 주택복지와 재택의료 추진 등의 문제를 해결할 수 있다. 역모기지의 장점은 고령자가 자택에 계속 거주하면서 유동화시켜 필요소득을 창출할 수 있다. 이러한 자금으로 일상생활

<표 4-6> 역모기지의 파급효과

의 의	
· 고령자의 여유 있는 생활 지원	· 예측 불가능한 노후생활비의 안정적 확보
	· 익숙한 주거환경에서 쾌적하고 안전한 거주
· 연금제도에 대한 신뢰감 향상	· 연금수급권자의 복지 향상
	· 연금주택대출과의 연결
↓	
파급 효과	
· 주택 소유에 대한 동기부여의 파급효과	· 주택에 대한 자산 평가의 향상
· 유지관리, 리모델링 시장의 정비	· 공적비용 투입의 경감 유도
· 장수명, 배리어프리(Barrier Free) 주택 보급	

비, 개호비용, 의료비 등의 갑작스러운 지출이나 주택 보전비용, 또는 고령기 삶의 보람을 추구하는 여가·오락비용 등에 사용할 수 있게 된다. 고령세대의 소득실태를 볼 때, 여유 있는 생활을 보내기에는 수입이 충분하지는 않다고 볼 수 있으며, 고령자의 자가주택 보유 비율을 보더라도, 역모기지의 잠재적 필요는 높을 것으로 예상된다.

(1) 고령자의 여유 있는 생활지원

고령자는 저소득층이고, 사회적으로 약자라는 인식하에서 의존적인 고령자상[6]이 만들어져 왔다. 그러나 고령자 자신이 건강한 동안에는 자립적인 생활을 영위하고 다양한 분야에서 활약하며 자립이 곤란한 경우에는 사회에서 따뜻하게 지원하여 고령자도 안심하고 그 지원을 받아들일 수 있도록 시스템을 만들어 나가는 것이 필요하다.

역모기지를 활용하여 예측 불가능한 노후생활비를 생존하는 동안 안정적이고 계속적으로 확보하는 동시에, 익숙한 자가주택에서 계속 거주할 수 있게 된다. 또한 나이가 드는 것과 함께 주택의 건축연수도 경과하여 유지관리가 필요한 경우에도 역모기지를 이용하여 지원된 대출금으로 비용을 조달할 수 있게 된다.

6) 급속한 고령화의 진전으로 경제 전반에 차지하는 사회보장의 부담과 비중이 높아질 것으로 예상되어, 세대간의 공평성을 확보하기 위해서는 고령자라는 명목으로 구별할 것이 아니라, 그 능력에 따라 부담을 져야 한다는 논리가 설득력을 얻어 가는 상황이다.

(2) 장수명·배리어프리(barrier free) 주택보급

좁고 가파른 계단에서 일어나는 낙상사고나 계단의 높이 차이로 넘어져서 발생하는 주택 내의 사고는 치명적일 수 있으며, 고령자의 행동을 크게 제한하여 고독하게 만드는 요인이 되기도 한다. 고령사회의 주택정책은 고령자가 심신에 지장을 주지 않는 범위 내에서 사는 데 익숙해진 자택에서 생활하도록 초점이 맞추어져야 한다.

그러기 위해서는 주택의 기능으로, ① 신체기능이 저하되는 고령기가 되더라도 안전하고 쾌적하게 지낼 수 있도록 배리어프리[7]구조를 미리 완비할 것, ② 가정 봉사원, 방문간호 등에 의한 개호나 주택의료 서비스를 받을 수 있는 공간을 구비해야 할 것, ③ 거주자가 나이가 들어감에 따라 주택의 건축 연수가 경과할 지라도 고령기에 안전하게 계속적으로 거주할 수 있도록, 주택의 내구성을 향상시키고 필요한 유지관리를 해나가야 한다.

역모기지의 개념이 보급되면, 자산가치가 있는 주택에 대한 취득 수요가 높아질 것으로 예상된다. 때문에 토지는 물론, 가옥의 자산가치를 더욱 높여가는 데에 관심이 높아지고, 내구성의 실현과 더불어 내부구조의 표준화, 배리어프리화[8] 등이 우량주택의 필수조건이 될 것으로 생각된다.

---

7) 일본에서 배리어프리 주택의 제안은 1980년대에는 장애인을 가진 가정을 중심으로 이루어졌고, 1990년대에는 대기업 상품의 대부분이 고령자 배려형 또는 고령화의 진전에 따라 대응하는(대응형) 형태로서 독자적인 조사연구를 바탕으로 다양화 되었다.

8) "질보다 양적인 주택정비"를 개선하여 "높은 내구성인 배리어 프리의 주택정비"를 실현해 나가기 위한 방안으로서, 역모기지에서 일정한 성능을 가진 주택에 대해서는 대출을 우대하는 등의 정책적인 배려를 갖게 할 수도 있다.

(3) 유지관리·리뉴얼 시장의 정비

주택업체가 신축을 대신할 수 있는 사업으로 주목하는 것이 유지관리·리뉴얼 등의 리모델링이다. 저출산·고령화라는 사회 환경의 변화로 주택의 신규수요는 급감하고 있는 실정이며, 주택산업은 커다란 전환기를 맞이하고 있다. 즉, 신규공급을 축으로 한 "플로형 경영"에서 주택스톡을 활용한 "스톡경영"으로 이행하게 되는 것이다.

유지관리·리뉴얼시장의 정비를 실행하기 위해서는 ① 우량한 주택스톡을 늘려감에 따라 재건축보다도 리뉴얼을 중심으로 한 수요를 높이고, ② 정기적인 유지관리 체제를 만들어 수요의 안정화를 도모하는 것이 필요하다.

역모기지를 활용하여 ①에 대해서는 자산가치가 높은 주택이 보급되어 갈 것이 기대되어 우량한 주택스톡 형성에 기여하고, ②에 대해서는 대출 조건으로 정기적인 유지관리의 이행을 의무화함으로 수요의 안정화를 도모할 수 있게 된다. 또한 역모기지의 이용을 확대해 나가는 것으로 소유하는 주택에 대한 유지관리 서비스를 하나의 상품으로 제공하는 것이 가능하며, 합리적인 가격으로 밀도 높은 서비스를 제공하는 상품의 개발도 기대된다.

(4) 가옥에 대한 자산평가의 향상

일본의 경우, 결혼해서 임대주택에 살다가 43세에 신축 아파트 (80㎡)를 구입한 자가주택 소유자와 평생 임대아파트에 거주하는 경우를 비교[9]한 결과, 주거비 부담률이나 소비지출 등에서 자가주

9) 일본의 국토건설성이 발표한 "주생활 비전21"에서 수도권에 근로자가 결혼해서 사망할 때까지의 50년간을 대상으로 임대주택과 자가주택 소유에 대한 비교 조사결과를 발표하였다.

택 소유자는 자산을 남기는 반면에 생활의 여유는 별로 없고, 임대아파트 거주자는 여유라는 면에서는 자가주택 소유자보다 높지만, 주택부담률은 높고 사망시의 자산은 적은 것으로 드러났다. 자가주택이나 임대주택 거주 여부는 그 사람의 생활 스타일이나 각자의 사고에 따라 선택해야 할 것이며, 어느 쪽이 유리하다고는 한마디로 판단할 수 없다. 그러나 자가주택 소유자이든 임대아파트 거주자이든 노후는 반드시 찾아오며, 국민의 대부분이 노후생활에 불안을 갖고 있는 현상을 고려할 때, 생활스타일 중에서 노후생활의 모습이 커다란 비중을 차지하고 있다고 할 수 있다.

주택구입의 동기에 있어서는 자녀의 출생과 자녀의 성장 등을 이유를 든 사람이 많다. 부동산을 자손에게 상속하는 경향이 강한 일본에서는 노후의 생활자금을 목적으로 주거를 취득하는 경우는 적다. 따라서 노후생활자금의 확보라는 점에서 임대아파트 거주자가 압도적으로 유리(7.7배)하지만, 역모기지 제도를 도입함에 따라 이 개념은 크게 수정될 것이다.

스스로 취득한 부동산을 노후생활자금으로 현금화하는 체제가 가능하게 되면, 자가주택 소유자가 유리(약 2.5배)하게 되며, 이 제도의 보급으로 주택취득 의욕이 향상될 것으로 예상된다. 또한, 종래의 토지편중형의 자산평가가 아닌 높은 내구성, 배리어 프리화한 주택의 성능을 제대로 자산평가하는 방향으로 된다면, 그 차이는 훨씬 확대될 것이다.

국가의 경제발전에 기여해 나가기 위해서도 국민의 주택취득 의욕을 향상시켜 우량한 주택스톡을 형성해 나갈 필요가 있다. 역모기지는 이러한 목적에 이바지하는 제도인 동시에, 노후생활자금을 안심하고 확보하는 제도를 실현하는 것으로 자리매김을 할 수 있다.

노후생활자금을 소유 부동산으로 전환하는 것이 가능하다면, 국가의 산업체계에도 파급효과가 미치게 되며, 고령자의 소비생활도

보다 활발하게 될 것이다.

(5) 공적 비용투입의 경감 유도

일본 역모기지의 최초 사례인 무사시노시(武藏野市) 복지공사의 자산활용제도[10]의 발안자는 세금징수에 종사하는 공무원이었다. 이는 지원을 필요로 하는 고령자에게 공적 비용투입의 경감을 목적으로 한 것이었다. 이때까지는 고령자가 특별노인요양소에 입소하면 공적 비용이 투입[11]되는 한편, 고령자가 사망하게 되면 상속인에게 고령자의 자산이 전부 상속되었다. 이러한 불평등을 시정하고 세금의 사용에 있어서 요구되는 공평성이라는 관점에서도 이치에 맞는 시스템으로 자리매김을 할 수 있도록 이 제도는 활용되었다. 무사시노시의 사례에서는 자치제가 행하는 복지제도로서 자리매김을 하고 있지만, 부동산을 담보로 하여 받는 대출금의 용도는 복지서비스의 구입에 한정되어 있기 때문에 공적비용 투입의 경감이라는 파급효과를 도출하기 쉽다. 그러나 전국적으로 역모기지를 전개하기 위해 자금용도를 한정하지 않는 경우에도 고령자, 가족, 지역사회의 필요를 확실히 파악하여, 노후생활에 필요한 여러 서비스와의 연대를 통해 파급효과를 도출할 수 있다. 무사시노시(武藏野市)에서 검증된 공적 비용 투입의 경감이라는 파급효과가 역모기지제도의 이용자 만족도로 이어지고 있으며, 가족의 힘으로 자택개호를 해온 경우도 대출금으로 가정봉사자를 이용한 여성노동력의 향상

10) 고령자는 자산을 보유하고 있지만, 생활에 필요한 현금이 없다. 고령자에게 개호가 필요하게 되면 밀도 높은 서비스를 복지공사가 제공하고 그 이용에 드는 비용은 고령자에게 부담시키되, 그 비용을 지불할 수 없는 고령자 부동산을 담보로 복지자금 대출을 실시하여 부담시키는 취지이다.

11) 고령자에게 자금이 있으면 지속적으로 양질의 서비스를 받을 수 있으며, 자금이 없게 되면 공적비용을 투입함으로 통상의 서비스를 받을 수 있게 된다.

도 기대되며, 원거리의 고향에 사는 부모의 개호를 위해 육체적으로나 경제적으로도 부담이 큰 개호문제에 대해서도 해결 방향이 있을 것으로 보인다. 저소득층의 생활보호를 위해 많은 금액의 공적 비용이 투입되고 있는 현황을 고려한다면, 공공기관이 역모기지를 정착시키는 것에 의해 공적 비용 투입의 경감을 유도해 나갈 수 있을 것으로 여겨진다.

(6) 공적 지원의 중요성

저출산과 고령화의 가속, 고령 독신세대의 증가, 미혼율의 상승, 연금급부수준의 저하, 의료비의 부담증가에 의한 고비용 사회구조 등을 배경으로 우리나라에서도 역모기지의 필요성이 커지고 있다. 그러나 각 사업주체가 시스템을 만들면서도 그 보급은 초보단계로 방향이 명확하게 되어 있지는 않다.

역모기지는 기본적으로는 민간시장에서 공급되는 것이지만, 역모기지가 일반적인 수요에 부응하는 조건이 정비되어 있지 않는 상황 속에서는, 공공기관이 필요한 시장조건 정비 등의 역할을 해야 한다. 공공기관이 하는 역할로서는 민간 활동이 원활해지도록 시장 시스템정비를 해야 한다. 특히 정책목적에 의해 추진하고 싶은 분야로서, 민간에 의한 공급이 충분하지 않는 경우는 시작단계에서 공공기관이 대신해서 공급주체가 되는 것도 고려할 필요가 있다.

(7) 세제상의 유리

부동산 취득시에 과세되는 상속세와 양도소득세를 경감시키거나 비과세하여 역모기지제도의 활용화를 도모하고, 부동산 보유시에 부과되는 등록세와 취득세를 경감하여야 한다. 특히 계약기간이 종료되어 금융기관에서 상환된 주택을 다시 시장에서 재매매를 행할 때 등록세와 취득세를 경감시켜서 역모기지 주택의 매매에 활성화를 기할수 있도록 하여야 한다.

2) 역모기지의 활용방안

역모기지의 활용방안으로는 고령자만 이용 가능한 상품이 아닌 매우 다양한 상품구성으로 가능하다는 것을 예상할 수가 있다. 본서에서는 광의적인 개념의 역모기지로서 아래와 같은 다양한 패턴의 역모기지를 제시한다.

(1) 특정 필요를 위한 역모기지

본서의 제3장 1절에서 고찰했던 미국의 역모기지 중에서 공적 역모기지로서 고령자의 자산 연납제도로 이용되었던 DPL과 PTD 등과 같이 특별한 목적을 이유로 제공되는 것을 말한다. 이를 테면, 고령자 전용 주택의 리모델링, 의료비와 재택 개호비 등의 특정한 필요에 대응하기 위해 그 비용을 중점적인 대출 대상으로 하는 역모기지 유형이다. 제3장 2절에서 일본 역모기지의 경우는 개호 서비스와 연계된 제도이다. 치매나 거동 부자유로 재택개호를 위한 비용이 필요한 고령자의 경우는 개호를 받는 고령자의 자산을 담보로 하여 일정한 조건 아래서 동거하는 상속자가 계약자가 될 수 있다. 자녀가 계약자가 되면 의사능력상실 리스크를 회피할 수 있는 장점이 있다. 계약은 개호를 받은 고령자의 사망시에 종결한다.

(2) 종신거주를 확보하기 위한 역모기지

자가주택의 취득이 곤란한 중・고 연령층을 대상으로 한 역모기지이다. 종신 거주만을 목적으로 중・고 연령층이 주택취득을 하는 경우의 구입자금 일부를 금융기관이 대출하여 사망 후 주택 매각에 의해 상환하는 형태를 취한다. 그리고 주택 대출을 전액 상환하지 않아도 그 잔액이 일정액 이하가 된 단계에서 잔액을 차감한 액수의 범위로 고령자가 선택적으로 이용할 수 있는 역모기지도 생각할 수 있다.

(3) 역모기지 아파트

제5장 1절에서 고찰한 것과 같이 우리나라의 실버타운에 역모기지를 적용하는 방법이 그 단적인 예라고 할 수 있다. 서울 강서구 등촌동에 건설하는 실버주택 SK 그레이스힐을 분양받은 이용자에게 시행사 측이 역모기지를 이용하는 경우이다. 역모기지를 집단으로 이용하는 것을 구입조건으로 하여, 높은 내구성을 갖고 적정한 관리가 이루어진 고품질의 신규 공급 아파트이다. 장래 지자체의 도시개발공사나 주택공사 등이 공급 주체가 되어 초기의 역모기지를 시행할 수도 있다.

(4) 장애인의 자립과 미성년 세대를 위한 역모기지

장애인의 자녀를 가진 부모가 고령화하여 자녀(장애인)를 돌볼 수 없게 되는 사태에 대비하여 장애인의 사회적 자립을 지원하는 시스템으로 현행제도의 시스템을 적극적으로 이용한 역모기지이다. 현재는 특정증여신탁을 활용할 수도 있지만, 부모가 스스로의 주택

자산을 역모기지를 이용하여 장애를 가진 자녀의 개호 서비스 등의 비용을 창출할 수 있는 활용방법도 생각해 볼 수 있다. 또한 취학 중의 미성년 자녀를 남기고 부모 또는 세대주가 사망한 경우, 남겨진 배우자 또는 자녀가 취직 등으로 생활과 수입을 안정시키는 동안에 한시적으로 이용하는 방안도 생각해 볼 필요가 있다.

(5) 부담(서비스)부 증여방식

광의적인 의미로 개호와 생활비 등의 각종 서비스를 수급하는 것을 조건으로 거주용 부동산을 자치단체 등에 증여하는 방식이다. 일본에서는 공적플랜의 도입시에 검토되기도 하였지만, 대출이 아니기 때문에 재정부담의 증가 등의 이유로 실현되지 않았다. 이 방식은 대출이 아니라, 초기에 대출의 제반 조건이 결정되기 때문에 장기대출로 발생할 가능성이 있는 리스크를 회피할 수 있는 장점이 있다. 증여된 물건을 매각처분하여 부담금을 회수할 수도 있다. 복지서비스 수준과 부담은 대출방식의 경우와 동일하다.

(6) 재건축·재개발 추진방식

대상 부동산을 재건축·재개발하기 위한 비용조달을 목적으로 하는 역모기지이다. 대출 주체가 스스로 개발하는 경우와 사전에 제휴한 개발 주체로 매각되는 경우를 예상할 수 있다. 대상 물건은 재건축 아파트, 개별적으로는 자산가치가 현저하게 저하하고 있는 소규모 개발주택지, 대규모의 단독주택 등으로 시가지 정비의 관점에서 활용되는 재개발의 수법이다. 이 방식으로는 모든 계약의 체결에서 종료에 이르기까지 계약기간이 다르기 때문에, 계획적인 재개발을 적용하는 데에는 다소 어려움이 따른다. 아파트의 대규모 리모델링과 재건축에 관한 경제적인 비용으로 소극적일 수밖에 없는 고령자에 대해서 생각해 볼 수 있다.

제 3 부

우리나라의 역모기지와 향후의 방향

제 5 장

우리나라 역모기지의 활용방안

제 5 장 우리나라 역모기지의 활용방안

1. 우리나라의 역모기지

지금까지 외국의 사례로서 미국, 일본, 프랑스, 영국, 캐나다의 역모기지에 관하여 고찰하였다. 본 절에서는 우리나라의 민간금융기관에서 시행되고 있는 역모기지를 고찰하고자 한다. 우리나라의 역모기지의 현황과 도입실태, 신한(조흥)은행,[1] 농협, 흥국생명 등 민간금융기관의 역모기지와 실버타운의 응용사례에 관하여 고찰한다.

1) 현황과 도입실태

(1) 현황

우리나라의 역모기지는 1995년부터 민간금융기관의 주도로 역모기지 상품이 도입되어 최근까지 일부 금융기관에서 판매되고 있다. 국민은행은 1995년부터 2002년 9월 판매를 중단할 때까지 대출실적이 총 17건이며, 금액으로는 2억 5,000만 원에 불과하였으며, 조흥은행은 2000년에 1건을 판매하였다. 보험회사인 삼성 · SK생명에서도 2000년에 주택담보연금대출 상품을 개발하였으나 판매가 이루어지지 못하였다.

---

1) 2003년 9월 신한은행이 조흥은행을 인수합병함으로 인해 본서에서는 편의상 신한(조흥)은행으로 표기하였다.

〈표 5-1〉 우리나라의 민간역모기지 판매 현황(2005년 상반기 현재)

	신한은행	조흥은행	농협	흥국생명	계
계약수(건)	211	121	15	-	347
계약금액(억 원)	258	147	11	-	416

이러한 판매부진의 원인으로는 국민정서상 주택은 소유의 개념으로 인식되고 있으며, 자녀에게 상속하여야 한다는 의식이 강하게 자리잡고 있는 점을 들 수 있다. 또한 상품에 대한 설명이 어려울 뿐만 아니라 제비용을 공제한 후 연금이 지급되어 연금액이 너무 적었기 때문이다.

이상과 같이 국민은행 등 민간금융기관들이 역모기지 형태의 금융상품을 1995년에 도입하였으나 수요부진으로 인하여 2002년 이후 계약을 중단하였으나, 고령화추세가 급진전되는 가운데 2004년 초 정부의 제도화 발표 이후, 신한·조흥은행, 농협 및 흥국생명에서 역모기지 취급을 재개하였으나, 제도상 문제로 인하여 역모기지 이용실적은 아주 저조한 상황이다. 신한·조흥은행의 역모기지 취급건수는 2004년 5월 시작한 이후 2005년 6월까지 332건(405억

〈표 5-2〉 우리나라 모기지와 역모기지의 비교

	역모기지	모기지
대출대상	주택보유자	1가구 1주택자
대출기간	15년, 20년	10-20년
대출금지급방식	매달 일정액 대출	초기에 일시불 대출
대출한도	10년 이상 대출은 집값의 60%	집값의 70%
대출금리	시장금리연동(최저5.7%)	연 5.7%(고정금리)
소득공제	없음	15년 이상 대출시 연간 이자상환액 최고 1,000만 원 소득공제
중도상환수수료	3년 이내 상환시 상환액의 1.5%	5년 이내 상환시 상환액의 1-2%
대출금상환방식	만기에 원리금 일시상환	매달 원리금 분할 상환

자료: 한국주택금융공사, 신한(조흥)은행.

원)이고, 농협은 2004년 7월 이후 15건(11억 원)에 불과하다.

우리나라에서 현재 시행중인 한국주택금융공사의 모기지와 역모기지를 비교하여 표로 제시해 보았다(<표 5-2> 참조).

(2) 도입실태

정부는 고령자를 위한 사회보장제도를 보완하기 위하여 역모기지 도입을 적극 검토하고 있다. 2000년 대통령비서실 삶의 질 향상 기획단에서 소득분배개선을 위하여 제도 도입을 추진하였으나, 장기적인 주택가격 및 이자율 예측에 대한 불확실성 등의 문제로 도입되지 못하였다. 2003년 9월 청와대 직속 인구고령대책 TFT가 구성되어 고령자지원제도의 일환으로 이 제도의 도입을 검토하였다.

2004년 9월 정부는 세제개편안을 발표하면서, 2005년부터 서울, 과천 및 분당 등 5대 신도시에서 60세 이상 1가구 1주택 보유자가 주택을 역모기지로 이용할 경우 '2년 거주' 요건을 충족하지 않더라도 양도세를 비과세하기로 했다.[2] 또 전국 어디서나 주택을 역모기지로 제공한 고령자가 자식과 합쳐 사는 과정에서 자녀들이 불가피하게 '1가구 2주택 보유자'가 되더라도 나중에 주택을 매도할 때 양도세를 비과세하기로 했다.

이러한 배경 가운데 2004년 6월 신한(조흥)은행에서 신한(조흥) 역모기지라는 상품을 시작하였다. 농협에서도 2004년 7월부터 연금형생활자금대출이라는 상품으로 역모기지를 시행하고 있다. 대출 조건도 담보대출과 신용대출의 두 가지 형태가 있다. 또한 농협은 이 제도의 적극적인 참여를 유도하기 위해 대출고객에 한하여 선착순으로 1,000명에게 건강관리 서비스를 제공하고 있다.

---

2) 서울경제신문, 2004. 9. 1.

2) 역모기지의 시행사례

(1) 신한(조흥)은행

① 개요와 검토배경

검토배경으로는 가계의 소득과 지출 구조에 맞추어 안정적인 현금흐름을 유지하는 금융서비스를 제공하고, 정부 차원의 역모기지 시행검토에 대비하여 시장을 선점하려는 것이다. 이를 통하여 중·장기의 우량가계대출 확보로 안정적인 자산운용을 도모하고 대출자산의 건전성 유지 및 은행의 손익제고 유도를 목적으로 한다.

신한(조흥)역모기지로 명칭된 이 상품의 개요는 당해 주택 담보취득 후 대출기간, 대출금액을 약정하고, 대출기간 동안 약정금액에 도달할 때까지 일정금액을 계속 지급하는 대출방식이다. 상환은 대출기한이 도래하거나 채무자가 사망한 경우에 담보주택을 처분하여 대출금을 상환하는 주택금융서비스이다.

② 주요내용

가. 대상자와 대상주택

대상자는 본인 명의의 주거용 주택[3]을 담보로 제공하고 대출을 받고자 하는 개인이다. 주택을 담보로 제공하고, 이자부담 없이 연금형식으로 대출금을 수령함으로써 안정적인 생활을 영위하고 싶은 고령자가 대상이다. 담보대상주택의 범위는 아파트, 단독주택, 빌라, 연립, 다세대주택, 다가구주택이다.

---

3) 본인명의(배우자 포함)부동산을 소지하고 있으나 일시적인 휴직으로 자녀 교육비(학자금, 유학비 등) 및 기타 생활비 충당을 원하는 40-50대 중년층이나 경제활동이 불가능한 고령층으로 생활비 충당을 원하는 고객이 주요대상이다.

나. 대출한도

신규, 증대, 재약정시, 대출한도는 대출기간이 10년 이하인 경우와 10년 초과인 경우로 나누어진다. 전자의 경우, 신한(조흥)은행의 일반여신 취급요령에 근거하여 OK주택담보대출에서 정한 바에 따른다. 후자의 경우, 대출한도는 주택기준가격의 60%에서 선순위채권을 감액한 액수이다. 이에 관한 규정은 주택기준가격 및 주택기준가격의 적용순서는 신한(조흥)장기모기지-마이홈플랜에서 정한 바에 따른다. 대출기간 및 대출한도의 여유가 있는 상태에서 이용자 또는 담보제공자가 사망했을 때, 상속인으로 이용자 및 담보제공자를 변경함으로써 일시상환 및 담보주택의 처분에 대한 부담감을 없앨 수 있다.

다. 적용금리

대출 실행일을 기준으로 아래와 같이 산정한다. 적용금리는 기준금리에 차등금리를 더한 것이다. 여기에서 기준금리라는 것은 아래 각 호의 기준금리 중에서 택일한다.

가) 기준금리

· 직전 3영업일간 평균 CD(91일물) 유통수익률
· 직전 3영업일간 평균 금융채연동금리(6개월, 1년, 2년, 3년, 5년)
· 원화대출기준금리

나) 차등금리

· 시장금리 연동금리인 경우, CD+2.0% 이상, 금융채+2.0% 이상
· 고정금리(원화대출기준금리)인 경우로 0.9%

대출금리 적용방법 및 변경주기는 최초 적용금리를 만기시까지 적용한다. 대출기간 종료 후, 당해 담보주택 처분에 의한 대출금회수시에는 만기 후 3개월까지 연체금리가 아닌 약정금리를 적용한다. 기준금리별 금리변경주기는 신한(조흥)장기모기지-마이홈플랜에서 정한 바에 따른다.

라. 대출기간

대출기간은 15년 이내이며 대출금 지급주기(1개월, 2개월, 3개월)에 따라 당해 대출금 지급 후 해당 1-3개월 이후로 정함을 원칙으로 한다. 예를 들어 설명하면 아래와 같다.

· 대출금 지급주기 1개월인 경우
  최종 대출금 지급지급일 2005. 9. 2 => 대출만기일 2005. 10. 1
· 대출금 지급주기 2개월인 경우
  최종 대출금 지급일 2005. 9. 1 => 대출만기일 2005. 11. 1
· 대출금 지급주기 3개월인 경우
  최종 대출금 지급일 2005. 9. 1 => 대출만기일 2005. 12. 1

아래 각 호의 사유가 발생한 경우에는 대출금 지급이 조기에 종료되며, 최종 대출금 지급일로부터 도래하는 대출금 지급주기 최초 해당일을 대출만기일로 한다.

· 대출이자율이 상승하여 기한 전에 대출 원리금이 약정금액에 도달한 때
· 대출금을 추가 지급하여 기한 전에 대출 원리금이 약정금액에 도달한 때
· 담보가치의 현저한 하락으로 채권보전 위험이 발생하여 은행이 담보가치 재평가에 의한 약정금액 감소로 대출 원리금이 약정금액에 도달한 때이다. 단, 이 경우 은행은 본인에게 그 내용을 서면으로 통지해야 한다.

마. 대출금 지급주기 및 지급방법

대출금 지급주기는 1개월, 2개월, 3개월 단위로 약정한다. 단, 이용자의 요청이 있으면 상기 기간 범위 내에서 변경할 수 있다. 대출금 지급방법은 지급주기에 따라 연금형태로 이용자의 지정 계좌에 자동입금한다. 단, 대출신청자 서면으로 요청하는 경우에는 정기분할지급액 외에 추가지급이 가능하다(서면 요청은 여신지급표에 날인이나 서명으로 갈음하며, 지정계좌로 연동입금 처리한다).

바. 대출금상환방법

상환방법은 대출만기일에 일시상환한다. 단, 조기상환시 아래에 해당하는 경우에는 중도상환수수료를 징구한다. 대출금의 중도상환이 발생하는 경우, 상환금액의 1.5%를 중도상환수수료로 징구한다. 다만, 대출금 최초 취급일로부터 3년이 경과한 경우에는 면제할 수 있다. 근저당권 설정비용 등 대출약정에 수반되는 비용을 금융기관이 부담하고 대출금이 중도상환되는 경우에는 채무자로부터 해당비용을 징구하여야 한다.[4)]

사. 기타

- 대출금 지급주기의 변경, 약정금액의 감액, 지급기간의 단축 등 대출금 지급 조건을 변경하는 경우에는 해당내용을 변경등록하여 지급주기별 지급액을 재산정하도록 한다.
- 변경등록 후 최초 도래하는 대출금 지급일로부터 변경된 금액을 지급한다.
- 이 대출은 상환기일로부터 3개월 동안 연체이율을 적용하지 않고 약정이율을 적용한다.

---

4) 유의사항으로는 채무자 사망시, 근저당권 실행 및 채무관계인의 변동 업무처리 절차에 따른다.

· 이 대출취급시 추가약정서(연금역모기지대출용)를 반드시 징구하고, 대출약정서 및 추가약정서 기재사항에 유의하도록 한다.
· 담보가치의 하락, 대출금리의 상승, 대출금 추가지급에 따른 대출금 지급의 조기 종료 및 대출금 상환기일 등을 충분히 설명하여 채무자와 분쟁이 발생하지 않도록 한다.
· 이 대출의 담보취득과 관련된 비용을 은행이 대신 지급하는 경우에는 최초 대출금 지급일에 대출원금에 가산하기로 한다.
· 여기에서 정하지 아니한 사항은 여신업무지침을 준용한다.
· 대출기간의 장기화로 향후 부동산시장 및 금리변화 예측이 불가능하다.

〈표 5-3〉 신한(조흥)역모기지 취급기준

구 분	주요 내용
대상자	본인명의 주택을 담보로 제공하는 개인
대출취급한도	10년 초과인 경우: 신한(조흥)장기모기지 취급기준적용 10년 이하인 경우: OK주택담보대출 취급기준적용
적용금리	원화대출기준금리-0.9%(단, 고정금리로 취급시 대출기간은 5년으로 제한) 시장금리, CD 유통수익률(91물)및 금융채유통수익률(3개월, 6개월)
대출기간	15년 이내
상환방법	채무자 사망시: 근저당권 실행 및 일반여신총론 제10장 제2절 채무관계인의 변동 업무처리절차에 따른다 채무자 생존시: 주택자금대출로 전환 등 대출기간 중 일시상환 가능 단, 3년 이내에 상환할 경우(설정료가 은행부담인 경우에는 해당 설정료 환입처리) 중도상환수수료는 1.5%
대상주택	아파트, 단독주택, 빌라, 연립주택, 다가구주택, 다세대주택
대출금지급주기	매월, 2개월, 3개월 단위로 약정(지급주기변경가능)
기대효과	장기적이고 안정적인 대출이자 수입으로 은행 손익제고(해당대출금 연체 없음) 대출금 취급으로 유동성 계좌 활성화 및 은행 주거래 이용자 확보 릴레이 대출로 전환가능
위험요인	신규시장으로 진출을 저해하는 시장진입장벽 존재(시장성 유무 조사 필요함) 담보주택 근저당권 실행시 소요되는 기간의 경비 부담 주체 대출기간의 장기화로 향후 부동산시장 및 금리변화예측

자료: 신한(조흥)은행.

· 신규시장으로 많은 홍보와 노력이 요망된다.

아래는 신한(조흥)역모기지 취급기준의 주요내용을 <표 5-3>로 제시하였다.

(2) 농협

2004년 7월 1일부터 단위농협을 중심으로 시행하며, 연금형생활자금대출이라고 한다. 농업인에 한정하여 상품을 제시하였다. 대출은 담보대출과 신용대출로 나누어진다.

① 주요내용

가. 대상자와 대상부동산

대상자는 55세 이상 농업인[5]이며, 대상부동산으로는 담보대출의 경우는 농촌의 특수성을 감안하여 주택은 물론 전·답, 기타 부동산도 가능하다. 단, 공장건물은 제외한다. 신용대출의 경우는 이 제도의 활성화를 위해 적격연대보증인인 자녀의 보증에 의한 신용대출이 가능하다.

---

5) 지역농협의 조합원자격요건인 농업인의 범위는 다음과 같다(농업인의 범위는 대통령령으로 정함).
  1. 1,000제곱미터 이상의 농지를 경영 또는 경작하는 자
  2. 1년 중 90일 이상 농업에 종사하는 자
  3. 잠종 0.5상자(2만립 기준상자)분 이상의 누에를 사육하는 자
  4. 별표의 규정에 의한 기준 이상의 가축을 사육하는 자
  <별표>
  대가축: 소, 말, 노새, 당나귀 중 1마리 이상
  중가축: 돼지(젖먹는 새끼 돼지를 제외), 산양, 면양, 사슴, 개, 여우 중 3마리 이상
  소가축: 밍크, 토끼 중 20마리 이상
  가금: 닭, 오리, 칠면조, 거위 중 30마리 이상
  기타: 꿀벌 5군 이상
  5. 농지에서 330제곱미터 이상의 시설을 설치하고 원예작물을 재배하는 자.
  6. 660제곱미터 이상의 농지에서 채소. 과수 또는 화훼를 재배하는 자.

나. 대출한도

가) 담보대출

담보인정금액의 최고 60% 이내에서 아래의 기준을 적용한다. 단, 담보종류별 여신적용비율이 변경될 경우 아래에 제시된 기준에 의한 감축비율에 의거 자동변경된다(대출가능액=담보인정금액·담보종류별 여신적용비율).

<표 5-4>에 제시된 여신적용비율 20% 감액사유는 아래와 같다.

- 대출기간 종료시 농업인이 생존하고 있으나, 생활 무자력시, 추가 생활비 재원 확보
- 부동산 가치 하락에 따른 리스크 대비
- 타행(신한(조흥)은행) 여신적용 비율 참조
- 일부상환방식과 정반대의 형태로 만기일에 대출약정액이 상환(연금식대출)되는 관계로 안정적인 채권보전조치 필요

〈표 5-4〉 담보종류별 여신적용비율[6] (단위: %)

구 분	동상품여신 적용 비율	여신업무방법서 여신적용 비율
주거용 부동산	60%(50%)	80%(70%)
비주거용 부동산	50%(40%)	70%(60%)
농지(전·답)	60%(50%)	70%(60%)

자료: 농협.

나) 신용대출

신용대출의 경우는 신용대출가능금액의 100% 적용한다.

6) 동 상품에 관하여는 채권보전 등을 감안하여 20% 감액 적용한다.
 * ( )의 적용은 투기과열지구의 여신적용비율임
 * 농지담보의 경우는 10% 우대
 * 신용대출의 경우는 신용대출가능금액의 100% 적용

다. 적용금리

적용금리를 고정금리 6% 내외에서 조합자율결정으로 하며, 실세금리의 변동에 따른 적용금리도 변경 가능하다. 대출금 이자는 대출금 지급일마다 직전 대출 원리금에 가산하기 때문에 실제 수익률은 높게 된다. 즉, 표준금리 6%로 대출기간이 10년일 경우, 실제수익률은 8.19%이다. 신용대출의 경우는 자녀 보증시에 효도대출의 이미지 제고를 위해 우대금리를 적용한다.

라. 대출기간과 지급방법

대출기간은 최고 10년이다.(단, 신용대출시는 5년 이내) 10년 이내의 범위에서 연단위로 자유롭게 선택한다. 대출금 지급방법은 약정기간(대출기간) 이내에서 대출약정금액에 도달할 때까지 일정금액을 연금식으로 대출신청자 지정계좌에 입금한다. 연금지급 주기는 1개월이며, 매월 지급액은 최저 10만 원 이상이다.

연금지급 예상액에 따른 대출금액 산출은 농협의 대출금 지급조견표를 참조한다. 예를 들면, 매월 지급액 10만 원을 지급받기 위해서는 담보제공가액과 대출금액은 아래와 같다(단, 대출기간은 10년이고, 대출금리는 연 6%로 가정한다).

<표 5-5> 연금지급예상액에 따른 대출금액 산출 (단위: 만 원)

구 분	대출금액	담보제공가액
주거용부동산	1,640만 원	2,733만 원 이상
비주거용부동산	1,640만 원	3,280만 원 이상
농지(전 · 답)	1,640만 원	2,343만 원 이상

자료: 농협.

마. 기타

일반대출시 받는 징구서류에 추가약정서(연금형생활사금내출용)

를 징구한다.

(3) 흥국생명

국내의 보험회사 중에서 유일하게 역모기지를 시행하고 있는 흥국생명은 2004년 5월 20일부터 아파트를 담보로 생활비나 자녀의 학자금을 최장 20년까지 대출해 주는 '흥국생명 역모기지'를 판매하고 있다. 보험업계 최초의 역모기지인 이 상품은 대상 주택의 범위를 시 단위 이상 지역에 아파트로 국한하고 있으며, 이용 대상도 고령자가 아닌 20세 이상이면 누구나 이용할 수 있다. 또 대출기간은 15년과 20년 중에서 선택할 수 있다. 주택의 담보인정 비율은 최대 60%이며, 대출금리는 3개월 양도성예금증서(CD)금리에 3-4%를 더한 수준이며 만기가 되면 다른 대출상품으로 전환하거나 자녀명의로 대출을 이전할 수 있고 주택매각을 통한 상환도 가능하다. 아래는 국내에서 시행중인 금융기관별 상품을 <표 5-6>로 정리하였다.

<표 5-6> 국내 민간역모기지 상품의 분류

	신한(조흥)은행	농 협	흥국생명
대출대상	본인소유주택	55세 이상의 농업인	만 20세 이상
대출기간	15년(고정금리일 경우는 대출 5년)	10년(신용대출은 5년)	15년, 20년
대출금지급 방식	1-3개월 중 선택	1개월 단위	1-3개월 중 선택
대출한도	가용담보금액범위 이내	담보인정비율 60%	담보인정비율 60%
대출금리	변동금리	고정금리(6%)	변동금리
상환방법	만기일시상환	만기일시상환	만기일시상환
대출담보	아파트, 모든 주택, 근린생활시설	주거용, 비주거용, 농지	시 단위의 아파트
중도상환	3년 이내(1.5%)	-	-

(4) 역모기지를 응용한 실버타운[7]

실버주택에 역모기지를 적용하는 방법이 대두되었다. 국내의 건실회사인 SK건설은 서울 강서구 등촌동에 짓는 실버주택 SK그레이스힐을 분양받은 소비자에게 원할 경우 역모기지를 단체 알선한다고 밝혔다. 이 실버타운을 분양받으면 계약자를 대신해 시행사측이 등기 후, 한국주택금융공사에 담보로 제공하고 매달 일정 금액의 생활비를 대출받는다. 시행사는 이 대출금을 실버타운 관리비로 조달한다.

이 회사가 제시한 방안에 따르면 그레이스힐 35평형을 분양받은 고령자 부부가 거주할 경우, 관리비(47만 2,000원)와 식비(80만 원)를 합쳐 생활비가 월 130만 원이 든다. 35평형 매매가가 3억 4,000만 원(분양가 기준임)이라고 가정한다면, 부부의 예상 잔여수명을 10년이라 할 때 1억 7,000만 원(담보비율 50% 적용)을 10년간으로 나누어 매달 140만 원을 지급받을 수 있다. 부부가 10년 뒤 사망했을 경우나 자녀가 대출금을 갚으면 주택을 상속받게 된다. 자녀가 상속을 포기하면 금융기관이 경매 등으로 처분한 뒤 모든 비용을 뺀 금액을 자녀에게 돌려줄 수 있다. 시행사인 KH아이디는 "입주자가 별도의 생활비 부담 없이 역모기지로 충당할 수 있도록 하자는 취지"라며 "개인적으로 역모기지를 이용할 수 있지만 회사가 단체 알선함으로써 편의성을 높인 게 특징"이라고 말했다. SK그레이스힐은 21-49평형 182가구이며 분양가는 평당 930-960만 원이다. 이는 국내에서 처음으로 분양업체가 주택을 매매하면서 역모기지를 도입하려는 사례로 평가되고 있다. 일본의 아사히카세의 주거교체용 역모기지나 도요타 그룹의 파이낸스와 연결된 역모기지의 시행과 비슷한 경우이며, 민간주택건설업체가 신규상품개발과 마케

7) 중앙일보, 2004. 9. 8.

팅에 역모기지를 접목시키는 사례로 볼 수 있다.

3) 우리나라 역모기지의 운용상 문제점

우리나라의 경우 민간금융기관에서 역모기지가 실시되고 있지만, 제도상 선결되어야 할 과제로 인해 이용하기 쉽지는 않다. 그리고 민간역모기지가 감당하기에는 현실적으로 견디기 어려운 여러 가지 측면에서 리스크가 내재되어 있다. 우리나라의 역모기지는 앞서 고찰한 바와 같이 신한(조흥)은행, 농협, 흥국생명 등 일부 금융회사에서 판매되고 있다. 하지만 이들 상품은 만기가 정해져 있다. 신한(조흥)은행은 최장 15년까지이며, 흥국생명은 최장 20년까지이다. 따라서 이 기간이 지나면 대출이 중단된다. 또 해당 금융회사가 대출기간 내에 파산할 경우 자금이 계약기간 내에 안정적으로 이용자에게 지급된다는 보장이 없다. 신한(조흥)은행이 내놓은 역모기지의 대출한도는 집값의 60%이고, 대출기간은 최장 15년이다. 예컨대, 시가 5억 원인 33평형 아파트를 소유한 사람이 연 6%(변동금리)의 금리로 매달 100만 원씩 15년간 대출받을 경우, 15년 후에는 원금(1억 8,000만 원)과 이자(1억 1,000만 원)를 합쳐 총 2억 9,000만 원을 상환해야 한다.

우리나라의 일부 금융기관이 판매하고 있는 역모기지는 낮은 담보인정 비율이나 고금리, 기한부 대출 등의 이유로 진정한 의미의 역모기지로 보기 어렵고 변형된 주택담보대출에 가깝다고 지적할 수 있다. 이에 반해 미국의 경우 1970년대 후반에 역모기지 상품이 처음 등장했지만 1989년 정부가 보증을 시작하면서 본격적으로 활성화되었다. 미국에서는 대략 20만 가구가 역모기지를 활용하고 있으며, 시장규모는 40억 달러(약 5조 원)수준이다. 이 중에서 정부보증인 공적보험부 역모기지인 HECM과 Home Keeper가 전체의 80%

를 차지하고 있다. 이용 최고한도는 25만 달러이다. 미국 역모기지의 경우는 생계비 마련이 어려운 노년층을 지원한다는 취지에 맞춰 지원 대상을 62세 이상으로 한정하고, 본인과 배우자가 사망하거나 이사하기 위해 집을 처분하기 전까지는 원리금 상환의무를 이행하지 않아도 된다. 특히 역모기지의 3대 리스크인 장수리스크, 금리변동리스크, 부동산가격변동리스크의 문제는 제3장에서 서술한 미국의 역모기지 HECM을 참고할 필요가 있다.

우리나라는 주택구입시에 이용되는 주택담보대출인 모기지에 비하여 역모기지의 실적은 부진한 편이다. 최근 국내에서 시행되고 있는 역모기지의 실적을 보면 신한(조흥)은행이 2004년 5월 12일에 판매를 시작한 지 한 달 동안에 총 28건을 판매하였고 금액으로는 41억 4,000만 원(계약고기준)이다. 보험회사 중에서 유일하게 이 상품을 판매하는 흥국생명은 지난 2004년 5월 20일 판매를 시작하였으나 한 건도 올리지 못했다.[8] 이 같은 구조의 상품은 과거에도 출시된 적이 있으나 번번이 실패하였다. 국민은행은 1995년부터 2002년까지 7년간 역모기지인 "실버론 대출"을 판매했지만 이 기간 판매실적은 17건으로 2억 5,000만 원에 불과했다. 조흥은행 역시 1년간 역모기지를 상품으로 출시했지만 1건에 그쳤고, 삼성생명도 과거에 유사한 상품을 개시했지만 판매실적은 전무해 상품자체가 없어졌다.

이처럼 역모기지가 고령자들을 위한 금융상품으로 만들어졌지만, 상품판매가 부진한 이유는 우리나라의 국민정서와 맞지 않는다는 점이다. 우리나라의 국민정서상 어렵게 마련한 주택을 담보로 대출을 받고 나중에 집을 팔거나 은행에 넘길 경우 자신은 아무것도 갖지 못했다는 박탈감이 강하게 작용한다는 지적이지만, 실질적

---

8) 매일경제신문, 2004. 5. 24.

인 역모기지의 운용상 문제점은 다음과 같다.

첫 번째는, 역모기지의 리스크를 헷지하는 보험기능이 없어서 상품의 구조가 사업자인 금융기관에 유리한 구조로 만들어졌다. 역모기지 대출기간을 최장 15년으로 제한하고 있다. 60세 고령자가 대출을 받더라도 15년 이후인 75세에는 상환해야 한다. 최근 고령자의 평균수명이 연장되고 있는 점을 감안할 때, 15년 이후에 대출금 상환으로 주택은 없게 되는 상태가 된다. 이처럼 우리나라 민간금융기관에서 시행하고 있는 역모기지는 장수에 대한 리스크를 대출기관이 고령자(이용자)에게 전가시키는 구조로 되어 있어 장수리스크를 감안하지 않았다는 점이 판매의 부진으로 나타났다는 지적이다. 따라서 고령자들이 생각할 때 자신의 수명을 예측할 수 없는 경우에 역모기지는 위험한 상품일 수 있다고 생각하게 된다.

두 번째는, 대출금리가 다소 높은 편이다. 변동금리대출은 기존의 주택담보대출과 비슷한 연 6% 전후가 적용되는 반면, 고정금리로 대출받을 때는 신한(조흥)은행의 경우, 2년 이내가 연 7.8%, 5년은 연 8.4% 등이 각각 적용된다. 한국주택금융공사의 모기지 대출금리가 10년 만기는 연 6.7%가 적용되는 것을 감안한다면 금리가 높은 편이다. 고정금리가 변동금리보다 높은 이유는 금리변동에 대한 리스크를 은행이 감당하기 때문이다.

세 번째는, 역모기지가 주택을 담보로 하는 금융상품임에도 불구하고 타 주택담보대출에 비해 대출금리가 높고 세금혜택 등이 없어 역모기지 대출한도와 이용자가 받는 지급금이 작아 고령자에 대한 소득지원 효과가 제한적이다. 세금우대 측면으로서 기존의 새로운 주택을 구입할 때 이용하는 모기지의 경우, 15년 이상 대출을 받으면 연간 1,000만 원까지 소득공제혜택을 주는 반면에 역모기지는 대출기간은 같아도 소득공제혜택이 없는 것도 단점이다. 소득공제혜택을 받을 경우 최대 2.5% 포인트까지 금리가 할인되는 효과가 있다. 역모기지는 고령자들의 생활비 조달을 목적으로 하는 제도인 만큼 소득공제혜택을 주는 법개정이 이루어져야 한다.

네 번째는, 이용자의 선택 플랜이 다양하지 않다. 역모기지 대출 종류가 기간제로 제한되고 대출기간도 비교적 단기로 고령자가 역모기지 대출을 이용함으로써 노후생활안정을 확보할 수 있는 가능성이 매우 제한적이다. 미국이나 다른 외국의 경우와 다르게 이용자가 선택할 수 있는 대출기간이 적게는 5년에서 많게는 20년으로 한정되어 있다. 이는 고령자가 이 제도를 이용할 경우에 정해진 월정액만 수령해야 하는 확정기간 대출플랜으로 이용자의 선택의 폭이 적다. 미국의 경우는 공적플랜으로 HECM의 경우는 5가지 플랜으로 시행되며 민간플랜의 경우는 3가지 종류로서 이용자의 선택의 폭이 많다. 예를 들면 확정기간 대출플랜 뿐만 아니라 종신 대출플랜, 이용자의 필요에 따라 언제든지 한도액 내의 금액을 일시금으로 인출할 수 있는 플랜, 또는 확정기간 대출플랜 + 한도액이 있는 대출플랜, 종신 대출플랜 + 한도액이 있는 대출 플랜 등이다.

다섯 번째는, 현재 민간금융기관에서 취급하는 역모기지는 실질적으로 장기 부동산담보 분할대출로서 저소득 고령자를 위한 소득지원기능은 매우 제한적이다. 우리나라의 역모기지는 고령자들의 필요소득을 대신할 수 있는 대체방안이 아닌 금융기관의 장기주택담보대출의 성격이다. 특히 농협은 이용대상자를 농업인으로 한정하고 있어서 농업인이 아닌 사람의 이용을 제한하고 있다. 또한 신한(조흥)은행이나 흥국생명은 연령에 제한 없이 본인명의의 주택이나 아파트에 국한시키고 있다. 역모기지의 대상부동산과 시행지역을 한정시킴으로써 역모기지의 활성화가 위축되고 있다.

우리나라의 역모기지 시행에 있어서 가장 중요한 문제점은 역모기지가 안고 있는 구조적인 리스크를 보장해 줄 수 있는 대안이 없다는 점이다. 이러한 문제점들은 사업자와 이용자의 리스크 양자를 보장해 주는 대응방안을 모색하여 제도를 활성화할 수 있게 만들어야 한다.

4) 시사점

본서의 제3장에서 고찰하였던 것과 같이 역모기지는 미국, 일본, 영국, 캐나다, 프랑스 등 주요 선진국에서 현재 시행되고 있는 제도이다. 지금까지 우리나라의 민간금융기관이 미국식 역모기지를 본격적으로 시행하지 못하는 것은 담보제공 주택의 가격 하락과 예측 불가능한 장기금리변동, 대출자의 장수 등과 관련된 위험부담 때문이라고 분석된다.

앞서 제3장에서 미국의 역모기지를 고찰해 본 결과, 이 같은 금융기관의 부담을 줄이기 위해 정부기관인 연방주택국(FHA)이 역모기지에 대해 보증을 해주는 형태로 운용되고 있다. 민간플랜에서도 사업자인수보험부 역모기지를 자체적으로 시행하고 있는 것을 알 수 있었다. 우리나라에서도 이러한 공적 보증제도에 대한 검토가 필요하다고 생각된다. 미국의 FHA는 역모기지 서비스 제공자인 대출금융기관에 대해 담보부동산가격변동, 금리변동, 수요자인 이용자의 장수로 인한 생존기간 변동에 따른 리스크를 보증해 주고, 이용자에 대해서는 대출을 시행하는 금융기관 파산시에는 이를 대신해서 생계비를 보증 지급하고 있다.

이러한 공적 보증시스템을 통해 역모기지의 대출 금리는 낮아지고 주택의 담보인정 비율은 높아질 수 있다. 또한 정부가 담보제공 주택에 대해 재산세 등 보유세를 감면하거나 향후 매각시 취득세, 등록세, 양도소득세를 감면하는 등 세제지원을 통해 역모기지의 실질적 대출금리를 인하하여야 한다. 이와 함께 역모기지 활성화를 위해서는 이용자의 대상 연령과 대상 주택의 범위를 명확히 하고 주택저당채권의 유동화 대상에 역모기지를 포함시켜야 한다.

역모기지의 시장이 형성되고 활성화되기 위해서는 아래와 같은 정책지원이 전제되어야 한다.

첫째, 사업자인 금융기관의 사업 안정성과 이용자의 안정적인 노후생활을 보장하는 정부보증기관의 설립을 검토하여야 할 것이다. 보증기관은 금융기관에 대해서 주택가격과 이자율의 변동 및 평균수명의 증가로 인한 손실을 보증하고, 이용자에 대해서 금융기관 파산시 연금지급을 보증하는 역할을 수행하는데, 한국주택금융공사와 같은 기관의 활용을 적극 검토할 필요가 있다.

둘째, 역모기지에 의한 주택담보대출채권에 대하여 MBS(주택저당채권)[9]를 발행할 수 있도록 하여, 금융기관이 장기의 담보자산을 유동화하여 활용할 수 있도록 하여야 할 것이다. 장래에는 대출채권에 대하여 증권화가 불가피하다고 할 수 있지만, 아직 역모기지 증권으로서의 큰 수요는 기대하기 어렵다. 증권화를 위한 이차시장을 형성하기에는 대출채권의 양이 적은 것도 실현될 수 없는 이유이기도 하다.

셋째, 국가의 사회보장제도의 개념으로 역모기지의 이용에 대하여 재산세·보유세의 감면과 초기비용인 근저당설정비용의 면제는 물론, 낮은 가격의 주택을 보유하고 있는 고령자에 대해서는 연금재원 확대를 위하여 대출이자의 일부를 정부에서 부담하는 등 적극적인 세제지원방안을 마련하여야 할 것이다.

넷째, 대출이 장기간에 의해 지속적으로 이뤄짐으로 인해 발생하

---

9) MBS(Mortgage Backed Securities)는 주택저당채권 담보부 증권이라고 하며, 저당대출 담보부 증권, 주택저당채권이라고도 한다. 실제로 이 제도의 효과적인 측면에서 보면 은행에게 대출을 해주는 기관이 발행하는 채권이다. 즉 일반 시중은행이 부동산을 담보로 자금을 대출할 경우 은행은 이 자금을 대출자로부터 돌려받기 전까지는 이 자금을 다른 용도로 쓸 수 없다. 그러나 이 은행이 부동산을 담보로 한 사실을 다시 담보로 하여 자금을 끌어들일 수 있는 제도가 바로 MBS이다.

는 주택의 질적 하락이 예상됨에 따라 유지관리에 관한 의무나 화재보험에 가입하여 자산가치 손실을 최소화해야 할 것이다.

다섯째, 주택가격과 이자율 변동위험을 최소화하기 위해서는 주택가격 및 이자율 장기예측기법의 개발은 물론이고, 선진 노하우를 습득한 전문 인력을 적극 육성하여야 할 것이다.

2. 역모기지의 활용을 위한 전제요건과 정책적 시사점

다가오는 초고령사회를 향해 사회경제 시스템 전체를 재구축할 필요가 지적되는 가운데, 우리나라에서 시행중인 역모기지도 재정비될 필요성이 있다. 역모기지는 전국 어디서나 자산 가치에 대응하여 일정 수준의 서비스를 받을 수 있는 전국 규모의 제도가 되어야 한다. 그리고 기본적으로 이용자 편의를 위한 제도로 보완할 필요가 있다.

본 절에서는 지금까지의 연구를 토대로 역모기지의 활용을 위한 정책적인 시사점을 제안하고자 한다.

1) 역모기지 활용을 위한 전제요건

(1) 무산자층에 대한 역차별문제

역모기지는 기본적인 전제조건이 주택소유자를 이용대상으로 하고 있다. 이는 주택을 소유하고 있지 않은 무주택자와 주택이라는 실물자산은 물론 유동자산도 부족한 무산자층에 대한 역차별이라는 문제가 지적되곤 한다. 즉 공공기관이 공적 자금을 이용하여 자산가를 대상으로 하는 정책을 폄으로써 빈부격차의 확대와 분배의 비형평성과 공공행정과 세금이 일부자산가를 위한 행정력으로 이용되어 결과적으로 형평의 왜곡을 가져온다는 지적이다.

이에 대해서는 ① 급증하는 고령화의 추세 가운데 고령세대의 자가소유부동산 비율이 85%로 대부분의 고령자를 대상으로 역모기지가 제공되고 있으며,

② 일반적인 세대는 주택자금대출을 받아 주택을 취득하여 매월 일정한 원리금을 납입하여 주택을 취득하지만, 임차세대의 경우는 임대료를 지불하는 주거를 선택한 것으로, 경제활동을 하는 시기에 주거에 대한 선택에 있어서 임대와 자가를 선택한 결과에 의하여 결정되는 것이며,

③ 고령자의 자가소유부동산을 유동화시킴으로써 현금소득이 없어서 소비활동을 하지 못하던 고령자에게 유동자산이 급부됨으로써 경제에 활력을 가져오고,

④ 대출 초기에는 대출자금이 투입되지만 계약 해지시에는 대출자금이 회수되고, 대출채권이 회수됨으로써 투입되었던 비효율과 비형평으로 보이던 공적 자금과 행정력의 왜곡이 해소되며, 오히려 역모기지가 활용되지 않은 경우에는 재산을 갖고 있지만 유동자산이 없어 생활이 곤궁한 고령자에게 세금이 투입되는 것도 예상되는 상황이므로 결과적으로 유산자에게 세금투입을 억제하는 효과도 기대할 수 있다.

(2) 보급 · 계몽 체제의 정비

우리나라에서는 역모기지에 대한 기본적인 개요와 내용이 일반적으로 충분히 알려지지 않는 것이 보급에 큰 약점이 되고 있다. 역모기지의 활용을 위한 잠재수요를 발굴하기 위해서는 폭넓은 홍보가 필요하다. 역모기지를 취급하는 민간은행과 공공기관 그리고

정부에 의한 계몽·보급기능을 강화하도록 노력하여 역모기지 자체의 일반 인지도를 높임과 동시에 관련 정보의 지속적이면서 일원적인 관리체제를 정비할 필요가 있다.

(3) 종합적인 카운슬링·컨설팅기능

역모기지는 개인이 스스로 노후의 생활설계와 자산 처분을 판단하는 중대한 결정 행위이다. 그러나 이 제도의 구조가 매우 복잡하여 이해하기 어려울 수 있다. 거주용 부동산을 담보로 하는 만큼이나 이용자의 불안은 적지 않다. 이로 인해 역모기지의 활용을 위한 전제조건으로 적절한 컨설팅과 카운슬링을 사전에 행하는 것이 선행되어야 한다.

금융·보험업계는 고객의 인생설계의 필요에 따라 새로운 비즈니스를 위해 경쟁하고 있다. 그 중심이 되는 것이 파이낸셜 플래너(FP)이다. 주요테마는 퇴직연금제도로 대출주체와 사업주체는 역모기지의 향후 움직임에 따라 협회와 변호사·세무사·공인회계사 등과 협조체제가 필요해진다. 이러한 카운슬링을 통해 이용자가 충분히 납득하여 역모기지를 선택하고 제도의 운영에 대해서도 오해가 생기지 않도록 트러블 방지에 관한 지침도 필요할 것이다.

(4) 보유자산에 대한 포괄적인 매니지먼트

고령기의 생활은 보다 길어지는 반면에 의사능력상실과 거동부자유 등으로 노후생활의 위험요소가 증대하는 것 등을 고려한다면, 일부 고액자산보유층만이 아니라 자산보유자 전반에 걸쳐서 자산의 활용과 자산관리의 필요가 높아지는 것도 예상된다.

개별적인 노후보장 상품의 대응으로는 이러한 노후필요자금에 대한 수요를 감당하는 것이 곤란하다. 앞으로는 보다 포괄적인 자산관리와 자산활용제도를 마련해야 할 것이며, 그에 대한 대안으로 역모기지가 필요할 것이다. 금융업계와 보험업계, 부동산업계 등에는 이러한 포괄적인 내용을 가진 자산매니지먼트를 확립시켜 나가야 한다.

(5) 운용비용의 절감과 절차의 간소화

앞으로는 수속절차와 평가 시스템의 정비, 트러블 처리의 노하우 비축으로 사무운영의 비용절감을 꾀하여 도시부의 샐러리맨층 등이 이용할 수 있도록 제도의 이용 가능 대상을 확대해 가야 한다.

역모기지의 대출한도액 설정에 결정적인 역할을 하는 부동산의 평가는 신중하고 정밀한 감정에 의해 행해지고 있지만, 물건마다 이를 위한 노력과 비용이 들고 감정평가사별로 편차도 발생한다. 그리고 확실하고 정밀하게 감정을 해도 계약종료시까지 예상되는 20년이나 30년 후의 부동산 평가액을 예측하는 것은 거의 불가능하다. 이러한 비용 절감과 절차의 간소화를 위해 매년 고시되고 있는 공시지가에 근거하여 시작되어 있는 고정자산을 전국 일률의 간편한 평가방법을 확립하여 감정 비용을 절감시키는 방안을 구체화할 필요가 있다.

(6) 담보부족리스크를 회피하는 시스템의 정비

역모기지는 계약시에 대출기간을 특정할 수 없기 때문에 일반적인 대출보다 불확실성이 높아진다. 이 불확실성을 일으키는 최대의 문제는 예상보다 오래 사는 장수리스크이며 부동산 가격의 하락, 금리상승에 의한 담보부족에 대한 위험리스크이다. 이 리스크를 회피하는 보험기능을 정비하는 것은 역모기지의 활용을 위한 전제조건으로 필요하다.

장수리스크는 보험으로 회피가 가능하다. 부동산가격하락 리스크와 금리상승리스크는 개개의 사업자가 회피하려 해도 한계가 있다. 상품설계에 있어서도 이러한 리스크의 확대는 대출수준을 저하시켜 제도의 보급에 장애요인이 된다.

역모기지의 활용방안의 전제조건으로 초기에는 공적 보험으로 시행하고 중·장기적으로는 민간보험과 공적 기관에 의한 재보험으로 대응하는 방식을 예상하여야 한다. 새로운 스킴 시행에 선행하여 사업자·이용자·공적기관에 의한 적정한 리스크 분담을 검토해야 한다.

(7) 자금조달 시스템 정비

역모기지 초기에는 사업자의 현금흐름이 적자 상태로 예측된다. 전국적인 보급을 목표로 하는 경우는 안정기에 들어갈 때까지의 자금조달이 포인트가 된다. 전제조건으로는 초기에 한시적인 대안으로 공적금융기관에 의한 대출채권의 매수조치와 증권화에 의한 2차저당시장의 형성을 목표로 한다. 이처럼 역모기지의 자금조달에 공적금융기관이 참여할 수 있도록 폭 넓게 검토할 필요가 있다.

(8) 중고주택 평가시스템 정비와 활성화

역모기지의 적용조건과 대출금액의 산정근거, 매각처분시의 평가근거를 명확히 하기 위해서는 중고주택의 자산 가치의 비용을 최소화시키면서도 정확히 평가해 낼 수 있어야 한다. 역모기지시장을 확대·발전시키기 위해서는 주택의 내구성과 유지보수를 향상시켜 자산가치와 처분시의 유동성을 높여서 중고주택시장을 활성화하는 것도 필요조건이 될 것이다.

우리나라에서 중고주택의 평가는 나대지 상태의 지가를 중심으로 행하고 있기 때문에 중고주택이 제대로 평가되지 못하는 상황이다. 건축연수가 경과한 중고주택의 평가는 상당히 어려운 실정이다. 특히 공동주택에서는 공용부분과 전용부분의 유지관리 상태를 고려한 평가를 행할 필요가 있다. 중고주택을 객관적이면서 적절히 평가하는 기준을 갖추어 나가는 것은 역모기지의 보급을 꾀함에 있어서 중요한 과제이다.

(9) 부동산 활용방책의 검토

아직 우리나라는 시행초기 단계이므로 대상 부동산의 처분시점이 도래하지 않아서 이러한 부동산 활용대책이 없다. 따라서 활용을 위한 전제조건에서는 장래의 시가지 정비를 위해 이용하는 것이 바람직한 물건에 대해서는 계약종료 후에 유효하게 활용하는 방법을 미리 생각해 둘 필요성이 있다. 물건의 취득시기를 미리 특정할 수 없기 때문에 계획적인 대응이 쉬운 것은 아니지만, 이용자층이 확대되어 대상 물건도 늘어나면 대체 주택의 제공 등으로 보다 유연하게 대응할 수 있을 것이다.

구체적인 유효이용 대책으로서 공적 주택과 공원 등의 공공시설, 데이케어센터와 고령자 건강시설 등의 공적 시설 정비에 활용하는 것이 있다. 신규의 공적 주택 공급은 용지와 재원의 확보에 한계가 있기 때문에 역모기지의 대상 물건(단독주택, 공동주택)을 공적기관이 우선 취득하여, 이것을 공적 주택으로서 재공급하는 것도 검토해야 할 것이다. 일시에 취득할 수 없기 때문에 관리의 효율성은 떨어지겠지만, 기성시가지의 모든 지역에서 공공시설을 공급할 수 있는 가능성이 있다고 할 수 있다. 또한 역모기지의 보급으로 인해 처분물건이 속출하면 부동산 유동화를 진행하여 부동산의 공급압력이 되기 때문에 지가 동향에 끼치는 영향의 검토도 필요하다.

(10) 재택복지서비스와의 제휴

역모기지는 복지적인 관점과 더불어 연금의 실질적 보완 또는 현금소득의 차선책이라는 역할도 지니고 있다. 이 점에 비추어서, 향후 제도의 정비도 개개인의 실정에 맞게 복지제도와 연금수급 등의 사회보장제도와의 관계를 유지하면서 원활히 운영할 수 있도록 배려하는 것이 요구된다. 역모기지를 체결하는 이용자에게 사업자가 복지서비스를 부가적으로 제공하는 것이다. 또한 역으로 역모기지가 복지기관과 연결하여 역모기지 이용자에게 복지서비스를 제공할 수 있다.

특히 재택복지 서비스는 초고령사회에서 상당히 큰 수요가 예상되는 분야이기에 활용을 위해서는 재택복지 서비스와의 제휴를 강화해야 할 필요가 있다. 일본의 경우, 역모기지를 이용하는 고령자에게 지자체에서 개호서비스와 연결하는 시스템으로 제도를 운영하고 있다. 우리나라의 농협에서는 선착순 1,000명에 한해 무료건강진단을 해주는 서비스를 하고 있지만 이는 단기적인 상품홍보의 차원이지 지속적인 복지와 연결된 서비스라고 보기는 어렵다.

(11) 현행 제도와 역할분담

활용을 위해서는 상품이 시장에 배출한 단계에서도 현행 제도와 상품이 병존할 것을 염두에 두고 시장에서의 역할분담과 공존을 꾀해야 한다.

우선, 이용자의 선택에 의해 현행 상품과 제도로부터 연결이 가능하도록 해야 한다. 그리고 현행의 제도와 상품의 관계자가 제도와 상품의 공급으로 인해 혼란하지 않도록 사업주체는 PR 활동을 촉진해야 한다.

(12) 세제인센티브(역모기지 특례)의 설정

활용을 위한 전제조건으로 초기에는 정책적으로 보급을 촉진하는 것이 바람직하다. 그 대책으로서 특히 세제 인센티브의 부여가 있다. 현행 상품과 제도를 파악하여 활용하기 위한 조건으로 사업자・이용자의 세제상의 인센티브를 얼마나 부여할 수 있는지 검토할 필요가 있다.

현재 우리나라는 상속한 부동산을 상속자가 처분할 때의 양도세에서는 취득 시기와 취득 가격은 승계되지만, 역모기지를 이용하고 있는 경우는 상속인은 동거하고 있지 않은 것이 전제이기 때문에 상속인은 거주용 재산의 양도과세의 특례를 받을 수 없다. 역모기지의 대상 주택이라도 거주용 재산의 특례를 적용할 수 있도록 하여 상속자가 지불하는 세액을 경감하면, 이용자 본인의 대출 총액이 증가하는 것도 가능하게 되며, 이것은 곧, 제도 보급의 인센티브가 될 것이다.

우리나라는 현재 서울과 과천, 5대 신도시에 국한하여 역모기지 이용시에 양도소득세를 비과세하고 있다. 향후에는 전국적으로 시행을 확대하여야 한다. 그리고 농협에서는 역모기지의 대상 부동산을 주택에만 한정하지 않고, 농지와 같은 비거주 부동산의 범주까지 포함하고 있다. 이러한 점을 감안한다면 주택뿐만이 아니라 역모기지를 이용하는 모든 부동산에 대한 양도소득세를 비과세하여야 한다. 또한 현행 세제에서는 역모기지를 이용함으로써 담보가 되고 있는 자산의 잔존가치가 서서히 감소해져도 보유시에 과세되는 재산세, 종합토지세, 종합부동산세에서는 자산가치가 평가되고 이 평가액에 대해 과세된다. 따라서 역모기지의 보급 촉진책으로서 보유과세 대상부동산의 평가액을 이용자의 부채분을 차감한 몫의 가치에 연동시켜 세액을 경감하는 세제특례를 검토해야 한다.

그리고 대상 부동산의 주택에 대출금으로 개축이나 수선을 실시하는 경우와 특정한 재택복지 서비스를 받는 경우에 한정하여 해당하는 대출금의 이자분과 보험료의 일정금액까지를 소득공제의 대상으로 하는 조치도 고려할 필요가 있다.

본서에서 제안하고 있는 역모기지의 활용방안을 고려한다면, 부동산으로 인한 금융상품으로서 고령자복지라는 사회적인 관점으로 연계성이 극히 크다고 할 수 있으며, 역모기지와 관련한 사업은 다양하고 민·관의 여러 주체가 관련된 제도로 거듭날 수 있다. 또한 금융·보험·부동산 등 각종 업계와 세무사·변호사 등이 역모기지를 축으로 한 비즈니스 기회가 증대될 것으로 기대된다.

대출 주체는 국가가 인가하는 민간금융기관, 연금기금사업단과 한국주택금융공사와 같은 공적 금융기관이 있다. 민간금융기관은 리스크회피에 한계가 있기 때문에 엄격한 조건을 부과하여야 하며, 중자산보유층을 대상으로 한 새로운 스킴이 보급되는 단계가 되면, 대출 주체가 되는 동시에 현행 상품의 확충도 병행하게 될 것이다. 국가는 전국 차원의 새 기획을 제도화하여 이것에 불가결한 보험기

〈표 5-7〉 주체별 사업전개와 기대되는 역할

주체명칭	사업 분야
행정기관 (중앙정부)	전국규모로 제도화. 최종리스크 회피조치로서 보험기구 정비. 역모기지채권 매수・채권 증권화 등과 같은 2차저당시장의 정비. 거주용 부동산의 세제경감조치 등
지방행정기관	국가의 제도를 바탕으로 지역사정에 적합한 제도를 전개. 복지서비스와의 제휴만이 아니라 시가지 정비와의 제휴 등의 용지 이용에 대해서도 고려
민간금융기관 (은행)	민간플랜이 대출 주체. 고액자산자를 대상으로 함과 동시에 고령자 자산운용・관리를 위한 포괄적 신탁제도로의 취급. 민간 실버서비스와의 제휴에 의한 부가가치 증대를 도모
공공기관 (주택금융 공사)	민간의 자금조달을 위해 역모기지 대출 채권을 구입하여, 대출(주택대출)과 더불어 증권화를 도모. 새로운 기능으로서 리스크회피를 위한 보험기구의 일익을 담당할 수도 있음(새로운 보험기구가 제도화되기까지 주택대출보험제도를 활용하는 것도 포함)
보험회사	보험사업체로서 리스크회피를 위한 보험조치 및 기관투자가로서 역모기지가 증권화된 경우의 투자, 생명보험과 손해보험과의 상호 교차연장에 의한 새로운 상품구축
도시개발공사 등	공동주택의 재건축과 기성시가지재개발을 목적으로 한 역모기지주체 혹은 공동사업자. 공동주택 수준향상을 꾀하기 위한 역모기지가 있는 공동주택 공급 등
기타 민간기업 (개호서비스 등)	향후 개호서비스 등의 실버서비스의 수요를 확대하여 역모기지 대출 자금의 사용 용도로서 여러 서비스와 제휴한 상품 필요성도 높아지고 각종 기업의 참가도 예상
세무사, 변호사 FP등	본 제도는 시스템이 복잡하고, 종합적인 자산 관리와 증권화 등의 새로운 기획이 도입됨과 동시에 세무처리를 포함한 카운슬링・컨설팅이 필요(세무사와 은행에서 관련 직무에 있었던 퇴직자 등이 적임)
부동산업	대출 주체와의 제휴 또는 투자가에게 자금을 조달하여 용지취득 후의 재개발 사업 등에 적용을 모색

구 혹은 2차저당시장의 정비와 세제조치를 강구하는 역할을 하게 된다.

공적 기관인 한국주택금융공사는 지금까지 중견소득자의 주택취득 지원을 주된 업무로서 모기지론을 통해 공헌을 해 왔지만, 새로운 역할의 하나로서 역모기지에 대한 참여를 들 수 있다. 예를 들면, 주택금융공사가 대출 주체인 시중은행의 역모기지 대출채권을 매수하여 기존의 주택대출과 더불어 증권화시키는 방안을 생각해 볼 수 있다.

또한 자치단체와 연금기금사업단은 리스크회피 보험을 수중에 넣어 대출조건을 완화하여 대상자층을 확대하여 지역의 사정에 대응한 운영에 의해 현행 제도를 큰 폭으로 확충하게 될 것이다. 은행 이외의 민간금융기관에서는 보험회사가 본래 업무를 확충하여 역모기지의 보험인수와 증권화된 경우의 투자가로서의 기능을 완수하게 된다.

2) 정책적인 시사점[10)]

사회보장제도의 방향성은 고령사회에 있어서 국민의 삶의 가치 창출, 사회기반의 안정을 신중하게 고려해야 한다. 민간시장의 운영만으로는 운영상의 한계로 인하여 국민이 노후생활에 불안을 느끼고 있다면, 공공시책으로서 그 불안한 요소를 제거해 나갈 필요가 있다.

역모기지를 널리 보급하기 위해서는 사업자의 이익과 이용자의 수익을 균형 있게 만들어 가는 것이 중요한 요소이지만, ① 투하되는 자금이 장기 고정화되고, ② 리스크를 감당할 만한 보험이 없으며, ③ 세제상의 규제가 장벽이 되고, ④ 상속 등의 법률문제가 까다로워 민간만으로 시장을 형성하는 데 어려움이 있다.

이와 같은 난점으로 인해 역모기지가 민간 사업자를 주체로 한 형태로는 널리 보급되기 어렵다는 한계가 있어 국가 등의 공적 부문을 중심으로 유도[11)]할 필요가 있다. 민간의 경쟁력을 장려한다는

---

10) 유선종, '역모기지제도의 공공주도 필요성과 파급효과', 동아세아주거학회, 2004, pp. 120-126.

11) 일본에서는 복지적 관점에서 저소득층 노인을 위한 역모기지제도를 2003년부터 후생노동성이 도입하여 운영하고 있다. 역모기지로 소요되는 대출자금을 국가와 자치단체가 나누어서 부담하며 운영은 지방자치단체에게 일임하는 형태이다.

공적 사업이라는 입장에서 볼 때, 역모기지의 시장형성과정에서 공공과 민간의 역할 분담이 필요하다.

① 공적연금의 보완

일본의 경우에 급속한 저출산과 고령화의 진전은 일본의 공적연금[12]제도에도 커다란 영향을 주었다. 일본의 공적연금제도는 세대간 부양이라는 구조를 통하여, 현역과 고령자가 상부상조하는 구조이다. 따라서 보험료를 부담하는 현역세대와 연금을 수급하는 고령자세대 사이에 급부와 부담의 균형이 공적연금제도의 안정을 위한 요소가 된다. 따라서 저출산·고령화가 진전하는 상황에서는 현역세대의 보험료 부담을 재검토함과 동시에 고령세대에 대한 급부수준의 재검토가 불가피하다. 또한 현역세대와 고령세대의 자산과 소득의 격차가 축소하고 있는 상황을 감안하면, 공적연금제도의 안정화를 실현하기 위해서는 자조노력이라는 고령자의 잠재력을 발휘하기 위한 제도를 실시할 필요가 있다.

역모기지를 이용하는 경우의 대출금은 월액 고정방식과 종신 대출방식 중 하나로서 공적 연금수입을 기반으로 한 새로운 노후생활설계가 가능해진다. 말하자면, 공적연금을 보완하는 연금으로서 생활자금을 대출할 수 있는 제도로, ① 대출자금은 생활의 필요자금이나 여유자금으로 활용되어 궁극적으로 자조노력의 형태가 되고, ② 노후의 예상치 못한 자금수요에 대해서도 역모기지의 자금은 활용될 수 있어, 결과적으로 역모기지는 공적연금의 보완적인 역할을 담당할 수 있으며, ③ 제도의 출발시기에는 폭 넓은 보급을 위해 어느 정도의 리스크도 감수해야 하지만, 시장이 성숙하고 2차저당시장이 활성화되면 역모기지는 공적연금의 부족한 기능을 보완하

12) 공적연금의 수급권자수는 급속히 증가하여, 1994년도에 '피보험자수: 공적연금 수급권자 수'의 비율은 5.5 : 1이지만, 2025년도에는 2.4 : 1이 될 것으로 예측된다.

는 새로운 연금으로 정착화될 수 있다.

역모기지제도가 공적연금을 보완하는 제도로 자리매김한다면, 기본적인 생활을 밑받침하는 부분으로 세대간 부양에 관한 부담을 경감시키며, 또한 고령세대의 여유 있는 생활을 실현하는 부분으로서 고령자 스스로 자조 노력의 기틀을 마련하게 되어 다양한 고령기의 필요소득에 부응할 수 있게 된다.

② 시장환경의 정비

미국 등의 보급상황을 보면, 역모기지 도입기에는 이용자(수요자) 측의 필요보다도 사업자(공급자) 측의 환경정비가 변수가 되고 있는 것을 볼 수 있다. 역모기지에서 사업 주체의 정비와 역모기지 보험을 인수할 보험기구로 크게 구분하여 보면 공공의 관여가 필요하다는 것을 알 수 있다. 또한 리스크 풀(pool)을 인수하는 보험 상품도 개발되어 있지 않은 상황에서는 제도를 도입하여 운용하는 경우에 나타날 문제점도 많을 것으로 본다.

③ 부정적인 이미지 불식

역모기지는 고령자가 자택에 계속 거주하면서 그 부동산을 담보로 대출을 받는다는 지금까지 전례가 없었던 새로운 서비스이므로, 그 내용에 대해서 이용자의 이해를 구하는 것에 어려움이 있으며, 또한 그 제도를 이해했다 할지라도 보유하고 있는 자산을 조금씩 현금화하여 소진한다는 것에 대한 저항감이나 자손에게 자산을 남기려는 상속에 관한 기존의식이 장벽이 되어, 이용자 스스로가 선택하기까지 상당한 부담이 따르게 된다.

그러나 역모기지를 공공기관이 추진하게 되면 이러한 이용자의 부정적인 이미지의 상당부분을 불식시킬 수 있게 된다. 일본에서는 일부 자치단체나 민간의 신탁은행에서 실시하고 있지만 계약된 사

〈표 5-8〉 역모기지의 부정적 이미지

이용자의 부정적 이미지	· 대출금액이 부동산 가격에 비해 적다는 이미지
	· 조기사망시에 이용자가 불리하다는 이미지
	· 자산가(주택소유자)를 대상으로 한 제도라는 이미지
	· 상속의 관례를 부정한다는 이미지

례는 미미하고, 우리나라에서도 일부 민간금융기관에서 실시하고 있지만, 역모기지를 홍보하는 단계로 정착하기까지는 정비되어야 할 요인이 많아 보인다. 역모기지의 잠재적 수요층은 상당히 많을 것으로 예측하고 있지만, 그것을 가시화시켜 나가기 위해서는 "공공이 추진하는 서비스라면 안심"이라는 홍보 전략으로 활성화시키는 것에 안심감을 정착시키는 것이 효과적이라고 생각된다.

④ 카운슬링의 표준화

대부분의 고령자는 소유하고 있는 부동산을 자녀에게 상속시키려는 경향이 있어서 고령자에게 새로운 개념인 역모기지를 이해시키기 위해서는 계약부터 상환까지 지속적인 카운슬링을 해야만 한다. 고령자에게 이러한 카운슬링 서비스의 내용 및 기회의 공평성을 확보해 나가기 위해서도 공공기관이 카운슬링 내용을 표준화하여 고령자가 손쉽게 그 기회를 얻을 수 있도록 환경 정비를 해 나갈 필요가 있다.

⑤ 유지 · 관리의 표준화

사업자에게는 담보가 되는 부동산의 가치보전이라는 관점과 고령자에게는 안전하게 안심하고 거주할 수 있는 주택거주라는 관점에서 정기적인 유지 · 관리가 필요하다. 이러한 필요성에 대해 공공기관이 유지 · 관리방법을 표준화함으로써 이용자가 개별적으로 유지・관리하는 번거로움을 줄이고, 유지・관리와 리뉴얼(renewal)시장의 활성화에 따라 비용과 효과면에서 높은 서비스를 받을 수 있게 된다.

⑥ 세제정비의 필요성

역모기지제도의 원활한 운영에 있어서 고령자와 사업자에게 공통되는 것으로, 세법상의 제한이 장애물이 되고 있다. 예를 들어, 부동산 거래에 관련된 여러 종류의 세금 부담이 크기 때문에 사업화에는 세금의 감면 조치를 포함하여 고령자가 이용하기 쉬운 방향으로 세제를 정비해야 할 필요가 있다. 앞서 서술했던 것과 같이 매각시에 부과되는 양도소득세, 매수시에 부과되는 취득세와 등록세 또는 보유시에 부과되는 재산세와 종합토지세 등의 모든 부동산에 관련된 세제를 역모기지를 이용하는 부동산에는 비과세나 감면 등의 조치가 따라야 이 제도의 활성화를 기대할 수 있다.

특히 상속세의 경우에는 현재 상속세 과세가액에서 공제대상으로 공과금이나 장례비, 피상속인의 채무 등이다. 역모기지 이용시에 이용자인 고령자의 금융기관 대출금액을 실질적으로 그 자녀가 상속을 할 경우에는 부채로 계상하여 상속세의 공제대상으로 유도해야 한다.

⑦ 사업자의 도덕적 해이(moral hazard)에 대한 대응

버블경제의 붕괴로 인해 가계 압박 등의 요인이 심화되는 가운데, 개인에게 사금융의 형식으로 무리한 대출을 알선하는 소비자금융이 사회문제로 부각되고 있다. 고령자를 대상으로 하는 새로운 금융상품도 출현할 것으로 예상되는 가운데, 역모기지와 유사한 방법으로 고령자의 자산을 노리려는 악덕사업을 견제하기 위해서라도 공공기관이 관여한 조직으로서 제도를 보급해 나갈 필요가

있다.

⑧ 이용자의 도덕적 해이(moral hazard)에 대한 대응

역모기지는 주택소유자를 대상으로 하는 제도로 자산소유자를 이용대상으로 한다는 부분에 도덕적 해이가 개입할 여지가 있다. 즉 사회보장제도가 추구하는 가치 중에서 공평성이라는 측면에서 보면 자산이 없는 자의 입장에서 볼 때는 역모기지는 주택을 소유하고 있는 자산가를 대상으로 한다는 결과를 낳는다. 이에 대해 역모기지에서는 생활보호라는 측면에서 주택에 대한 자산활용이 정의[13]되어 있으며, 공적비용의 합리적인 지출이라는 측면에서도 공평성과 효율성을 추구할 수 있게 된다.

13) 일본에서도 생활복지자금의 대출시에 "논, 밭, 가옥 등의 부동산을 보유한 세대로 소득 상황에서 저소득세대로 판단된 경우에는 대출 대상이 될 수 있다"라고 정의하고 있다.

제 6 장

맺음말

제 6 장 맺음말

본서에서는 역모기지에 대한 이론적 고찰, 고령자의 개인적인 소득과 소비에 따른 문제점과 공적연금제도의 한계를 고찰하였다. 또한 외국의 사례로서 미국, 일본, 프랑스, 영국, 캐나다의 역모기지에 관해 고찰하였고 이 제도의 유효성과 우리나라에서 시행중인 제도와의 비교를 통해 이 제도가 갖고 있는 리스크와 그에 관한 문제점 등을 고찰하고, 대응방안 등을 모색하였다. 이상의 연구결과를 바탕으로 이 제도의 정책적인 시사점과 정책제안, 활용방안을 제시하였다.

본서의 주요한 관점들을 정리하면 다음과 같다. 우선 외국의 시행사례로 이를 각 국가별로 정리하면, 미국의 경우는 1960년대에 최초로 시작되었다. 공적플랜으로는 HECM(Home Equity Conversion Mortgage)은 HUD 및 그 내부부국인 FHA(연방주택청)가 실험 사업으로서 1989년부터 실시하고 있으며, FNMA(연방저당금고)의 Home Keeper는 FNMA가 HECM의 성과를 살려서 독자 개발하여 1996년에 시장진입을 한 획기적 상품이다. 이는 FNMA에서 대출채권을 구입해 주어서 자금 조달에 관한 리스크들을 해결해 주고, FHA 모기지 보험으로 장수리스크, 금리변동리스크, 부동산가격변동리스크 등을 보장해 준다. 민간플랜으로는 Providential사 및 Transamerica Home First사, Financial Freedom의 Equity Guard와 Cash Account의 상품을 예로 들어서 그 개요를 설명하였다. 모두 1990년대 초반에 등장한 사업자인수보험부 상품이며 Providential사는 종신대출이 중심이다. Transamerica Home First사는 확정기간 대출이지만, 연금상품과의 합체에 의한 종신연금급부를 받을 수 있게 설계되었다.

일본의 경우는 우선 지자체 등이 대출 주체가 되어 복지서비스와 연대한 공적플랜과 민간기업에 의한 민간플랜으로 구분되며, 공적플랜으로는 직접대출방식(무사시노시)과 간접대출방식(세타가야구)으로 시행되었으며, 2003년부터 이러한 제도를 보완하여 장기생활지원자금대출제도가 시행되어 정부가 개입한 시행사례로서 대출금의 3분의 2를 국가가 부담하고, 3분의 1을 자치제가 부담하는 제도이다. 이외에도 역모기지가 민간주택건설업체가 신규상품개발이나 마케팅 등에 이용하여 아사히카세(旭化成)역모기지와 도요타그룹의 역모기지가 시행사례이다.

캐나다의 경우는 미국의 역모기지 프로그램을 2년간 조사한 후에 만들어졌으며 이를 캐나다 주택연금플랜(CHIP: Canadian Home Plan)이라고 하며, 이는 부동산가격 하락시에 계약시점의 시장가격 이상 지불의무를 갖지 않는 Non-recourse 방식이다.

영국의 경우는 영국에서의 역모기지로서는 주택담보대출방식인 홈인컴플랜(Home Income Plan)과 주택자산매각방식인 홈리버션(Home Reversion)의 2종류의 상품이 있고, 민간생명보험회사나 건축조합 또는 신탁회사 등에 의해 판매되고 있다. 주택담보대출방식인 홈인컴플랜(Home Income Plan)은 이용자가 금융기관에 주택을 담보로 대출을 하면서 장기연금 상품을 구입하여 이자를 공제하고 매월 연금을 받는다. 홈리버션(Home Reversion)은 주택지분의 전부나 일부를 매각하여 현금화하고, 그 주택에 임차인으로 거주하는 방법이다.

두 번째는, 전문가에 대한 인터뷰 조사이다. 외국의 사례를 정리하자면 크게 대출방식과 매각방식으로 나눌 수 있다. 대출방식은 미국, 일본, 캐나다이며, 매각방식은 프랑스와 영국의 홈리버션(Home Reversion)이다. 특히 프랑스의 경우는 개인과 개인간의 거래로 역모기지가 시행되고 있으며, 이를 프랑스 민법(1582-1701조)에서 비아제(Viager) 판매규정과 그에 관한 급부(1968-1983조)에서 규정하고 있다. 이는 개인이 잡지 등에 광고를 게재하여 이를 통하여 계약을 하는 사행성이 가미된 제도이다. 이는 일반적인 금융기관에서 대출을 통하여 시행되고 있는 역모기지와 다른 형태라고 말할 수 있다.

이를 위하여 본서에서는 우리나라에서의 비아제 적용가능성을 모색하기 위해서 전문가(대학교의 민법교수와 변호사)를 대상으로 한 인터뷰 조사를 2004년 6월에 실시하였으며, 인터뷰의 내용은 비아제의 법률적 성질(민법 725-730조의 종신정기금에 관한 규정과 민법 536조의 동시이행의 항변권에 관한 규정)과 우리나라에서 비아제를 시행하는 경우 비아제계약기간 중에 발생할 것으로 예상되는 문제점에 대해 조사하였다.

세 번째는, 이러한 외국의 시행사례를 바탕으로 역모기지의 리스크 대응방안과 역모기지의 활용에 따른 파급효과로서 주택소유에 대한 동기부여의 파급효과, 유지관리 · 리모델링시장의 정비, 장수명 · 배리어프리(Barrier Free) 주택보급, 주택에 대한 자산평가의 향상, 공적 비용 투입의 경감 유도를 제시하였다.

네 번째는 정책적인 시사점으로서 공적연금의 보완, 시장 환경의 정비, 부정적인 이미지 불식, 카운슬링의 표준화, 유지 · 관리의 표준화, 세제정비의 필요성, 사업자의 도덕적 해이(moral hazard)에 대한 대응, 이용자의 도덕적 해이(moral hazard)에 대한 대응이며, 정책제안으로는 외국의 역모기지와 비교하여 기본 여건을 갖춘 역모기지의 활용을 위한 전제조건을 제안하였다. 이러한 전제조건을 명확히 하기 위하여 이용대상자, 대상부동산, 대출주체, 대출조건, 리스크회피보험, 자금조달, 담보처분 등에 관련하여 새로운 정책제안을 시도하였다.

현재 미국에서 시행되고 있는 역모기지는 고령자가 자신의 주택에 계속 거주하면서 그 주택을 담보로 금융기관으로부터 매달 일정액 또는 일시불로 자금을 빌려 쓰는 제도이다. 본인과 배우자가 모두 사망하거나 이사를 하기 위해 주택을 처분할 때까지는 원리금 상환의무를 이행하지 않아도 되는 금융상품이다. 사망, 이사, 매각 시에만 원리금 상환의무가 발생하며 일반적으로 주택매각대금에서 대출원리금을 상환하고 남는 잔액은 대출자 또는 그 상속자에게 돌아간다.

이러한 미국의 역모기지와 비교해 보면 지금까지 국내에서 시행된 역모기지 상품은 사실상 변형된 주택담보대출이라고 할 수 있다. 우리나라 역모기지의 경우 2004년도에 민간금융기관에서 시행되고 있는 상품들을 보면, 대출연령에 제한이 없고 만기시 반드시 주택을 매각하거나 일반주택담보대출로 전환, 또는 자녀 명의로의 대출채무이전 중 하나를 선택해야만 한다. 금리도 고정금리 대출은 7-8%로 높은 편이고 변동금리대출은 시장연동금리에 2-4%의 가산금리가 부가되어 일반적인 주택담보대출보다도 높다. 더군다나 고정금리대출을 선택하면, 대출기간은 5년을 넘을 수 없다. 대출기간이 10년을 넘을 경우, 담보인정비율(LTV: Loan to Value)이 60%를 넘을 수 없다. 이는 주택가격에 비해 실제로 대출할 수 있는 금액이 크게 줄어든다고 볼 수 있다.

결국, 지금까지 우리나라에서는 미국의 역모기지와 같은 진정한 의미의 역모기지 상품은 아직 출시된 적이 없는 셈이다. 지금까지 국내의 실적으로만 역모기지에 대한 평가로 단언하는 것은 아직 이르다. 다양한 역모기지 활용방안으로는 아직 구체적인 대안이 발표되지 않았지만, 최근 정부가 국회에 관련 법안을 상정하겠다는 발표가 있었던 것으로 미루어 보아 우리나라에서도 역모기지가 구체화되고 있다고 할 수 있다.

역모기지는 우리나라 고령자의 현실을 감안할 때, 라이프사이클에 맞춘 주거대책으로 거주할 수 있는 주택만 소유하고 있고, 생활비가 없어 생계를 유지하기 힘든 대다수 고령자의 어려움을 덜어줄 수 있는 제도이다. 상대적으로 소득이 지출보다 많은 청·장년기에는 모기지를 통해 주택을 마련하고 지출이 소득보다 많은 노년기에는 역모기지를 통해 노후대책을 세우게 된다.

본서의 제2장에서 고찰한 바와 같이 고령자의 필요소득 창출에 역모기지를 잘 활용한다면, 공적연금 등을 위한 대규모 재정지출 없이도 민간 차원에서 고령자의 생활보장 및 주거안정을 달성할 수 있기 때문에 정부가 적극적으로 지원할 필요가 있다. 즉, 민간금융기관이 감내할 수 있는 위험범위 내에서 이용자에게 충분히 매력적인 상품을 만드는 접점을 찾고 그 괴리에서 발생하는 비용의 일정 부분은 정부가 부담하게 된다.

우리나라는 급속하게 고령화가 진전되는 가운데, 고령자가 주택자산을 현금화하는 것으로 연금을 보완하는 제도가 갖는 의미는 훨씬 더 중요해진다. 역모기지 이용확대를 위해서도 공적보험제도를 조기에 정비하여 민간부분의 대출기관 육성과 참가를 촉진해 나갈 필요가 있다. 미국의 경우와 같이 FNMA가 제휴 금융기관으로부터 역모기지 채권을 매수하는 방식이 역모기지 확대에 기여하고 있는 것처럼 우리나라에서도 이러한 외국의 제도를 참고하면서 역모기지의 리스크를 경감하기 위한 보험제도를 고려하여야 하며, 더불어서 증권화의 도입방안에 대하여도 모색할 필요가 있다.

이러한 자료를 토대로 본서에서는 다음과 같은 활용방안 등을 제시하고자 한다.

첫째, 이용대상을 명확히 정하고 지원을 집중해야 한다. 현재 시행하고 있는 상품의 대상 연령이 유동적이어서 생계비 마련이 어려운 고령층에게 도움을 준다는 원래 취지에 부합하도록 지원대상 연령을 명확히 할 필요가 있다. 미국의 경우는 62세 이상, 영국은 65세 이상의 주택소유자로 역모기지의 대상을 한정하고 있다. 최근 경기침체의 여파로 역모기지가 고령자들의 필요소득 창출이라는 본래의 취지와 달리 생활이 어려워진 자식들이 부모소유의 주택을 담보로 생활비를 얻어 쓰는 수단으로 이용되는 사례가 늘고 있다.

둘째, 금융기관 대출자의 부담을 경감하여 공적 보증체계를 확립한다. 즉 금융기관인 사업자와 이용자가 부담하는 위험을 경감시켜 줄 수 있는 공적 보증체계가 마련되어야 한다. 보증의 신용도가 높아질수록 역모기지 대출금리는 낮아지고 주택의 담보인정비율은 높아져 고령자에게 더 많은 생계비가 대출될 수 있다. 또한 미국의 경우, FNMA 같은 공적기관에서 역모기지대출채권을 매수하여 현금을 유동화시키고 있다. 또한 FHA 모기지보험으로 리스크에 대한 부담을 보험으로 해결하고 있다. 우리나라에서 모기지론을 시행하고 있는 한국주택금융공사와 같은 공적신용보증기관으로 보증을 하는 것도 고려해 볼 만하다.

셋째, 이러한 공적 보증체계가 마련되면 공적 보증비용을 낮추어 주는 노력이 필요하다. 보증비용은 기본적으로 이용자가 부담해야 하겠지만 역모기지의 사회보장적 성격을 감안하여 이용자의 형편에 따라 일정 부분 정부가 분담하는 방안도 검토해 볼 수 있다. 미국 HECM의 경우, 보증비용은 총 대출액의 2%(최고 한도 2천 달러)와 대출원리금의 0.5%의 합계이지만 이용자의 상황에 따라 차등적용하고 있다. 특히 우리나라의 경우, 중도상환에 따른 수수료(3

년 이내) 부담이 이용자에게 전가되고 있는 상황이다.

넷째, 대출금리를 낮추는 과감한 세제 지원으로 역모기지 이용의 메리트를 높일 필요가 있다. 담보제공 주택에 대해서는 재산세 등 보유세를 감면하거나, 대출 초기비용인 근저당 설정비를 면제해 주거나 연금형태의 대출금 수령액은 세액을 공제해 주는 등의 방안을 고려해 볼 수 있다. 그리고 양도소득세의 비과세도 서울의 5대 신도시에 국한하는 것이 아니라 전국적인 혜택이 이루어져야 한다. 우리나라의 경우 대상 물건도 아파트만 한정하는 흥국생명이나 역모기지의 대상 물건에 농지까지 포함하여 시행하는 농협의 사례를 보면, 역모기지의 대상 물건의 폭을 확대할 필요가 있다.

다섯째, 주택의 구입 또는 건축에 소요된 대출자금으로 한정된 주택저당채권의 유동화 대상 범위에 역모기지를 포함시켜야 한다. 수십 년이 소요될 수도 있는 대출채권의 유동화를 통해 자금이 필요한 사업자는 더 많은 자금을 공급받을 수 있고, 대출기관은 상대적으로 단기로 조달된 자금이 장기로 운용되는 데 수반되는 문제를 해결할 수 있다.

여섯째, 이용자가 선택할 수 있는 플랜을 폭 넓게 개발하여야 한다. 미국의 HECM의 경우 5개의 선택플랜으로 유연한 방식을 채택하고 있는 반면에 우리나라는 선택할 수 있는 플랜이 한정적으로 확정기간대출형(10년, 15년)으로 선택의 폭이 좁다.

부 록

1. OECD 국가의 평균수명

남 자	1960	1970	1980	1990	1995	1997	1998	1999	2000	2001	2002
한국	51.1	59.01	62.32	67.73	69.6	70.6	-	71.7	-	72.8	73.4
그리스	67.3	70.1	72.2	74.6	75.0	75.6	75.5	75.5	75.5	75.4	75.4
네덜란드	71.5	70.8	72.5	73.8	74.6	75.2	75.2	75.3	75.5	75.8	76.0
노르웨이	71.3	71.0	72.3	73.4	74.8	75.5	75.6	75.6	76.0	76.2	76.4
뉴질랜드	68.7	68.3	70.0	72.4	74.2	74.9	75.2	75.7	76.0	76.0	-
덴마크	70.4	70.7	71.2	72.0	72.7	73.6	73.9	74.2	74.5	74.7	74.8
독일	66.9	67.2	69.6	72.0	73.3	74.0	74.5	74.7	75.0	75.6	-
룩셈부르크	66.5	67.1	69.1	72.3	73.0	74.1	73.7	74.6	74.8	75.2	74.9
멕시코	55.8	58.5	64.1	68.3	70.0	70.6	70.8	71.2	71.6	71.9	72.1
미국	66.6	67.1	70.0	71.8	72.5	73.6	73.8	73.9	74.1	74.4	-
벨기에	67.7	67.8	70.0	72.7	73.4	74.1	74.3	74.4	74.6	74.9	75.1
스웨덴	71.2	72.2	72.8	74.8	76.2	76.7	76.9	77.1	77.4	77.6	77.7
스위스	68.7	70.7	72.8	74.0	75.3	76.3	76.3	76.8	76.9	77.4	77.8
스페인	67.4	69.2	72.5	73.3	74.3	75.0	75.1	75.1	75.7	75.6	75.7
슬로바키아	68.4	66.7	66.8	66.6	68.4	68.9	68.6	69.0	69.2	69.6	69.9
아이슬랜드	70.7	71.2	73.7	75.4	75.9	76.3	77.7	77.7	78.0	78.3	78.5
아일랜드	68.1	68.8	70.1	72.1	72.9	73.4	73.5	73.9	73.9	74.7	75.2
영국	67.9	68.7	70.2	72.9	74.0	74.7	74.8	75.0	75.5	75.7	-
오스트리아	65.4	66.5	69.0	72.4	73.6	74.3	74.7	75.1	75.1	75.6	75.8
이탈리아	-	-	70.6	73.6	74.9	74.9	75.5	75.6	76.6	76.7	76.8
일본	65.3	69.3	73.4	75.9	76.4	77.2	77.2	77.1	77.7	78.1	78.3
체코	67.9	66.1	66.8	67.6	69.7	70.5	71.1	71.4	71.7	72.1	72.1
캐나다	-	-	71.7	74.4	75.1	75.8	76.0	76.3	76.7	77.1	-
터키	46.3	52.0	55.8	64.2	64.9	65.2	65.4	65.6	65.8	66.0	66.2
포르투갈	61.2	64.2	67.7	70.4	71.2	71.6	71.7	72.2	73.2	73.5	73.8
폴란드	64.9	66.6	66.0	66.7	67.6	68.5	68.9	68.2	69.7	70.2	70.4
프랑스	67.0	68.4	70.2	72.8	73.9	74.6	74.8	75.0	75.3	75.5	75.6
핀란드	65.5	66.5	69.2	70.9	72.8	73.4	73.5	73.8	74.2	74.6	74.9
헝가리	65.9	66.3	65.5	65.1	65.3	66.4	66.1	66.4	67.4	68.1	68.4
호주	67.9	67.4	71.0	73.9	75.0	75.6	75.9	76.2	76.6	77.0	77.4

여 자	1960	1970	1980	1990	1995	1997	1998	1999	2000	2001	2002
한국	53.7	66.11	70.52	75.93	77.4	78.1	-	79.2	-	80.0	80.4
그리스	72.4	73.8	76.8	79.5	80.3	80.8	80.6	80.6	80.6	80.7	80.7
네덜란드	75.4	76.5	79.2	80.9	80.4	80.5	80.6	80.5	80.5	80.7	80.7
노르웨이	75.8	77.3	79.2	79.8	80.8	81.0	81.3	81.1	81.4	81.5	81.5
뉴질랜드	73.9	74.6	76.3	78.3	79.5	80.1	80.4	80.8	80.9	80.9	-
덴마크	74.4	75.9	77.3	77.7	77.8	78.4	78.8	79.0	79.3	79.3	79.5
독일	72.4	73.6	76.1	78.4	79.7	80.3	80.6	80.7	81.0	81.3	-
룩셈부르크	72.2	73.4	75.9	78.5	80.2	79.8	80.5	81.1	81.1	80.7	81.5
멕시코	59.2	63.2	70.2	74.1	75.3	75.7	75.9	76.1	76.5	76.8	77.1
미국	73.1	74.7	77.4	78.8	78.9	79.4	79.5	79.4	79.5	79.8	-
벨기에	73.5	74.2	76.8	79.4	80.2	80.6	80.5	80.8	80.8	81.1	81.1
스웨덴	74.9	77.1	78.8	80.4	81.4	81.8	81.9	81.9	82.0	82.1	82.1
스위스	74.5	76.9	79.6	80.7	81.7	82.1	82.4	82.5	82.6	83.0	83.0
스페인	72.2	74.8	78.6	80.3	81.5	82.0	82.1	82.1	82.5	82.9	83.1
슬로바키아	72.7	72.9	74.3	75.4	76.3	76.7	76.7	77.2	77.4	77.7	77.8
아이슬랜드	75.0	77.3	79.7	80.5	80.0	81.5	81.5	81.5	81.4	82.2	82.3
아일랜드	71.9	73.5	75.6	77.6	78.4	78.6	79.1	79.1	79.1	79.7	80.3
영국	73.7	75.0	76.2	78.5	79.2	79.6	79.7	79.8	80.2	80.4	-
오스트리아	71.9	73.4	76.1	78.9	80.1	80.6	80.9	81.0	81.2	81.7	-
이탈리아	-	-	77.4	80.1	81.3	81.3	81.8	82.3	82.5	82.8	82.9
일본	70.2	74.7	78.8	81.9	82.9	83.8	84.0	84.0	84.6	84.9	85.2
체코	73.4	73.0	73.9	75.4	76.6	77.5	78.1	78.2	78.4	78.5	78.7
캐나다	-	-	78.9	80.8	81.1	81.3	81.5	81.7	82.0	82.2	-
터키	50.3	56.3	60.3	68.7	69.4	69.7	69.9	70.2	70.4	70.6	70.9
포르투갈	66.8	70.8	75.2	77.4	78.6	78.8	78.9	79.2	80.0	80.3	80.5
폴란드	70.6	73.3	74.4	76.3	76.4	77.0	77.3	77.2	77.9	78.3	78.7
프랑스	73.6	75.9	78.4	80.9	81.8	82.3	82.4	82.5	82.7	82.9	82.9
핀란드	72.5	75.0	77.6	78.9	80.2	80.5	80.8	81.0	81.0	81.5	81.5
헝가리	70.1	72.1	72.7	73.7	74.5	75.1	75.2	75.2	75.7	76.5	-
호주	73.9	74.2	78.1	80.1	80.8	81.3	81.5	81.8	82.0	82.4	-

자료: OECD HEALTH DATA 2004(http://www.oecd.org/home).

2. 종신정기금(민법 725-730조, 536조)

제725조 (종신정기금계약의 의의) 종신정기금계약은 당사자 일방이 자기, 상대방 또는 제삼자의 종신까지 정기로 금전 기타의 물건을 상대방 또는 제삼자에게 지급할 것을 약정함으로써 그 효력이 생긴다.

제726조 (종신정기금의 계산) 종신정기금은 일수로 계산한다.

제727조 (종신정기금계약의 해제)

① 정기금채무자가 정기금채무의 원본을 받은 경우에 그 정기금채무의 지급을 해태하거나 기타 의무를 이행하지 아니한 때에는 정기금채권자는 원본의 반환을 청구할 수 있다. 그러나 이미 지급을 받은 채무액에서 그 원본의 이자를 공제한 잔액을 정기금채무자에게 반환하여야 한다.

② 전항의 규정은 손해배상의 청구에 영향을 미치지 아니한다.

제728조 (해제와 동시이행) 제536조의 규정은 전조의 경우에 준용한다.

제729조 (채무자귀책사유로 인한 사망과 채권존속선고)

① 사망이 정기금채무자의 책임 있는 사유로 인한 때에는 법원은 정기금채권자 또는 그 상속인의 청구에 의하여 상당한 기간 채권의 존속을 선고할 수 있다.

② 전항의 경우에도 제727조의 권리를 행사할 수 있다.

제730조 (유증에 의한 종신정기금) 본 절의 규정은 유증에 의한 종신정기금채권에 준용한다.

제536조 (동시이행의 항변권)

① 쌍무계약의 당사자 일방은 상대방이 그 채무이행을 제공할 때까지 자기의 채무이행을 거절할 수 있다. 그러나 상대방의 채무가 변제기에 있지 아니하는 때에는 그러하지 아니하다.

② 당사자 일방이 상대방에게 먼저 이행하여야 할 경우에 상대방의 이행이 곤란할 현저한 사유가 있는 때에는 전항 본문과 같다.

3. 농협추가약정서
(연금형생활자금대출용)

본인은 20 년 월 일 대출거래약정에 추가하여 아래 각 조항을 적용하기로 확약합니다.

제1조 대출금의 지급 등

① 농협은 아래 조건에 따라 대출금을 매월 분할 실행하고, 해당 분할 대출금을 본인의 예금계좌에 입금하기로 한다.

② 대출금 지급일이 금융휴일인 경우에는 직전 영업일에 지급하기로 한다.

③ 제2조 제2항과 같이 적용금리의 변동이 있을 경우에는 회차별 지급액이 변경되는 것으로 한다.

④ 대출원리금이 약정금액 가까이 도달하여 대출금 1회 지급액에 미달하거나 대출금지급기한이 도래한 경우에는 해당 차액을 최종대출금으로 지급하고 농협은 대출금지급을 종료한다.

제2조 대출금이자의 납입

① 대출금이자는 대출원리금 잔액에 제2항에서 정한 이율을 적용하여 산출하고 대출금지급일마다 해당 대출금이자를 직전 대출원리금에 가산한다.

② 대출금이자율은 대출 당시에 대출거래약정서에서 정한 금리로 하되 금융환경의 변화가 있을 경우에는 변경할 수 있다.

제3조 대출금의 상환

① 대출금의 상환은 대출기간만료일에 전액 상환하기로 하되 담보가치의 현저한 하락에 따른 채권보전 위협이 발생하여 담보가치 재평가에 의한 약정금액 변경을 본인에게 서면통지하고 대출원리금이 변경된 약정금액에 도달한 때에는 조기상환한다.

② '1'항의 조기상환시 상환기일은 최종대출금 지급일로부터 3개월 후의 응당일로 한다.

제4조 개인신용정보 제공·이용 동의

본인은 신용정보이용 및 보호에 관한 법률 제23조에 의거 본인의 신용정보를 (주)삼육오홈케어에 제공, 이용함에 동의한다.

참고문헌

국내문헌

강병호, 『금융제도론』, 박영사, 1996.

강성호, 『도시가계패널자료를 이용한 노후소득 및 소비실태 파악』, 연금포럼 제12호, 국민연금관리공단 국민연금관리센터, 2003.

강성호, 『부양의식 변화 및 노후준비수단의 변화 추이분석』, 연금포럼 제13호, 국민연금관리공단 국민연금관리센터, 2004.

고정민 · 정연승, 『고령화사회의 도래에 따른 기회와 위협』, 삼성경제연구소, 2002.

김미숙 외, 『고령화사회의 사회경제적 문제와 정책대응방안: OECD 국가의 경험을 중심으로』, 한국보건사회연구원, 2003.

김상열, 『주택금융의 현황 및 문제점』, 주택산업연구원, 1998.

김성숙, 『국민연금 급여관리체계의 개선방안』, 연금포럼 제13호, 국민연금관리공단 국민연금관리센터, 2004.

김순옥, 『인구고령화제도의 성숙과 국민연금 재정계획』, 연금포럼 제8호, 국민연금관리공단 국민연금관리센터, 2002.

김승권, 『최근 출산행태 및 가족주기 변화에 따른 정책과제』, 보건복지포럼, 통권 제18호, 한국보건사회연구원, 1998.

김정호 · 윤주현, 『주택금융제도 개선에 관한 연구』, 한국노동패널 리서치브리프, 한국노동연구원, 2004.

김 진, 『역모기지의 활용방안에 관한 연구』, 주거환경 제2권 제1호 통권 제2호, 주거환경학회, 2004.

김한곤, 『인구 노령화의 과제와 전망』, 영남대학교출판부, 2003.

국토연구원, "인구구조 고령화의 경제 · 사회적 파급효과와 대응과제", 2004. 11. 19.

대통령비서실, 고령사회대책 및 사회통합기획단 인구 · 고령사회대책팀, "저출산 · 고령사회 대응을 위한 국가실천전략", 2004.

대한주택공사, 『구미의 주택정책 및 금융－미국, 영국, 프랑스』, 주택금융보급협회, 1995.

문영기·하야가와 가즈오, 『주택과 인권』, 범론사, 1995.

박광준 외, 『고령화사회와 고령자복지』, 세종출판사, 1992.

박경숙, 『고령화사회 이미 진행된 미래』, 의암출판사, 2003.

박덕배, 『노후소득보장문제와 역모기지제도』, 경제주평, 현대경제연구원, 2004.

박상현, 『2004년 노령연금수급자 및 급여액 전망』, 연금포럼 제11호, 국민연금관리공단 국민연금관리센터, 2003.

박신영, 『한국의 고령화 시대 노인을 위한 주거정책』, 동아세아주거학회, 安居樂業 제1집, 2004.

박태룡, 『고령자복지론』, 대구대학교출판부, 2002.

박창수, 『부동산감정론』, 범론사, 1998.

석재은, 『국민연금제도의 사각지대와 정책과제』, 보건복지포럼 8월 통권 제70호, 한국보건사회연구원, 2002.

신기섭, 『주택저당채권 유동화제도의 필요성과 도입방안』, 한국주택은행, 1990.

신화연, 『인구고령화현상이 연금재정에 미치는 영향분석』, 연금포럼 제11호, 국민연금관리공단 국민연금관리센터, 2003.

왕진호, 『국민기초생활보장제도의 현황과 과제』, 연금포럼 제13호, 국민연금관리공단 국민연금관리센터, 2004.

원종욱, 『기초연금제도의 도입을 통한 소득보장체계의 다원화와 사각지대 해소방안』, 연금포럼 제13호, 국민연금관리공단 국민연금관리센터, 2004.

원종욱, 『우리나라 고령자의 소득·소비실태 및 적정 소득대체율분석』, 연금포럼 제7호, 국민연금관리공단 국민연금관리센터, 2002.

원종욱·석재은·문승주, 『국민연금 기금운용 관리체계의 개선』, 국민연금관리공단 국민연금관리센터, 2001.

유선종, "일본의 리버스모기지제도의 이용촉진에 관한 연구", 일본대학대학원 박사학위논문, 2000.

유선종, 『역저당제도가 국민경제에 미치는 경제효과에 관한 연구』, 국토계획, 대한국토 도시계획학회, 2002.

유선종,『역모기지제도의 공공주도 필요성과 파급효과』, 安居樂業 제1집, 동아세아주거학회, 2004.

유선종, “고령사회대비 역모기지 서둘러야”, 한국경제신문, 2004. 5. 22.

유선종,『미국의 역모기지와 정책적 시사점』, 부동산학보, 한국부동산학회, Vol. 23, 2004. 8.

유선종,『역모기지제도 도입을 위한 고령자 의식에 관한 연구』, 국토연구, 제45호, 국토연구원, 2005. 6.

유선종 · 조주현,『일본의 역저당제도에 관한 연구』, 국토계획, 대한국토도시계획학회, 1998.

이남철 · 유윤상,『장수사회에서의 사회보장』, 연금포럼 제10호, 국민연금관리공단 국민연금관리센터, 2003.

이상호 · 인혜원,『저당대출 유동화제도의 도입 여건과 파급효과』, 한국주택은행, 1995.

이용하,『국민연금 사각지대 해소문제』, 연금포럼 제13호, 국민연금관리공단 국민연금관리센터, 2004.

이유빈, “주택저당채권의 유동화제도 연구”, 서강대학교대학원 석사학위논문, 1999.

이중희,『주택경제론』, 박영사, 1997.

임경수 · 조덕호,『역저당제도와 고령자복지모형 개발』, 지역사회개발연구, 1999.

임춘식,『뛰는 고령화 기는 고령자복지』, 고령자복지연구, 2001.

장경수, “주택저당채권의 유동화방안에 관한 연구”, 연세대학교대학원 석사학위논문, 1996.

장석준,『국민연금 사각지대 해소대책 마련의 필요성』, 연금포럼 제13호, 국민연금관리공단 국민연금관리센터, 2004.

장지영,『주택저당채권 유동화제도 도입방안에 관한 연구』, 홍익대학교대학원 석사학위논문, 1998.

정경희,『가족변화에 따른 고령자부양실태와 정책적 함의』, 보건복지포럼 6월호(통권 제68호), 한국보건사회연구원, 2002.

조경남 외,『고령화사회와 중산층 고령자의 사회활동』, 집문당, 1998.

조영무,『역모기지 활성화 필요하다』, LG주간경제, LG경제연구원, 2004.

조진희,『경로연금의 현황과 과제』, 연금포럼 제13호, 국민연금관리공단

국민연금관리센터, 2004.
주택공제조합, 『주택저당채권 유동화제도 도입방안』, 1998.
최준욱, 『인구구조 고령화의 재정영향』, 재정포럼, 한국조세연구원, 2004.
하성규, 『주택정책론』, 박영사, 2002.
한국개발연구원, 『우리나라 연금제도의 현황 및 발전방향』, 1999.
한국노년학회, 『21세기 고령화사회의 고령자복지 과제』, 1999.
한국고령자문제연구소, 『고령화사회의 고령자주택 정책 및 개발방향 설정』, 1993.
한국보건사회연구원, 『1998년도 전국 고령자생활실태 및 복지욕구 조사』, 1998.
한국보건사회연구원, 『공적 연금제도 개선방안 연구』, 2001.
한국보건사회연구원, 『고령화사회에 대비한 재정정책 방향』, 2002.
한국보건사회연구원, 『고령화사회의 사회·경제적 문제와 정책 대응방안』, 2004.
한국은행, 『2000년 산업연관표』, 2003.
한국은행, 『산업연관분석해설』, 2004.
KDI, "고령화에 대한 경제정책방향", 국민경제자문회의 보고자료, 2003.

통계자료

국민연금관리공단, 『국민연금통계』, 2004.
공무원연금관리공단, 『공무원연금통계』, 2003.
사립학교교직원연금관리공단, 『사학연금통계』, 2003.
통계청, 『2000년 인구주택총조사보고서』, 2000.
통계청, 『2001 한국의 사회지표』, 2001.
통계청, 『장래인구추계』, 2001.
통계청, 『2002년 사회통계조사보고서』, 2002.
통계청, 『도시가계연보』, 2003.
통계청, 『사회통계조사보고서』, 2003.
통계청, 『고령자통계자료』, 2004.
통계청, 『8월 고용동향』, 2004.

국외문헌

미국

Acronyms In Aging, *American Association of Retired Person*, 1995.

Bizer, David, "Reverse Mortgage", *The American Enterprise*, July/August 1993.

Boehm, T. P. and Ehrhardt, M. C., "Are Reverse Mortgages Suitable Bank Investments?", *Real Estate Review*, Fall 1992.

Case, B and Schnare, A. B., "Preliminary Evaluation of the HECM Reverse Mortgage Program", *Journal of the American Real Estate and the Urban Economics Association*, Vol. 22, No. 2, 1994.

Consumer's Guide to Home Equity Conversion, –Home Made Money, American Association of Retired Persons, 4th edition, 1993.

David W. Rasmussen, Isaac F. Megbolugbe, Barbara A. Morgan, "The Potential Demand for Reverse Mortgage Products", Fannie Mae Office of Housing Research, April 1995.

Designing Reverse Mortgage Technical Papers, National Center for Home Equity Conversion, August 1991.

Deokho Cho, "Asset Liquidation and Reverse Mortgage System", *Journal of the Korea Regional Development Association*, Vol. 12, No. 3, 2000.

Dunkle, R. & T. Norgard. "Aging Overview", *Encyclopedia of Social Work*, 19th ed. Washington D. C.: NASW Press, 1995.

Edward Flots, Dale Yeatts, *Housing and the Aging Population: Option for the New Century*, Garland Publishing, 1994.

Evaluation of the Home Equity Conversion Mortgage Insurance Demonstration: Report to Congress, Office of Policy Development and Research, U.S. Department of Housing and Urban Development, March, 1995.

Fannie Mae, *Money from Home: A Consumer's Guide to Reverse Mortgage Options*, Washington D. C, 1996.

Friedman, J. and Sjogren, J., *The Assets of the Elderly as They Retire*, Cambridge MA: Abt Associates, 1980.

Goren, Thomas, Laurence Jacobs and David Rosenbaum, "Lifetime Security

Plan-Risk and Benefit in Senior Home Equity Conversion", *Lifetime Security Plan*, California, 1996.

Heaton, T. B, Clifford W. B. and Fuguitt G. V., "Changing Patterns of Retirement: Movement Between Metropolitan and Nonmetropolitan Areas", *Research on Aging*, Vol. 2, No. 1, 1980.

Home Made Money, American Association of Retired Persons, March 1995.

Home Equity Conversion Mortgage Insurance Demonstration Counselor Training and Referece Manual Final Draft, American Association o Retired Persons Consumer Affairs Section, February 1996.

Handbook 4235. 1 Rev −1, Home Equity Conversion Mortgages, Department of Housing and Urban Development, November 1994.

Home Equity Conversion Mortgage Instruction Package, Fannie Mae, June, 1994.

Home Keeper: It Pays to Keep You in Your Home, Fannie Mae, 1996.

Isaac Megbolugbe and Jide Iwarere, *Fannie Mae Research Roundtable Series Reverse Mortgage: Improving Housing Market Liquidity*, Fannie Mae Office of Housing Research, March 1993.

Journal of the American Real Estate and Urban Economics Association - Special Issue: "Housing Finance for the Elderly", Sponsored by Fannie Mae Office Of Housing Research, Vol. 22, No. 2, Summer 1994.

Kaplan, R. J., "Tapping the Equity of Older Homeowners with Reverse Mortgage", *Journal of Accountancy*, Vol. 175, February 1993.

Katsura, Struyk, & Newman, *Housing for the Elderly in 2010: Projections and Policy Options*, New York: Kluwer Academic, 1989.

Ken Scholen, *Retirement Income on the House −Cashing in on Your Home with a "Reverse Mortgage"*, National Center for Home Equity Conversion, 1993.

Reverse Mortgage Source book, National Center for Home Equity Conversion, 1994.

Luallen, lynn, F., "The Role of State Housing finance Agencies and the need for a National Housing Policy", *Housing America,* Chicago: Probus, 1993.

Major, B. Cooper, M. L. Zubek, J. M. Cozzarelli, C., "Mixed Messages:

Implication of Social Conflict and Social Support Within Close Relationship for Adjustment to a Stressful Life Event", *Journal of Personality and Social Psychology*, 72, 1993.

Mayer, C. J. and Simons K. V., "A New Look at Reverse Mortgages: Potential Market and Institutional Constraints", *New England Economic Review*, March/April 1994.

Mayer, C. J. and Simons K. V., "Reverse Mortgages and the Liquidity of Housing Wealth", *Journal of the American Real Estate and Urban Economics Association*, Vol. 22, 1994.

Merill, S. R. Finkel and Kutty, N., "Potential Beneficiaries for Reverse Mortgage Products for Elderly Homeowners: An Analysis of AHS Data", *Journal of the American Real Estate and Urban Economic Association*, Vol. 22, 1994.

Miceli, Thomas J. and C. F. Sirmans, "Reverse Mortgages and Borrower Maintenance Risk", *Journal of the American Real Estate and Urban Economics Association*, 22(2), 1991, pp. 433-450.

Money from Home: A Consumer's Guide to Home Equity Conversion Mortgages, Fannie Mae, June, 1994.

OECD, *Aging in OECD Countries: A Critical Policy Challenge*, Paris: OECD Paul McCafferty, 1994.

O. Mitchell & J. Piggott, "Unlocking Housing Equity in Japan", *NBER Working paper 10340*, 2004.

Peter Marcuse, "Questions Arising out of Discussions about Policies Towards the Elderly in the United States", *ILC International Conference Living Environment, Health and Well-being for the Elderly*, Tokyo, Japan, 1997.

Preliminary Evaluation of the Home Equity Conversion Mortgage Insurance Demonstration: Report to Congress, Office of Policy Development and Research, U. S. Department of Housing and Urban Development, December 1992.

Reverse Mortgage Lenders List, Federal Fiscal Year, June, 1996.

Reverse Mortgage Selling and Serving Guide, Fannie Mae.

Roberto G. Querica, "House Value Appreciation among Older Homeowners: Implications for Reverse Mortgage Programs", *Journal of Housing Research*, Vol. 8, Issue 2, Fannie Mae Foundation, 1997, pp. 201-223.

Showing America a New Way Home: 1995 Annual Report, Fannie Mae Foundation.

Scholen, K., *Reverse Mortgage for Beginners: A Consumer Guide to Every Homeowner's Retirement Nest Egg*, National Center for Housing Equity Conversion, Apple Valley, Minnesota, U. S., 1998.

Susan M, Wachter. "The Limits of the Housing Finance System", FNMA, 1990.

Szymanoski, E. J., "Evaluation Report of FHA's Home Equity Conversion Mortgage Insurance Demonstration", U. S. Department of Housing and Urban Development, Washington D. C., 2000.

E. J. Jr, "Risk and the Home Equity Conversion Mortgage", *Journal of the American Real Estate and Urban Economics Association*, Vol. 22, 1994, pp. 347-366.

E. J. Jr, *The FHA Home Equity Conversion Mortgage Insurance Demonstration: A Model to Calculate Borrower Payment and Insurance Risk*, Washington D. C., U. S. Department of Housing and Urban Development, 1990.

Thompson, H, "Homeowner's Equity: Providing Lifetime Annuities for the Elderly", *Federal Home Lone Bank Board Journal,* December 1980, pp. 23-23.

"The Potential Demand for Reverse Mortgage Products", David W. Rasmussen, Isaac F. Megbolugbe, Barbara A. Morgan, Fannie Mae Office of Housing Research, April, 1995.

일본

厚生省大臣官房政策課調査室, "所得再分配調査", 1997. 3.

厚生省監修, 『平成12年版厚生白書』, 2000. 7.

總務廳編, 『高齢社會白書(平成12年版)』, 2000. 6.

リバース・モーゲージ研究會編, 『日本版リバース・モーゲージの實際知識』, 東洋経済新聞社, 1998.
海藤眞生, "モーゲージ・ローンの証券化とリバース・モーゲージへの展開", 『証券経済研究』, 第11号, 1998. 1, pp. 73-86.
八代尚宏編, 『高齢化社會の生活保障システム』, 東京大學出版會, 1997.
藤ヶ谷明子, "リバース・モーゲージは老後の手立てとなり得るか", 『年金と住宅』, 187号, (財)年金住宅福祉協會, 1997. 2, pp. 11-15.
財団法人高齢者住宅財団, "長壽社會に對応した住宅政策の充實に關する調査検討報告書", 1997. 2.
豊かな老後のための年金と住宅の連携システムに關する研究會, "高齢社會における年金積立金を活用した住宅整備方策について", 財団法人年金住宅福祉協會, 1995. 3.
株式會社生駒データサービスシステム編, 『不動産白書97』, 1997. 2.
株式會社ライフデザイン研究所編, 『ライフデザイン白書1998-99』, 1997. 12.
塩田幸雄, "リバース・モーゲージと高齢者", シルバー新聞, 1996. 10.
三國仁司, "リバース・モーゲージの導入について",(上) 日本金融新聞, 1997. 8. 29.
三國仁司, "リバース・モーゲージの導入について",(下) 日本金融新聞, 1997. 9. 5.
飛田英子, "リバース・モーゲージの普及促進に向けた課題", 『Japan Research Review』, May, 2000, pp. 43-63.
總務廳統計局, "1993年住宅統計調査報告－全國編・東京都編", 1995.
厚生省大臣官房統計情報部, "國民生活基礎調査", 1996.
東京都統計協會, "東京都世帯數の予測", 1996. 3.
経濟政策研究所, "ストック化に對応した老後保障システムに關する調査研究", 1995. 3.
株式會社住信基礎研究所, "高齢社會におけるストック資産のフロー化による自立的生活の確立", 1996. 1.
財団法人高齢者住宅財団ほか編著, 『高齢社會の住まいと福祉データブック』, 風土社, 1998.
劉銑鍾ほか, "リバース・モーゲージ制度に關する研究", 日本不動産學會

1997年秋季全國大會(學術講演會)梗概集, 1997. 11.
劉銑鍾ほか, “リバース・モーゲージ制度の利用促進に關する研究(その1) – 東京都の福祉公社における利用實態分析をとおして –”, 『日本不動產學會平成9年度秋季全國大會(學術講演會)梗概集』, 平成 9年 11月, pp. 73-76.
鈴木一行, “わが國における新しいリバース・モーゲージ制度に係る檢討”, 『安田總研クォータリー』, Vol. 13, 株式會社安田總合研究所, 1995年 7月, pp. 22-34.
一木眞, “高齡者とその資產活用に關する一考察”, 『LDIレポート』, No. 66, 株式會社ライフデザイン研究所, 1996. 5, pp. 5-28.
總務廳長官官房老人對策室, “高齡者の経濟生活に關する意識調査結果”, 總務廳, 1996. 7.
厚生省大臣官房統計情報部保健社會統計課國民生活基礎調查室, “平成7年國民生活基礎調查の概況”, 厚生省大臣官房統計情報部, 1997. 3.
特定年金融資契約(ゆとり年金)制度研究會, “特定年金融資契約(ゆとり年金)制度研究報告書”, 年金福祉事業団, 1997. 3.
東京都, “高齡者の生活費用等實態調查報告書”, 1993. 10.
東京都職員研修所調查研究室, “高齡期における資產運用と生活設計(高齡者の生活費用等實態調查報告書)”, 東京都, 1991. 3.
財団法人武藏野市福祉公社, “統計で見る武藏野市福祉公社事業概要平成8年度版”, 平成 9年, 6月.
中野區福祉問題專門委員, “中野區における在宅福祉を推進するための資產活用制度あり方とその具体的內容について”, 中野區, 1990. 3.
新宿區福祉公社, “新宿區福祉公社資產活用等事業研究會報告書(資產管理・保全)”, 平成 4年, 3月.
財団法人全國社會保險共濟會, “年金住宅融資に係わる住宅需要の將來シナリオ – 住住宅需要予測のための基礎調查報告書”, 1995. 3.
總務廳長官官房老人對策室, “高齡者の経濟生活に關する意識調査結果”, 總務廳, 1996. 7.

Web site

http://www.oecd.org/home

http://www.mhlw.go.jp

http://www.nso.go.kr

http://www.kihasa.re.kr

http://www.kbstar.com

http://www.hud.gov/offices/hsg/sfh/hecm/hecm-df.cfm

http://www.hud.gov/offices/hsg/sfh/hecm/hecmabou.cfm

http://www.efanniemae.com

http://www.reverse.org

http://www.access.gpo.gov/uscode/uscmain.html

http://www.hudclips.org

http://www.reversemortgage.org/hecm.htm

http://www.biho.taegu.ac.kr/~chodh/subject/house.htm

http://www.newstarrealty.com/community/bbs

http://www.aarp.org/Articles/a2003-03-21-elig.html

http://silver21.org

http://www.cafd.go.kr

http://kdcp.hallym.or.kr

http://seri21.org

기타

동아일보, 2002. 12. 31.

동아일보, 2003. 02. 14.

동아일보, 2003. 10. 09.

동아일보, 2004. 07. 09.

매일경제신문, 2004. 05. 24.

서울경제신문, 2004. 09. 01.

인터넷한겨레, 2001. 02. 05.

조선일보, 2002. 10. 03.

조선일보, 2003. 01. 06.

중앙일보, 2004. 09. 08.
중앙일보, 2004. 09. 09.
한겨레신문, 2004. 10. 31.
한경비즈니스, No. 440, 2004. 5. 10.

저자 소개

유선종(劉銑鐘) 건국대학교 부동산학과 졸업
일본대학 대학원 학술박사
현재 건국대학교 부동산학과 교수

아산재단 연구총서 제195집
외국의 역모기지 사례
-미국, 일본, 프랑스, 캐나다, 미국- 값 11,000원

2006년 3월 10일 1판 1쇄

저 자 유 선 종
발행인 임 경 환
발행처 **집 문 당**

413-756 경기도 파주시 교하읍 문발리 514-7
등 록 1971. 3. 23. 제 2-304호
영 업 부 (02)743~3192-3 팩스(02)742~4657
전자우편 sale@jipmoon.co.kr
편 집 부 (02)743~3096 팩스(02)743~3097
전자우편 edit@jipmoon.co.kr
홈페이지 www.jipmoon.co.kr

 ISBN 89-303-1237-3

이 도서의 국립중앙도서관 출판시도서목록(CIP)은 e-CIP 홈페이지 (http://www.nl.go.kr/cip.php)에서 이용하실 수 있습니다.(CIP제어번호: CIP2006000331)

아|산|재|단|연|구|총|서

1 전환기의 중국경제
2 폴란드 경제의 변천 개혁과 그 전망
3 재소한인
4 소련산림과 임업
5 아세안의 정치경제
6 태국의 사회변동과 경제발전
7 중국의 사회경제 통계분석
8 중국의 정치와 경제
9 동유럽의 개혁과 시장경제의 도입
10 동유럽의 개혁운동
11 현대 러시아 연구
12 전략적 선택과 기업의 국제경쟁력
13 협동사회의 정착과 정부의 역할
14 한국 제조기업 생산성의 동적 분석
15 분배의 정의
16 도덕적 행동의 강화
17 관료부패와 통제
18 한국경제의 내실 있는 성장
19 한국국민정신운동의 역사와 발전방향
20 한국대학생의 가치성향과 상담효과
21 가출청소년과 학교관리체제
22 동북아 정세변화와 한·일 관계
23 언론과 부정부패
24 한국의 고등학교 교육
25 가족과 방송
26 재정개혁의 전망과 재산세제의 개편과제
27 청소년을 위한 전자게임 프로그램의 규제 및 평가체계 개발
28 정신장애자 가족의 사회심리적 특성
29 가족의 관계역동성과 문제인식
30 현대인과 한국전통음식
31 기업의 초고속정보통신망활용
32 지역발전을 위한 교육자치제의 개선방안
33 전환기의 공무원 가치관
34 지방자치와 사회복지의 과제
35 WTO체제하의 지방중소기업 지원정책
36 현대한국의 시민운동
37 기업 세계화의 단계 및 정도의 측정
38 가족복지를 위한 가족수치의 시범사업의 효과
39 한국대학생의 삶의 만족도
40 지역경제와 지역산업구조의 개편방향
41 중국기업의 소유형태별 경영특성
42 남북한의 인성·사상교육
43 연계적 뇌기능 조언을 위한 의료용 멀티미디어 시스템의 설계
44 다민족국가의 민족문제와 한인사회
45 저소득층지역 청소년 여가문화와 소집단 활성화
46 삶의 질의 국제비교와 지역간 비교분석
47 21세기 지역주민의 삶의 질
48 삶의 질에 대한 국가간 비교
49 외국인 노동자의 노사관계와 사회적 적응
50 한국의 사법제도와 발전 모델
51 고령화사회와 중상층 노인의 사회활동
52 한국의 서비스 시장 개방정책
53 한국과 AFTA간의 교역증진 및 경제협력방안
54 물류비 절감을 위한 무역업체의 정보화전략
55 사회주의 체제전환과 사회정책
56 남북통일 이후 농업생산체계 개편
57 국제화와 세계화: 한국·중국·일본
58 IMF 개혁정책의 평가와 한국경제의 신(新) 패러다임
59 구조개혁과 실업대책
60 21세기 신노사관계
61 학교에서의 집단 따돌림: 실태와 특성
62 한국노인의 정신건강실태와 건강증진
63 혁명과 개혁 속의 중국 농민
64 중국의 경제환경과 한국기업의 진출전략
65 김대중 대통령의 시스템 사고
66 실업과 가족해체
67 합리적 부채비율 조정방안
68 한국 중산층의 생활문화
69 계층간 갈등상태에서 최적소득세

70 글로벌 경쟁력 제고를 위한 기업전략과 조직구축
71 의료보험과 국민연금의 관리효율화를 위한 통합방안
72 정부개혁의 과제와 전략
73 책임운영기관 제도에 관한 비교분석
74 새로운 패러다임하에서의 한국기업의 바람직한 지배구조
75 현대 한국사회의 계층구조
76 한국의 산업정책과 산업구조조정
77 기업구조조정
78 지식경영을 위한 인적자원 개발 및 관리체계
79 뉴 비즈니스 모델
80 중산층의 정체성과 소비문화
81 외국관광객 유치를 위한 마케팅 전략
82 한국인의 세대별 문학의식
83 공공부문의 효율성 평가와 측정
84 한국 청소년의 정치의식과 형성요인
85 한국 대학생의 정치의식
86 산업의 정보화와 산업발전
87 한국 제조업의 고용조정 분석
88 지식자산에 대한 경영전략적 평가모형 개발
89 관광사업을 위한 한국적 이미지의 휴식복 개발
90 한국 정치제도의 개혁
91 e비즈니스와 아웃소싱 전략
92 집단 따돌림의 진단 및 치료방안
93 16대 총선과 낙선운동
94 부동층 유권자 행태 분석: 14-16대 국회의원 선거 분석
95 사이버 공동체의 성공요인
96 온라인 소비자 행동의 이론과 실증
97 글로벌 시대 정약용 세계관의 가능성과 한계
98 러시아의 체제전환 과정에서 나타난 국가의 역할과 그 전망
99 남북한의 경제발전 수준과 산업구조 비교, 그리고 경제교류 협력방향
100 집단따돌림과 교육해체
101 공적연금제도의 효율성과 개선방안
102 벤처기업-대기업의 성공적인 협력 모델
103 북한의 재외동포정책
104 사이버 공동체 형성의 역동적 모형
105 기업이론과 기업의 소유지배구조
106 가축분뇨 자원화를 위한 공동이용조직에 대한 농가선호도 분석
107 개혁정책과 전문가 집단: 사법개혁을 중심으로
108 현대 한국사회의 이중가치체계
109 한국의 산업구조 변화와 기업집단 다각화 전략
110 지식정보사회의 경제적 모형 설정 및 사례 연구
111 변호사징계제도
112 인터넷 특허법
113 e-비즈니스 시대의 금융 및 재정정책의 새로운 패러다임
114 청소년의 하위문화와 정체성
115 디지털금융시대의 금융구조변화와 정부규제 및 정책
116 지식경영을 위한 기업의 조직설계방안
117 전자금융의 발달과 경제정책의 새로운 패러다임
118 동아시아의 안보와 유엔체제
119 유료 치매노인 그룹홈의 개발과 관련 정책
120 소비자 지향적 문화산업 정책
121 국제 · 국가 · 지방 환경규제의 연계
122 현행 회사 합병 · 분할제도의 평가와 개선방안
123 배려지향적 도덕성과 정의지향적 도덕성
124 기업구조조정에 대한 채권금융기관 및 금융감독기관의 역할과 책임
125 실업대책으로서 한국의 법정기준근로시간의 단축
126 프랑스어의 비분리성 소유개념 표현
127 지방채의 효율적 관리방안
128 21세기 산업구조 변화와 과학기술정책
129 인터넷 쇼핑몰 이용자의 불평행동
130 한국기업의 성과급제도 현황, 효과 및 개선방안

131 전자상거래와 소비자보호
132 평생학습 사회에서의 인적자원 개발을 위한 사회적 파트너십 구축
133 한국 공교육의 새로운 구상과 전략
134 한국의 정부개혁
135 지방정부 생산성 측정의 이론과 실제
136 불가 시문학론
137 남북경제교류의 법적 문제
138 경제위기와 청소년 발달
139 생명과학기술의 응용과 기본권보호적 한계
140 경제발전과 정치환경의 한·일 비교분석
141 한국 공교육의 진단
142 우리나라 지방자치 발전을 위한 자치단체장의 역할
143 의료보험제도의 개혁방안
144 중등 도덕교육의 현실과 문제
145 사이버공동체 발전론
146 남북경협 확대에 대비한 북한 담보제도의 정비방안
147 한국 공무원 인사제도 개혁
148 교사화법 교육
149 세계화의 문화정치학
150 효과적인 e-SCM을 위한 의사결정 조정 시스템 모형
151 환경거버넌스
152 자동차산업의 인적자원관리
153 한국과 영국 간 지식기반산업 비교
154 한국 벤처기업의 기술네트워킹 및 기술 마케팅 전략
155 회사변호사의 윤리
156 미디어교육론
157 조선시대 서원과 양반
158 환경문제와 철학
159 노인보건복지 이론과 실제
160 북한의 법체계
161 생명공학기술의 안전성 확보에 관한 법적 고찰
162 청소년복지학
163 변화하는 세계, 변화하는 복지국가
164 의리의 윤리와 한국의 유교문화
165 미국의 통상정책과 통상법
166 사회복지 프로그램 평가
167 환경주의와 지속가능한 발전
168 무역과 환경
169 산업계 유해폐기물의 위험과 관리
170 백범 김구의 지적 계발과정 탐색
171 태평양전쟁 발발 이후 일제의 인적 지배와 그리스도교계의 대응
172 거버넌스 상황에서 갈등관리를 위한 대체적 분쟁해결제도
173 시장경제의 유형과 민주주의: 영미형과 동아시아형의 비교
174 일본고전소설 총론
175 국어 교육을 위한 국어 문법론
176 율곡의 군주론
177 동북아시아 환경협력: 황해와 황사
178 기후변화협약과 기후정책
179 인터넷과 국제 학술정보 네트워크-하이퍼링크 분석
180 국내 기업복지의 활성화 방안
181 세계화와 인간안보
182 세계문화유산 종묘 이야기
183 한국 평생교육의 사회철학적 과제
184 강점모델: 노인 장기요양보호와 사례관리실천
185 글로벌시대의 계약법
186 배심제와 시민의 사법참여
187 동북아공동체
188 정치 참여와 탈물질주의: 한국과 스웨덴의 비교
189 퍼지전문가회로망을 이용한 금융기관의 사이버 기업여신결정 지원시스템의 개발
190 환경정책과 환경법
191 포스트모던 시대의 평생교육학
192 현대 한국인의 세대경험과 문화
193 서구의 근로연계복지: 이론과 현실
194 사회복지운동론
195 외국의 역모기지 사례

아|산|재|단|연|구|보|고|서

1 한국인의 도덕성 연구
2 산업화와 청소년 진로
3 공동체의식과 시민운동
4 한국청년의 삶의 의미 충족도와 민족적 태도
5 중국조선족의 사회발전과 한·중관계의 위상
6 해송림 "솔껍질깍지벌레"의 천적 및 주요 종의 생태
7 사회정의와 실천윤리
8 동구개혁의 영향
9 한국청소년의 의식세계
10 고강도 철근 콘크리트 구조의 실용화
11 신기술의 연관형태 및 출현예측의 구조모형
12 민간기업의 연구개발을 위한 조세정책
13 기술개발 활성화방안
14 부패의 현상과 진단
15 연구투자의 지역적 편중화와 부산지역의 기초과학연구 활성화방안
16 GATT의 신구 덤핑방지협정과 그 대응방안
17 한국사회의 도덕성 제고를 위한 진단과 처방
18 새로운 노사관계 방향
19 21세기 동북아 정세예측과 한국의 전략적 대응방안
20 소련의 한국에 대한 정책목표분석
21 메모리 커패시터용 $Pb(Zr_xTi_{1-x})O_3$ 강유전체박막의 제작과 특성
22 러시아 국제법학의 전통
23 유럽연합의 현황과 전망
24 중국의 정치동원
25 산업적 활용을 위한 이동로보트 시스템의 개발
26 중국조선족의 정치사회화과정과 동화적 국민통합의 방향
27 공적부조의 이론과 실제
28 대외통상환경의 변화와 법제개편
29 기업금융의 국제화
30 자동차부품공업의 노사관계
31 산업화 과정에서의 한국가족의 실태와 전망
32 공무원 가치관 실태와 정립방안
33 해외귀국청소년의 국내적응연구
34 초고속정보통신망에서 LAN서비스 제공방안
35 WTO체제의 정책적 대응
36 유럽의 통합정치
37 유기질폐기물을 이용한 고단백사료원인 조류의 생산공정
38 초고속정보통신망의 수용성과 정책방향
39 중국의 강남사회와 한중교섭
40 세계화시대의 사회·문화의식
41 국내 외국인 노동자의 문제와 대책
42 노인인력 활용정책과 프로그램
43 한일간 학술교류 현황과 활성화방안
44 계량모형에 의한 한일 경제관계의 이해
45 직장인의 음주행태와 삶의 질
46 유통정보 시스템의 구조와 설계
47 남북통일 이후 사회통합을 위한 교육의 역할
48 대중음악에 심취한 청소년들의 심리적 특성
49 멀티미디어 시스템을 활용한 교육환경의 개선방안
50 탈냉전기 한일관계의 쟁점
51 자치시대 새로운 '삶의 질' 지표의 모색
52 유럽통합의 역내외 협력과 갈등
53 21세기를 대비한 신노사관계
54 대학의 시간제학생 등록제
55 21세기에 대비한 방송통신정책
56 주민참여를 통한 혐오시설 관리운영방안
57 여성의 정치적 권리인식과 정치참여
58 한국인 위장질환과 식생활·환경요인 및 H. pylori 감염과의 관계

59 학생과 시민의 자원봉사활동
60 동북아 환경문제와 지역환경협력의 모색
61 노인 자원봉사활동을 통한 사회통합 프로그램 개발
62 물류정보 시스템
63 전자식 문서교환을 이용한 항공화물 운송체계
64 청소년과 성: 부모교육 단기 프로그램
65 민족통합과 무궁화호 위성의 남북한 공동활용방안
66 채식주의가 20대 여성의 영양상태와 에스트로겐대사에 미치는 영향
67 가상정보공간을 통한 지역개발 활성화 전략
68 조산아 관리현황 및 정책수립 방안
69 남북한관의 의식조사와 통일교육 개선방안
70 동양 전통 자연사상 탐구
71 초고속정보망의 시뮬레이터 구현
72 유통원가 시스템의 유효성
73 국악과 문화관광의 만남
74 기업의 지식경영 활용사례
75 선진국과 한국의 직업교육 · 훈련제도의 특성과 한계
76 제주지역 성인 여성의 자원봉사활동
77 M&A와 문화충돌 관리
78 폐금속광산 인근 주민들의 중금속 오염실태
79 북한 농촌 · 농업실태와 인력자원개발 시스템을 통한 북한 농민의 구호방안
80 중소 소매점의 경쟁력과 소매성과
81 고령자를 위한 쾌적한 실내온도와 착의량의 설정
82 지역문화 이벤트 PR
83 인터넷 지역정보화이 실태와 전략
84 여성 삶의 질 향상을 위한 사회교육 활성화 방안
85 벤처기업과 벤처금융
86 구조조정기에 있어서 실업대책과 사회안전망 구축
87 한국 유아의 조기교육
88 남북한 경제공동체 형성전략
89 지방자치회계의 투명성과 주민의 알 권리
90 정치지도자의 정책리더십
91 경제위기와 한국인의 복지의식
92 북한의 노동
93 우리나라 중소기업의 정보기술 활용 현황과 경쟁력 강화를 위한 제안
94 인간배아복제의 법적·윤리적 문제점과 그 해결방안
95 가치변화에 따른 투표행태
96 인터넷 경매에서의 계약체결과 소비자 보호
97 세계화시대 남북한 통합의 방향과 과제
98 글로벌 시대 지방정부의 문화마케팅 전략
99 대졸여성실업의 실태분석 및 대학-노동시장 간효율적 연계방안
100 그린 투어리즘의 분석
101 지방자치단체장의 부정부패: 실태와 대응방안
102 산업화가 유교체제하 중국여성의 지위에 미친 영향
103 움직이는 말하기
104 장애학생을 위한 특수교육공학의 활용
105 지식기반사회의 평생교육 이해와 평생교육 프로그램 개발
106 N세대의 미술교육